东 海 潮

——浙江海洋大学东海科学技术学院 大学生社会实践报告集粹

主　编　刘　煜
副主编　张　伟　王翠翠

海洋出版社

2018年·北京

内容简介

大学生社会实践是高等教育实践教学的重要组成部分,是进行大学生思想政治教育的有效形式,也是当代大学生培育和践行社会主义核心价值观的重要途径之一。

主要内容:本书是浙江海洋大学东海科学技术学院学子社会实践成果文集,内容包括经济建设、文化建设、社会建设、生态文明建设等四大部分组成。这些文章记录了学生利用假期开展的具有代表性的社会实践活动、发现的问题及解决建议。他们将理论与实践紧密结合,进行了卓有成效的探索,提高了自身的综合素质,增强了社会责任感和使命感,每一篇都是他们内心的真实感悟。

本书特色:通过踏实、认真的调查反映最直观、最基层的问题,并提出基本解决建议。

适用范围:普通高校即将参加社会实践调查的学生及指导教师。

图书在版编目(CIP)数据

东海潮:浙江海洋大学东海科学技术学院大学生社会实践报告集粹/刘煜主编.北京:海洋出版社,2018.10
ISBN 978-7-5210-0208-9
Ⅰ.①东… Ⅱ.①刘… Ⅲ.①大学生—社会实践—调查报告—浙江 Ⅳ.①G642.45

中国版本图书馆 CIP 数据核字(2018)第 224908 号

责任编辑:张鹤凌 张翼嫘	发 行 部:(010)62174379 (010)68038093
责任校对:肖新民	总 编 室:(010)62114335
责任印制:赵麟苏	网　　址:www.oceanpress.com.cn
排　　版:晓阳	承　　印:北京朝阳印刷厂有限责任公司
出版发行:海洋出版社	版　　次:2018年10月第1版
	2018年11月第1次印刷
地　　址:北京市海淀区大慧寺路8号(716房间)	开　　本:710mm×1000mm　1/16
100081	印　　张:15.75
经　　销:新华书店	字　　数:290千字
技术支持:(010)62100057	定　　价:48.00元

本书如有印、装质量问题可与发行部调换
本社教材出版中心诚征教材选题及优秀作者,邮件发至 hyjccb@sina.com

编委会

顾　问：王世来　刘逸君

主　编：刘　煜

副主编：张　伟　王翠翠

成　员：(以姓氏笔画为准)

方志华　张发平　随付国

巢虹玉　裘洁洁　潘　军

前　言

　　高校思想政治理论课是对大学生进行思想政治教育的主渠道，对大学生世界观、人生观、价值观的形成有着不可替代的作用，是培养中国特色社会主义事业合格建设者和可靠接班人的重要途径。社会实践环节作为思想政治理论课教学的重要组成部分，充分发挥着"第二课堂"的作用，是高校大学生思想政治教育的基本形式之一，也是当代大学生培育和践行社会主义核心价值观的重要途径之一。高效利用课余时间或寒（暑）假，组织学生赴农村、企业、社区等深入开展调研，其根本目的在于引导学生理论联系实际，用马克思主义立场、观点和方法，认识国情、了解社会，科学分析各种社会现象与问题，加深对党的路线、方针、政策的理解。在社会实践活动过程中，每个学生都积极主动尽自己所能去解决社会实践中的每一个问题，用实际行动回报社会。他们用一滴滴汗水换来了一篇篇颇有新意的报告，用勤劳和智慧换来了自我历练和社会认同。

　　2005 年 2 月，中宣部、中央文明办、教育部和共青团中央联合下发了《关于进一步加强和改进大学生社会实践的意见》，就大学生社会实践有关问题作出了详细论述，提出了明确要求。2012 年，教育部等部门出台《关于进一步加强高校实践育人工作的若干意见》，强调全面加强大学生社会实践，要将提高大学生综合素质和实践能力作为高等学校人才培养工作的重要组成部分和永恒主题。这些指示明确了高校思想政治理论课进行实践教学的必要性与重要地位。为充分发挥社会实践在思想政治理论课教学中的作用，引导学生在实践中深化认识，进一步完善思想政治理论课实践教学的机制，浙江海洋大学东海科学技术学院统筹安排，认真组织大学生开展了形式多样、内容丰富的社会实践活动。学院鼓励学生利用课余时间或寒（暑）假集中开展社会实践，引导学生加强理论学习，深化对思想政治理论课教学内容的理解与运用，推动思想政治理论课实践教学的探索与研究。在具体的实践教学方面，学院还把社会实践纳入教学的总体安排和课程管理，规定相应的学时和学分，制定教学大纲，提供必要的经费。注意把实践教学与社会调查、志愿服务、公益活动、专业实习等结合起来，引导学生走出校门，到基层去，到人民群众中去，让学生在接触社会、了解社会的过程中，加深对理论知识的理解，提高了学生运用理论分析问题、解决问题的能力，深化了教育教学效果。

本书主要汇编了浙江海洋大学东海科学技术学院近5年来大学生社会实践的优秀调研报告及相关论文。这些报告或论文从理论的深度到文章的写作，虽然尚显稚嫩，存在许多不成熟之处。但我们看到，在社会实践过程中，大学生将理论与实践紧密结合，进行了卓有成效的探索，取得了令人满意的成绩，这对于帮助大学生提高自身综合素质和增强社会责任感及使命感，树立正确的世界观、人生观和价值观具有重要的现实意义。

本书是浙江省2016年度高等教育课堂教学改革项目"高校思想政治理论课实践育人模式的探索与实践"的研究成果之一。本书在写作过程中得到了浙江海洋大学副书记虞聪达教授，浙江海洋大学东海科学技术学院院长王世来教授、书记刘逸君、副书记闫海强、副院长张玉莲、副院长孙瑜、副院长姚会彦、纪委书记夏志芳，教学科研部部长文接力、学生工作部部长张景绚、团委书记蔡阿雄，辅导员朱晓武、沈俊、沈榆等老师的大力支持和帮助，浙江海洋大学水产学院姜华帅副书记为编写工作提供了宝贵意见。在此，本书全体编写者向他们表示衷心的感谢。

本书中的每篇成果均由社会实践团队的学生主笔，虽然在编辑过程中不断修改完善，但由于时间紧迫，水平有限，仍会存在疏漏和不足之处，敬请读者谅解。

刘 煜

二〇一八年十一月

目　录

第一部分　经济建设

民营企业转型升级中面临的困境及对策 …………………………… 范益豪　3
关于浙江省江山市私营企业经营状况的调查报告 ………………… 柴欢欢　8
浙江省宁波市鄞州区江诺建材有限公司经营状况的调查…………… 周萱茹　12
峰峦成岛屿　平底卷波涛——关于浙江省千岛湖景区旅游业的调研报告 ……
………………………………………………………………………… 陈玲露　17
舟山渔（农）村旅游业面临的困境及对策 …………………………… 黄　喆　22
宁波市奉化水蜜桃产业面临的问题及对策 ………………… 江青优　丁六申　28
舟山港口经济面临的困境与出路 …………………………………… 钱肖娜　33
舟山新区发展海洋经济产业思路探究 ……………………………… 王倩慧　39
农村电子商务面临的困境与对策 …………………………………… 钱金良　45
微信营销面临的困境与对策 ………………………………………… 吴凯宇　50
自媒体营销发展状况及对策研究 …………………………………… 乐小婷　55

第二部分　文化建设

浙江省绍兴市柯桥区图书馆社会服务状况的调查分析 …………… 马菲娜　63
对浙江省桐乡市五丰村村民业余文化生活状况的调查 …………… 姚凯越　70
关于浙江省泰顺县仕阳镇不同人群休闲娱乐状况的调研报告 ………… 蔡婷婷　张青青　75
钟灵毓秀　山水温州——关于浙江温州市龙湾区独立书店经营状况的调查……
………………………………………………………………………… 谷双芝　80
耕读文明下的余晖——关于浙江丽水市松阳县历史文化古迹状况的调查 …………
………………………………………………………………………… 程馨雅　87

提升全民文化　扎根礼仪之邦——关于浙江绍兴县夏履镇居民对传统文化认知状况的调查 ………………………………………………………………… 夏梦莎　92

之子于归　宜其室家——对浙江慈溪市农村婚嫁情况的调查报告 ………… 沈珊珊　99

翰墨书香品自高——关于浙江省平阳县萧江镇中小学书法推广情况的调查 ………………………………………………………………………… 彭瑶瑶　104

温州鼓词非物质文化遗产探析 ………………………………………… 谷芝杰　109

谁还记得我？——关于杭州市萧山区三联村的传统习俗保留状况的调查报告 ……………………………………………………………………… 沈梦婷　114

第三部分　社会建设

舟山新渔（农）村建设发展状况及对策研究 …………………………… 张佩菁　121

舟山"沉寂渔村"面临的困境及对策 …………………………………… 许王敏　126

关于嘉兴市秀洲区新农村集居点建设的调研报告 ……………………… 朱锦云　132

对浙江省宁海县张辽村留守老人生活状况的调研 ……………………… 王佳丽　137

关爱老年人　幸福全家人——关于浙江省上虞市崧厦镇联海村养老问题的调研报告 ……………………………………………………………… 郑丹妮　142

缤纷老年——关于宁波市小港街道红联村老年人生活状况的调查报告 … 严文雅　148

老有所养　享其天年——关于浙江省绍兴县冯浦村养老状况的调研报告 ……………………………………………………………………… 王琼霞　153

舟山市养老机构面临的困境与对策 …………………………………… 王佳媚　158

让爱起航——关于浙江省台州市椒江区社会福利院生存状况的调查 … 方亚琪　163

梦想与现实的交锋——关于浙江省乐清市柳市镇外来务工人员生活状况的调查 ……………………………………………………………… 潘爱静　169

汗水铸就的生活——关于浙江省德清县新市镇草塘村农民工生存状况的调查报告 ……………………………………………………………… 韩雪萍　175

小城故事邻里爱——关于浙江省海盐县百步镇五丰村邻里关系问题的调查 … 徐喆霞　181

舟山群岛新区母婴室设置情况及对策研究 …………………………… 谷芝杰　186

第四部分　生态文明建设

关于浙江省乐清市石帆街道环境治理的调研报告	陈晓颖	193
对浙江省千岛湖水质污染治理状况的调查分析	方淑婷　方喆	197
浙江西塘环境治理状况的调研	葛怡帆	203
对浙江省上虞滨海新城河流治理状况的调查	顾颖霞	208

青山清我目　流水静我耳——关于浙江省龙游县翠光岩村环境污染状况的调查……………………………………………………………… 祝晓春　戴琛　214

拿什么来拯救你　我的故乡——关于宁波市象山县高塘岛渔民环保意识的调查……………………………………………………………………… 金霞　219

宁波奉化环境治理面临的困境及对策	斯巧倍	224
浙江省上虞市东关街道环境卫生状况调研	秦露萍	230

绿色社区　你我共筑——关于浙江宁海县跃龙街道社区环境卫生状况的调查……………………………………………………………………… 储琼琼　236

第一部分
经济建设

民营企业转型升级中面临的困境及对策

范益豪* 指导教师：刘 煜

摘 要：民营企业是中国经济体系中最活跃的组成部分之一，曾以粗放型经济增长方式拉动中国经济腾飞，然而在经济全球化以及自身产业结构调整中难免出现一系列问题，阻碍了民营企业的健康发展。本文在研究民营企业生产经营状况的基础上，深入分析转型升级中的民营企业存在的问题并给予相应的建议，以帮助民营企业更好地实现转型升级。

关键词：民营企业；转型升级；建议

改革开放以后，中国市场终于摆脱计划经济体制下的种种束缚，在实践摸索中逐渐建立具有中国特色社会主义的市场经济体制。随着全面深化改革的推进，目前中国经济保持中高增长速度，与此同时在市场经济发展平衡性、包容性、可持续性的基础上，产业将迈向中高端水平。对于传统的民营企业来说，要顺应现今市场经济发展形势，就必须通过转型升级将自身产业结构转向智能化、网络化、数字化、信息化的技术密集型产业，从而取得在新兴领域发展的优势。这不仅能给企业未来生产经营带来天翻地覆的变化，也能推动中国市场经济向着新的阶段前进。

一、民营企业转型升级中存在的问题

（一）融资困难

民营企业转型升级面临最主要的问题是融资困难，普遍存在融资渠道狭窄化、单一化。具体表现为：在直接融资渠道上，面向民营企业直接融资体系发展滞后，从而导致企业进行证券融资的门槛相对较高，这使得民营企业无法直接获得融资；在间接融资渠道上，虽然银行信贷是民营企业首选的融资渠道，但是民营企业普遍缺少符合信贷标准的资产抵押品以及信用良好的第三方担保人，以至于银行不愿意给民营企业发放贷款。据一项民营企业融资调查报告显示，68.50%的受调查民营企业表示自己贷款困难。若融入资金出现困难，民营企业将面临资金链断裂的危机，进而打乱原先制定的生产经营计划，严重影响到企业对创新技术研发方面的资金投入，阻碍企业整体发

---

* 作者简介：范益豪，男，浙江海洋大学东海科学技术学院 2013 级经济学专业学生。刘煜，男，浙江海洋大学东海科学技术学院副教授。

展步伐。同时在资金缺乏的压力下，企业未能放眼未来，无法制定出具有战略性的发展规划。这些都将不利于企业扩大生产规模，不利于企业可持续性生产经营，更加不利于企业进一步转型升级，甚至有可能将民营企业扼杀在摇篮之中。

（二）税负压力过重

笔者走访几家民营企业后发现，有多数民营企业的管理者表示宏观税负压力过重，对企业的转型升级造成巨大的阻碍。主要有以下三点。

(1) 我国企业总体税负过高，特别是民营企业。据调查显示，992家国企的平均企业所得税负仅10%，同期民营企业平均企业所得税负高达24%。

(2) 存在名目众多的收费项目。据统计，目前向民营企业征收行政事业性收费部门有18个，按收费项目分为69个，子项目上千。

(3) 存在行政部门"乱收费、乱罚款、乱摊派"问题以及诸多收费项目存在不公开和私自增加新收费项目的现象。

在宏观税负压力下，一方面民营企业出于对税负与收益的权衡，往往不敢对新兴领域进行大规模的资金投入，从而使企业生产经营局限在现有领域，最终企业规模随着产业生命周期的缩短而逐渐萎缩。这不仅阻碍了民营企业转型升级，更影响到民营企业的生存发展。另一方面，民营企业出于对后续产品生产的考虑，容易出现偷税、漏税、逃税等违法行为，给社会带来不良的影响。若要使民营企业合理健康地转型升级并使其持续性生产经营，政府必须要减轻企业的税负压力。

（三）缺乏创新能力

对于民营企业来说，创新能力是企业进步的灵魂，然而当前许多民营企业在转型升级中却缺乏创新能力。

(1) 多数民营企业高层认为对创新型人力资源和技术研发的投入就是增加企业的生产经营成本。这导致企业想方设法地减少创新方面的资金投入，以至于企业难以跟上时代发展的步伐，从而在转型升级中处于被动状态。

(2) 现阶段民营企业的转型升级，仍不能完全摆脱以劳动密集型为主的生产经营模式。这使得民营企业对职工数量需求大，而对应聘职工的文化素质要求不高。根据笔者对走访企业的职工文化水平进行的问卷调查，发现70%的职工文化水平是初中以下，23%的职工文化水平是高中，仅7%的职工文化水平是本科或专科。

这两方面严重制约民营企业的创新能力，不仅使得创新型人才不能很好地实现自我价值，从而另谋高就，而且导致企业整体产业趋向于低创新水平，产业规模始终无法扩大。最终民营企业因不适应市场经济发展而被淘汰。

(四)缺乏特色

近年来,在"稳增长、调结构、促发展"的政策指导下,民营企业之间掀起转型升级的浪潮。但是随着转型升级的不断深入,人们却渐渐发现民营企业的产品缺乏特色。

(1)盲目效仿。一些发展状况良好的民营企业,其创新模式往往受到其他民营企业盲目跟从效仿,这在一定程度上削减了各个民营企业产品之间的差异性。同时,"拿来主义"虽然可以给民营企业带来短暂的模仿利润,但会使一些民营企业减少对特色产品创新研究的投入,使得一些民营企业原本拥有的自身产品特色、产品核心技术的创新能力以及企业独特文化在转型升级中被破坏。

(2)产业缺乏特色。由于市场存在信息不对称,导致不少民营企业缺乏与消费者进行有效的沟通。因此在不了解消费者所需产品的情况下,企业盲目的转型升级无法做到因人制宜,从而无法形成符合消费者需求的产业特色。正是由于民营企业趋之若鹜般的模仿以及缺乏有效市场信息,让原本具有产业特色的企业被转型升级大潮洗刷得一干二净,从而失去了产业特色,最终导致民营企业在转型升级中逐渐失去竞争力。

二、对民营企业转型升级的对策建议

(一)建立多渠道的融资平台,解决民营企业面临的融资困难

应对民营企业转型升级中融资困难的问题,最有效的解决方法就是为民营企业提供一个良好的融资平台。

(1)完善银行信贷管理体制。民营企业要严格按照信贷标准,对符合条件的民营企业一视同仁,发放贷款。同时银行要根据民营企业的资质、信贷违约记录等情况,适当扩大抵押品的范围,以保证民营企业信贷额度的合理性。

(2)规范民间借贷体系平台建设。政府要合理地介入来帮助其设立自律、监管、服务型协会,以解决融入资金的企业方与融出资金的供给方之间信息不对称性的问题。同时要对民营企业实行公平、公开、公正的资信评级。根据评级结果,设定合理的贷款利率,从而更好地为民营企业的转型升级提供融入资金。

(3)通过发展现代化互联网金融,以此拓宽民营企业的融资渠道。政府要大力推进"众筹"思维的互联网融资平台的建设,这种平台在满足消费者个性化需求的同时,不仅能够确保生产要素得以合理配置,还能帮助企业解决融入资金困难的问题。在民营企业转型升级的道路上,达到"双赢"的良性效果。

(二)采取有效的政策手段,减轻民营企业的税负

面对中国经济下行压力的严峻情况,政府应当深入了解民营企业现阶段发展状况,

通过采取有效的政策手段来减轻民营企业的税负,缓解经济下行压力。具体措施有以下几项。

(1)针对宏观税负结构性失调,政府必须加快税收体制改革,通过适当调整企业所得税征收标准,减少征收商品流转税,来改变民营企业"赚得不多,交得不少"的税负现状。同时加大对民营企业税负减免的扶持力度,在一定程度上,可以减少民营企业违法行为的发生,又可以降低相应商品价格,真正为消费者带来利益。

(2)政府可以制定税收清单,先明确税目、税率以及征收方式等,规定清单之外的一切项目不进行征税。再通过试点实施,并对其实施结果进行分析,尽可能保证公平对待每一家民营企业。根据分析结果,修改清单内容,直至达到减负预期后,将清单内容向社会大众公开,最后推广应用到全国。

(3)政府机关对部门收费项目要加强监管,杜绝"三乱"现象,减轻民营企业税负压力,从而实现民营企业在转型升级中能够平稳推进。

(三)提高企业的创新能力,加快民营企业转型升级

在转型升级的潮流中,民营企业能否成功地改变传统的生产经营模式并得以可持续发展,相当大一部分取决于企业创新能力的高低。具体办法有以下几项。

(1)作为民营企业高层,要正确认识到人力资源和技术研发投入的重要性。同时企业要积极建立高端人才引进战略管理机制,通过职业生涯的规划以及企业福利留住人才,从而更好地提高企业的创新能力。

(2)加强企业职工的专业培训,以提高企业的创新能力。民营企业通过提高企业创新能力,不仅能够获得人力资源和技术研发的红利,还可以在转型升级上处于领跑地位。第一,企业可以按职工自身专业技术的类型建立人力资源档案,从中可以明确知道在转型升级中,企业所缺乏的创新技术,从而做到人尽其才,物尽其用。同时除掉冗余劳动力,以降低生产经营成本。第二,鼓励企业职工进行技术创新方面的培训,将其学习成果与企业评优、晋升相关联,从而形成一套有效的激励机制。第三,通过公开选拔方式,挑选考核优良的职工进入企业的核心岗位,从而帮助企业形成核心竞争力。

(四)打造自身产业特色,凸显民营企业的独特魅力

民营企业的转型升级,必须要能突出企业自身产业特色,主要体现在产品的独特性、差异性、创新性。

(1)通过企业产品的创新,打造自身产业特色。如果民营企业仅盲目模仿其他企业转型升级模式,不加以对创新特色产品的研发,则会使产业缺乏生机和活力。因此,民营企业要加大对产品的个性化、便利化、人性化等功能的创新研发力度,以此打造企业自身的特色产品。同时加强对自身特色产品的宣传，从而更好地凸显民营企业的独特魅力。

（2）根据消费者个性化需求，打造自身产业特色。民营企业可以实施CRM（Customer Relationship Management，客户关系管理）方案，先对产品销售市场和销售群体进行定位，再利用互联网技术与定位市场中的消费者进行信息交互，从而提升其管理方式。同时，以满足消费者需求为基础，并结合企业文化，进而打造企业自身产业特色，增强民营企业对消费者的吸引力。在转型升级的潮流中，只有真正结合企业文化特色以及市场消费需求打造起来的产业特色，才能使企业在今后发展的道路上走得更远、更稳健。

参考文献

[1] 依军，王一民. 中国民营企业发展的现状与对策[J]. 山东农业工程学院学报，2015，32(1)：62-64.

[2] 刘其林. 浅析中国民营企业发展现状及对策[J]. 消费导刊，2012(12)：37.

[3] 李兰. 减轻中小企业税负应多管齐下[N]. 经济参考报，2015-03-11.

（本文发表于《农村经济与科技》2016年第9期第169-170页）

关于浙江省江山市私营企业经营状况的调查报告

柴欢欢* 指导教师：刘 煜

摘 要：改革开放以来，私营企业得到了极大发展，在国民经济发展中起到越来越重要的作用。但由于私营企业内外因素的影响，还存在一定的问题，影响了私营企业进一步的发展。本文就浙江省江山市私营企业的现状、地位作用和发展等问题进行了调研，为未来浙江省江山市私营企业的发展提供一些建议。

关键词：私营企业；私营经济；经营

随着社会主义市场经济发展迅速，私营企业逐渐兴起并在地方经济社会中扮演着十分重要的作用。私营企业可以集合和利用一部分人的私人资金，为发展生产和满足居民生活需要服务。为深入了解私营企业在地方经济发展中的状况，发现进而改正其存在的问题，使其能够迎合城乡居民的消费需要，并为地方经济社会发展出一份力，我们着眼于刚起步的小城镇连锁便民超市"左邻右舍"的发展壮大，在江山市展开了关于私营经济发展状况的调查。

一、现状分析

"左邻右舍"是浙江驰骋控股有限公司旗下的一个便民连锁品牌。该公司总部位于江山市，是一家集便民连锁、物流配送、商贸营运、电子商务于一体的区域性商业集团。集团旗下拥有一个各为"生活驿站"便民店连锁品牌和一个"萝卜白菜"电子商务服务平台，下辖驰骋物流、驰骋商贸、同驰科技、同驰服务、上饶驰骋仓储等子公司。目前，旗下有连锁便民店2600多家，以江山为发展基地，门店覆盖浙闽赣三省30多个县市区，成为长三角地区最具规模和影响力的商业连锁企业之一。而这一点在参与本次调查的居民所反映的情况中也有体现，其居住地附近都有"左邻右舍"门店分布。

连锁商业是靠规模获取效益的，从2006年全面发展加盟业务以来，该公司曾一度亏损经营，但近年来随着规模的壮大，毛利率越来越高，亏损率越来越低，公司已逐步进入纯盈利阶段。而其业务涉及的范围较为广泛，也迎合了政府优化农村市场、实现城乡统筹、拉动农村内需的愿望。"左邻右舍"还涉及连锁与物流这两个资本市场的

---

* 作者简介：柴欢欢，女，浙江海洋大学东海科学技术学院2013级行政管理专业学生。

热点，发展潜力较大。

"左邻右舍"便民连锁店的快速发展给农村带来的一大好处就是农村居民消费安全有了切实的保障。明亮的店堂、整齐的货架、丰富有序的商品、标准的电脑收银，一切与人们印象中农村小店杂乱无章的形象大相径庭。据店主反映自己的工作就是看看店、收收银。由于公司根据销售情况集中进货，进价比以前便宜，而且品种也更加丰富。前来购买的居民也反映，自打小店改成"左邻右舍"便利店以后，能买的东西多了，就用不着再赶到镇上或者更远的市中心去，而且大部分商品都是广告里经常可以看到的名牌产品，安全可靠。

二、存在的问题

(一)私营企业发展不均衡

农村地区经济基础本身较市区差，而受传统生活习性影响，许多居民经济观念较落后，缺乏对私营企业的正确认识，因而私营企业从业者偏少。同样的，"左邻右舍"加盟门店在农村地区的分布密度远低于市区。从调查的结果上看，部分居民认为"左邻右舍"门店的分布位置仍不甚合理，尤其是在农村。而在调查过程中也发现，农村中一个村落里往往至多只有1~2个"左邻右舍"门店。相比较市中心地区"左邻右舍"门店，农村的门店其服务范围大得多，所服务的人口量大，附近居民的日常生活用品基本都可以到门店里购买补充。由此，农村地区便常出现居民上门购物但门店却已缺货的情况，给居民生活带来很大不便。相反地，市中心地区门店几乎不会出现这类现象。市中心地区商业相对发达，周边商铺林立，还有大型购物广场。居民购物选择很多，在急需的情况下，他们才会选择到附近的"左邻右舍"门店购物。

(二)私营企业发展仍存在一些限制因素

在国有经济占主体地位的形势下，私营经济虽也发挥了极大作用，但还面临着市场经济中的资金、技术、人力等许多问题。在暑假社会实践期间，笔者曾在浙江驰骋控股有限公司配送中心做过实习生，对公司实际生产线上的状况有了一定的了解。相对于国有企业所拥有的稳定资金投入，私营企业筹资渠道尚不稳固，一定时间内能筹集到的资金有限。另外，面对日常高负荷的工作任务，配送车间一线配送工人的工作积极性和主动性尚不太高，这对"左邻右舍"的整体发展造成了不利影响。根据调研发现，配送车间的一线员工年龄多为三四十岁的劳动力群体，其面临家庭生活压力较重，对工作岗位性质的认识有限。加之"左邻右舍"加盟门店规模不断扩大，配送商品量急剧加大，然而员工数量有限，造成员工消极情绪不断滋长。另一方面，资金的限制导致技术投入额度减小，技术力量得不到及时的更新与发展，也影响了"左邻右舍"的进一步跨越式发展。

（三）私营企业内部管理乏力

由于私营企业中部分经营者缺乏企业管理的相关的专业性知识，尚不能对企业相关的管理问题进行全面科学的决策，导致企业内部管理结构不够合理化。"左邻右舍"总部分设采购部、仓储部、客服部等部门，除了完成自身工作外还需与其他部门配合，由此带动整个生产运营链的有序运作。然而一些私营企业管理层次较多，管理人员数量较多，各个管理人员间由于管理思想的差异，对同一问题的解决办法难以达成完全的一致。而这便容易使问题长期存在且得不到有效解决。此外，私营企业对管理人员的吸纳也存在较大主观性，在招聘环节缺乏严格的整体录用标准，容易根据片面的资料和个人主观判断进行决策，导致内部管理人员的专业素养差距较大。由此，私营企业内部管理乏力，这不利于形成统一的、科学的管理理念，制约了企业整体运营效率的提高。

三、有关建议

（一）协调城乡发展关系，加快农村私营经济的发展

针对农村本身经济基础相对薄弱的现状，政府相关部门需重视农村地区私营企业的发展。一方面，大力加强农村基础设施建设，改善农村投资环境。由此，从根本上吸引更多投资商发展农村私营企业，建立起农村私营企业的合作团体，分享农村同一地区的资源。另一方面，政府要积极鼓励市中心地区的商业经营者到农村地区开发新的商机，并在资金上给予更多的支持，激发农村私营企业的经营兴趣，并带动周边私营企业者的积极性与主动性。另外，在农村地区，要对居民进行私营经济相关知识的普及传播，使农村居民对私营经济有正确的认知，这样才能促进农村私营经济的健康发展，且能减少由于对私营经济相关知识的无知所带来的一系列问题。同时，还要注意协调城乡关系，促进城乡经济平衡发展。例如，注意适度增加"左邻右舍"在农村加盟店的数量，避免由于单个门店服务范围过大造成的缺货现象。加盟商数量的扩大能够使农村地区门店的日常销售更为稳定。同样的，如果市中心地区的加盟门店数量偏高，也需要适当地进行削减，使其分布更为合理，避免商品需求量过小而导致的滞销情况。

（二）政府给私营企业松绑，加大支持力度，推动私营企业健康发展

私营企业面临着一系列限制，难以形成跨越式的发展。因此，政府需要给私营企业松绑，在资金、技术及人才等方面提供更全面的支持。政府因具备大规模调动资源的能力，所以能够给予私营企业最大限度的资源补充。国有企业在社会经济中的地位较稳固，发展也相对稳定，政府应在不影响其正常运营的前提下，多关注私营企业的发展状况，尽可能在资金、技术及人才等方面给予私营企业一定的支持。除此以外，政府更应关注私营经济中的基层工作人员，注重其工作环境的改善，激发其工作的积极性。针对"左邻右舍"配送中心工作人员工作压力问题，政府要给予他们更多的人文关怀，在物质及精神方面需要得到适当的关心，如适当增加员工的工资，缓解工作压力，平衡员工的心态等。这样才可以巩固私营企业的人才队伍，推动私营企业的健康发展。

(三) 优化企业内部管理，实现私营企业整体运营效率的跨越式发展

由于私营企业内部管理尚不合理，优化管理结构显得尤为重要。私营企业的经营者要着眼于企业整体利益，并从长远发展角度考虑，优化私营企业内部管理结构，以提高私营企业运营效率为原则，实现私营企业整体运营效率的跨越式发展。注意强化私营企业的质量意识。私营企业要把质量意识教育作为大事，抓住不放、坚持不懈，使企业员工牢固树立"质量就是饭碗"的观念，并定期向企业员工通报质量情况，分析质量动态，在企业员工中开展质量竞赛活动，培养技术能手。同时，注意民主管理制度化。通过民主制度的建立，切实落实职代会的各种权力，逐步将那些行之有效的方法、制度规范化，并使之成为企业内部相对稳定的具有相应效力的规定，不断增强企业员工的民主意识。

参考文献

[1] 李路路. 转型社会中的私营企业主[M]. 北京：中国人民大学出版社，1998.
[2] 蔡辉前. 我国私营企业发展现状与对策分析[J]. 商品与质量，2012(3)：29.

浙江省宁波市鄞州区江诺建材有限公司经营状况的调查

周萱茹[*] 指导教师：巢虹玉

摘 要：私营经济是国民经济的重要组成部分，在繁荣市场、方便人民生活、解决就业、促进经济增长上起到重要作用。随着我国市场经济的逐步完善，国内私营企业的外部环境不断好转，许多制约私营企业发展的问题已经或正在加以解决。然而，目前国内私营企业在其发展壮大的过程中，仍然面临严峻的挑战，需引起有关部门的重视。本文以浙江省宁波市鄞州区江诺建材有限公司（以下简称宁波江诺公司）为调研对象，分析了该公司的经营现状及存在的主要问题，并在此基础上，提出了相应的建议，以期为该公司经营状况的改善提供一些有益的借鉴。

关键词：私营企业；私营经济；经营

随着时代的变迁，各行各业也发生着巨大的改变，有的行业因落后的技术而被淘汰，有的行业却随着日益革新而厚积薄发。在现今的宁波，各行各业随着改革开放进程的加快，既面临发展的机遇，又都遇到严峻的挑战。本次社会实践调研将以宁波江诺公司为例，了解建材行业经营的基本状况，分析建材行业存在的一些问题，并提出解决这些问题的对策建议。

一、宁波江诺公司的现状

宁波江诺公司位于宁波市鄞州区高桥镇一带，可称得上是这一地区建材行业发展的佼佼者。与一般的建材行业不同，宁波江诺公司并非单纯的建筑材料销售公司，它从事沙石等材料的生产及销售。初次到宁波江诺公司，巨大的采石基地给人强烈的震撼。采石场占宁波江诺公司绝大部分的面积，而去年新建的四层办公大楼也很耀眼，门外的两头石狮，一进大门的镀金铜佛像……寄托着江诺人的美好愿景。大楼一层为食堂及员工的用餐区，宽敞明亮。到了二层就进入了公司的办公区域，而设置在二楼入口的密码锁也体现了公司严格的管理体制。二层除了公司高层的办公室以外，最为重要的自然是财务室和监控室。在调查期间，正值年末，财务部门的几位员工都显得紧张忙碌，在对公司一年的财务进行结算。监控室，顾名思义就是监视公司上上下下

---

[*] 作者简介：周萱茹，女，浙江海洋大学东海科学技术学院2013级资源与环境经济学专业学生。巢虹玉，女，浙江海洋大学东海科学技术学院辅导员。

安全的地方，无论是外部的采石地区还是公司内部的基本状况都完整地显示在液晶显示屏上面，以保障公司正常运转。因宁波江诺公司并非规模庞大的公司，员工也并不是很多，员工之间相处非常融洽，在平常休息时间他们也大多会到三层的休息室一起喝茶聊天。而公司的预备日常用品，则放置于公司的四层。

宁波江诺公司随着近年在"新三板"（全称为"全国中小企业股份转让系统"）上市，公司运营也逐步进入正轨。公司由原先笼统的单一工作部门逐步分化为多个相对独立的专职部门，如财务部、运输部、后勤部等，这些部门分工明确，各司其职，提高了公司的工作效率。但各职能部门的员工仍存在着专业知识缺乏、行为懒散等问题。而对此，公司没有相应的员工提升计划及明确的员工管理制度，致使公司的管理混乱，影响了公司的健康发展。除了公司内部管理存在不合理外，在外部采石过程中，宁波江诺公司虽在近几年加大了投入，新增了挖掘机、装载车等设备，提高石料产量（如2014年公司的年产量就高达10万立方米），但是即便在数量上取得增长，可因员工技术等方面的限制，石料在质量上仍有较大的提升空间。宁波江诺公司在近几年进行了积极改良，但是想要优化公司的运营仍然需要加大改革力度。

面对日益激烈的市场竞争，宁波江诺公司在近几年虽仍然占据当地建材公司的龙头地位，可在未来的发展前景上还是面临相当严峻的考验。在产业上，同类公司也在激烈的竞争下不断踏步向前，对宁波江诺公司构成了一定的威胁。而在市场上，建材市场的饱和以及柴油价格的上升，都无疑阻碍了宁波江诺公司前进的脚步。除此之外，采石产生的一系列环境问题也是一大阻碍因素。综上所述，宁波江诺公司的改革还任重道远，仍需要公司员工努力奋斗。

二、存在的问题

宁波江诺公司虽然是一家比较优秀的企业，但是事事并非都完美，在其运营过程中也仍然存在着一些问题。

（一）科技含量不高，难以实施可持续经营

宁波江诺公司虽然在设备数量上有所提高，石料的产量也有了提升，但并没有在质上得到改善。公司的技术革新在公司经营改进上没有起到核心作用。首先，生产石料过程中，因科技落后的因素，导致石料的质量有缺陷，经常存在石料因过于粉碎或者潮湿而难以使用的情况。其次，公司对于相关零部件的技术革新过慢，导致在开采运输工程中仍然使用老式配件，降低了公司的开采效率。第三，在采石的过程中，因技术的限制而产生了较严重的环境污染。爆破、运输造成大量粉尘，导致大气污染严

重，同时山体植被遭到破坏，水土流失问题严重，也随之影响了附近的水域。环境问题不仅影响了公司的发展，而且也影响了当地居民生活，有时还引发严重的居民纠纷。总之，宁波江诺公司因科技水平相对较低，产生了一系列的问题，一时还难以得到解决，使公司的可持续发展受到制约。

（二）员工专业素养不足，难以全面经营

公司的硬实力决定着产量，而公司的软实力也同时起着影响发展的重要作用。员工专业素养作为公司软实力的重要组成部分，对公司经营发展起着重大作用。宁波江诺公司虽只是中小型企业，员工数量有限，但仍需要重视员工专业技能技术的培养。例如，公司的采石员虽然拥有专业的采石技术，但水平较低，若在采石过程中遇到难度较大的专业问题时仍束手无策。另外，采石一线员工缺少对自身职业的热爱，严谨性和专注性不足，这样在工作中容易造成危险的行为。同时，内部管理员工虽然会在规定时限完成工作任务，但是缺乏工作热情，服务意识不强，缺乏奉献精神，少数管理员工在上班时间出现私自娱乐的现象，结果，影响了公司的形象和管理效率。

（三）规章制度不完善，难以有序经营

公司的经营不同于个体经营，它是一个完整的系统工程，要保证这一系统的高效运转，公司应当建立一套完善的制度体系，使公司的运转有章可循，保证公司充满生机、活力。而宁波江诺公司在规章制度上存在着一些缺漏，主要表现在：公司各部门职责不明确，部门内部分工模糊，导致工作出现重复现象；公司员工缺乏团结，遇到问题上容易产生分歧，难以达成一致；公司整体缺乏纪律观念，经常出现部分员工迟到早退的现象；在生产经营方面也缺乏制度规范，导致生产效率不高。无规矩不成方圆，宁波江诺公司在规章制度上的欠缺，使其在未来的发展上难以有序经营。

（四）信息革新缓慢，难以准确把握市场

企业要发展，其对市场信息的准确把握也是至关重要的。宁波江诺公司在把握市场信息的及时性上存在一定的缺漏：对于产品的市场供给需求变化反应滞后，导致经常出现石料短缺或者过剩的现象；对于产品价格的市场变化反应不及时，导致出现价格不合理现象发生，容易造成高价购进现象，产生额外成本；对于行业间竞争信息了解不多，只关注公司自身的发展，对于同类公司的发展缺乏了解，导致技术、管理上与优秀的建材公司相比存在一定的差距。宁波江诺公司要积极主动把握外界信息的变动，掌握最新的市场信息，这样才能有机会超前经营，实行公司的跨越式发展，巩固公司在同类行业中的领先地位。

三、对策建议

"冰冻三尺,非一日之寒",宁波江诺公司在经营发展的过程中出现的问题不是一朝一夕形成的。公司需要分清问题的主次,通过政府引导、加强监管、改进生产工艺技术等方式逐步解决这些问题。

(一)积极引进先进技术,以科技武装公司

"科学技术是第一生产力"。宁波江诺公司面临各方面的严峻挑战,就必须积极引进先进的技术,以科技迎接挑战。宁波江诺公司可以根据科技的革新引进更为安全的技术,比如可引进中深孔凿岩设备,或对凿岩的爆破,可以选择有资质单位,实施凿岩、爆破整体"一体化"承包。在机器方面,可以适时引进液压锤、装载机等大型机械设备,杜绝二次爆破,实现机械化生产。而面对生产过程中产生的环境污染问题,特别是粉尘和水体污染,则需要引进先进的洗尘和污水处理设备,可以在很大程度上解决环境污染严重的难题。若在条件允许的情况下,可以引进消音技术,更可以使得噪声问题得到处理。随着大气污染、水体污染和噪声污染问题的逐步解决,对周边居民的影响也会大幅减少,公司与居民生活的矛盾也将得到缓解。随着技术的革新,公司运营效率的提高,可以保证公司在同类产业间处于领先地位,竞争力也随之提升。

(二)努力提高员工素养,以专业捍卫公司

公司员工是一个公司运营的主力军,员工素养的提高就成为公司发展的一个重要因素,而提高员工素养可以从专业和道德两方面入手。在专业方面,宁波江诺公司可以聘请专业人员对员工进行专业辅导,比如可以安排时间进行一定的专业知识和安全操作技能的讲座,确保公司员工的专业知识和专业技能与时俱进。通过对公司员工的专业辅导,能够增强员工的专业技术能力,防止因员工专业技术能力不达标而发生生产过程中的安全事故。当公司拥有丰富专业素养的员工时,公司的竞争力明显提高,将使公司在同类行业的竞争中脱颖而出。另外,公司也要注重员工道德素质的培养。公司不仅需要注重员工专业技术的培养,也要重视员工道德素质的提高。公司员工道德素质较高可以大大提升公司的竞争力,有利于提高公司的生产效率。当公司员工整体素养较高时,他们面对工作,有着较强的敬业精神,尊重自己的职业,勤勤恳恳,任劳任怨。而当他们面对公司的矛盾或问题时,也会更有耐心,能够积极化解公司的矛盾或问题,与公司荣辱与共。

(三)完善规章制度,以规范稳固公司

宁波江诺公司应严格按照国家有关规定要求及标准做好公司的生产及管理工作。

不得进行盲目开采，不得使用劣质炸药，不得聘请专业能力低下的技术员，以避免出现不必要的安全生产隐患。除此之外，公司也应完善相关规章制度，比如按照内部机构承担的任务和业务内容，合理配置岗位、人员，明确各岗位的工作职责、操作规范和业务流程；制定奖惩制度，对违章指挥、违规作业、违反劳动纪律的"三违"行为进行严惩，坚决杜绝超能力、超强度、超定员的"三超"现象发生。而对于工作优秀的员工则给予奖励；设立监测机构，对安全问题进行监测，切实做到整改、责任、资金、时限和预案"五到位"，并且按时对公司周围环境进行监测，若监测结果较严重的情况下，可以要求适时停产整顿，以确保公司周围环境良好。一个公司想要有竞争力，想要取得突出的成绩，必须严格按照相关规章制度来规范公司的生产和管理行为，以保证公司的生产活动和管理活动能够顺利进行。

(四)注意信息更新，以效率提升公司

在互联网时代，很多企业都十分重视信息的传播与更新。公司掌握了最新的市场信息，就拥有较强的竞争力，才有机会在激烈的竞争中取得一席之地。在激烈竞争的市场环境下，只有积极更新市场信息，公司才能作出正确决策。宁波江诺建材有限公司作为一家上市公司，对于市场信息的准确把握能力还有待加强。例如，公司要紧密关注市场信息的变化，把握市场供给的波动情况，保证公司生产活动的高效运行；关注同类公司高效的管理水平，找出自身管理的不足并予以整改，提高管理效率；密切关注建材市场的信息变动，防止因信息滞后而影响公司的竞争力；紧密关注柴油价格的变动，在较低价格下买进储存，才能减少因价格的变动而造成的不必要损失。一个公司要想在竞争激烈的环境下生存发展，及时掌握信息的变化就非常必要。只有准确把握的市场信息的变化，才能保证公司生产效率稳步提高。

参考文献

[1] 年志远.中国私营企业成长中的制度变迁[J].吉林大学社会科学学报，2001(1)：44-48.
[2] 樊秋莹.和谐社会构建中的我国私营经济[J].深圳大学学报(人文社会科学版)，2007，24(3)：138-140.

峰峦成岛屿 平底卷波涛
——关于浙江省千岛湖景区旅游业的调研报告

陈玲露* 指导教师：梁新巍

摘　要：美丽乡村建设中蕴涵着深刻的生态意蕴，是以生态现代化建构出的一条现代化与环境友好、协调、和谐发展之路。本文剖析了浙江省千岛湖景区的旅游发展现状以及存在的问题，并从环境保护、旅游产品打造等方面为浙江省千岛湖景区旅游的发展提供相应的建议。

关键词：千岛湖；旅游；建议

随着经济的快速发展，服务业的产生、发展以及繁荣成为了大势所趋。笔者对以发展旅游业为主的淳安千岛湖进行调研，并且针对其餐饮、住宿、娱乐、购物等方面进行深入调查。拥有一流生态环境和优美自然风景的杭州市淳安县千岛湖现在已经成为杭州最重要的休闲度假目的地和旅游西进战略的最前沿阵地。笔者希望通过这次调研，深入了解自己的家乡，了解千岛湖在餐饮、住宿、交通以及娱乐等方面的基本情况，分析存在的问题，了解千岛湖游客们的消费水平、喜好以及满意度，并分析千岛湖成功转型的原因。

一、千岛湖景区的基本现状

改革开放以来，我国出现了许多新兴产业，旅游业是其中发展快、成果最为显著的一个，今后还会有更大的发展。千岛湖位于浙江省西部淳安县境内，是我国国家级5A风景名胜区，也是中国面积最大的森林公园。千岛湖的前身为新安江水库，经过淳安人民几十年的保护、建设和管理，成为了今日"峰峦成岛屿，平地卷波涛"的千岛湖。5.73万公顷水面烟波浩渺，晶莹碧透；4.09万公顷群山环湖叠翠，郁郁葱葱；1078个翠岛如同玳瑁玑珠，星罗棋布，点缀掩映在明净如镜的湖中。湖区山林面积之广，林木蓄积之多，水体质量之好，空气之纯净，引起联合国环境保护部门的极大兴趣。千岛湖中的名贵鱼类亦获得有关部门出口免检的特许。当游人进入湖区，那青翠欲滴的

---

* 作者简介：陈玲露，女，浙江海洋大学东海科学技术学院2013级行政管理专业学生。梁新巍，女，浙江海洋大学东海科学技术学院辅导员。

群山，沁人心脾的空气，宛如人间仙境，使人全身心都沉浸于回归大自然的无穷畅快之中。千岛湖，顾名思义，就是岛屿众多的意思，目前千岛湖大大小小的岛屿有1000多个。千岛湖有着别处所没有的优势，青山绿水，大自然的厚待使得无数游客前往游玩甚至落户。

千岛湖属于杭州范围，其实离市中心杭州还是有点距离的。自驾游的话，经杭州中转，出城后从杭州南枢纽上杭千高速，只需90分钟便可以到达。如果是坐长途汽车的话，杭州到千岛湖的车子很多，其中尤其是杭州西站，其他的如萧山机场、杭州黄龙集散中心、杭州火车东站、钱江市场均有前往千岛湖的车辆。千岛湖总共3个景区点，分别为东南湖区、中心湖区和西南湖区。东南湖区总共四个岛，分别为黄山尖、天池岛、桂花岛和密山岛四个岛。东南湖区数黄山尖风景最棒。中心湖区有梅峰观岛、猴岛、孔雀岛、龙山岛、清心岛、锁岛六个岛，是游客最喜欢去的景区。西南湖区有龙川湾，是一个影视拍摄地，风格别致。

千岛湖风景区门票分旺季和淡季，旺季为每年的3月1日—11月30日，票价150元/人；淡季为每年的12月1日—次年2月底，120元/人。当然，也会有适当的优惠政策，千岛湖景区的免票对象为：(1)1.2米以下的儿童；(2)70周岁(含)以上的老人(凭身份证，限大陆、港澳台地区)；(3)现役军人(凭军官证或士兵证，不含文职干部)，军队离休、退休干部(凭军队离休、退休证)；(4)残疾人【凭县(市)级以上残疾人联合会颁发的残疾证、残疾军人证】等。

二、千岛湖景区存在问题

千岛湖景区虽然风景优美，但调研发现，千岛湖景区还是存在着一些问题。现将这些问题总结如下。

(一)门票价格较高

众所周知，千岛湖拥有天独厚的条件坐拥秀美的自然景观，就算是站在岸边看一眼就觉得甚美，空气也很清新，这也是为什么总有那么多人来这里游玩的原因。但是游客都觉得千岛湖景区的门票价格较高，除了门票外，岛上另外还有很多的自费项目，例如梅峰岛上的滑草项目，100米距离20元，还有缆车项目，也要30元/次。自费项目远不止这些。经济条件一般的家庭往往望而却步。

(二)上下船时存在安全隐患

千岛湖是由若干个大小不同的岛屿组成的，因为游客要在各个小岛之间游览，所以唯一的交通工具就是游船。但毕竟游船载容量有限，所以当游船一靠岸的时候，游客们便会蜂拥而至,这个时候安全隐患便显露出来,可能会发生游客被挤入水中的危险。

(三)供游客观赏的特色景点少

千岛湖虽然有1000多个岛,但实际上被开发的岛屿也就11个而已。游客们反映,千岛湖水质干净,环境优美,适合度假,但是如果作为风景观赏的话,缺少更多的有特色的景点,游客在一天之内便可以游遍。景点主要问题是单调缺乏特色。例如猴岛上,也仅是抓了几只猴子放在岛上面,供游客观赏,而且猴子被饲养得过于肥胖,非常懒散,缺乏本应在大自然中所拥有的灵性。又如,所谓梅岛就是一观景台,缺乏历史人文气息,人员居住分散,缺少可供游客游玩的景点。还有锁岛,只有一个象征性的铜锁,其余的就只剩下了一些树而已,明显缺乏特色。中心湖区的渔乐岛,也只有吃吃喝喝,没有什么特色风景可言。岛上虽然可以选择观看泰国人妖表演、和蟒蛇合影等,但这根本不是千岛湖的特色。

(四)景区太过商业化

所谓旅游景区的商业化,就是指旅游景区在旅游开发的过程中,简单地将旅游景区作为旅游经济产业对待,过分地强调旅游的经济功能,片面追求旅游经济效益,一味地迁就旅游开发商和投资商的功利需求。作为游客,更能够感觉到商业气息的袭来,如游船、导游、各种各样的商品、本地土特产等。又如在锁岛上,一个锁就要10元钱,而岛外3.5元便可以买一个。酒店住宿价格偏高,基本上都是600元/间;农家乐的住宿虽然价格比较适中,价格在200元左右。但设施却极其简单。在商业化的氛围中,千岛湖丧失了很多本来应该有的湖光山色,让人感觉十分的遗憾。

三、关于千岛湖景区建设的对策措施

杭州千岛湖拥有独特的自然资源禀赋和一定的区位优势以及良好的市场环境,但是其发展仍旧存在着众多的问题。我们不能回避问题,而应寻找解决问题的办法。

(一)适当降低门票价格,减少自费项目

近年来,各地旅游景点门票价格有增无减。降低门票价格成为人民的共同心愿。提高门票价格,有利各个景区自身的发展。降低门票价格、取消门票,有利于大力推动国内旅游消费。不少到过千岛湖或者想要到千岛湖游玩的游客抱怨,说是千岛湖门票贵,游船价格也贵,根本不值得来游玩。作为调研者,笔者也认为这是事实,千岛湖门票价格偏高。不过今年淳安新出了一项惠民政策,就是淳安人可以免费游千岛湖,

只收取船费，经过这么多年的努力，终于出台了新的惠民政策。对于外地游客，建议适当地降低门票价格，或者适当减少一些自费项目，或者增加一些免费项目，这样，相信会有更多的游客来千岛湖游玩。

(二)加强安全措施，提高游客的安全防患意识

得力的安全防范措施对旅游业来讲是非常重要的。为了让千岛湖景区能够健康发展，更需要加强安全措施，注意加大对旅游安全的宣传力度。例如在购票码头上，我们可以做一些宣册，加强游客的安全意识；或者制作一些关于上岛安全的短片，让游客在等待购票时不仅可以打发时间，而且又可以提高他们对旅游安全知识的了解，减小危险发生的几率。游客更应该提高自己的安全意识，上船下岛时要遵守交通安全规则，不要一窝蜂似地往船上冲。如果每个人都有较强的安全意识的话，相信一定可以减少安全事故的发生。同时，导游一定要随时提醒游客随时注意安全。例如滑草的时候，对于10岁以下的孩子，建议不要乘坐。由于坡度太大，有点陡，人坐在滑草盆里，手握两侧，如果游客方向把握不好的话，很容易碰到旁边的水泥槽，手背是很容易被刮伤。因此，10岁以下的孩子乘坐滑草盆游玩还是相当危险。另外，千岛湖安保部门需要定期对相关景区进行安全检查，消除安全方隐患，保障游客的人身安全。

(三)加强景区建设，注意开发特色景点

千岛湖的确风景很秀丽，但景区的特色景点建设往往差强人意，总是有游客抱怨，岛上除了风景好点，基础设施有待改善。因此，在不破坏自然生态环境的前提下，我们可以加强特色景点建设，例如在锁岛上，除了几个锁，可以借鉴其他旅游景点建设的经验，在岛上做一个许愿塔，游客们可以在这里许下自己心中的小小心愿。如果游客实现了心愿，他们也许还会来岛上重新还愿。同时，景区也可以做好水的文章，建设千岛湖水上游乐园。建议在东南湖区或者城中湖附近，建设高品位水上休闲游乐园，推出游泳、垂钓等项目，着力将千岛湖建成一个集休闲、健身、游乐、文化餐饮为一体的千岛湖水上休闲乐园。另外，注意开发新的特色游玩路线，以此形成更多的供游客选择的游玩路线，进一步增强千岛湖的吸引力。

(四)减轻商业化现象，回归自然美景

千岛湖的湖区面积573平方千米，湖中拥有形态各异的大小岛屿1078座，平均水深34米，能见度最高达12米，属于国家一级水体，被原新华社社长穆青赞誉为"天下第一秀水"。千岛湖碧波万顷，千岛竞秀，群山叠翠，峡谷幽深，还有众多的生物资源，文物古迹和丰富的土特产品，构成了享誉中外的岛湖风景特点。景虽美然而商业化太严重，这不利于千岛湖景区的健康发展。旅游是一种文化现象，体验和了解不同

的文化是旅游者的主要动机之一。如果旅游开发商和景区经营者为了一时之私利对旅游景点进行过度商业化开发，势必会破坏旅游景区的文化内涵，导致旅游者的满意度下降。建议在旅游景区的外围区域集中建造旅游商业区，营造具有旅游休闲风格和生活气息的购物环境，有利于消费者作出购买决策。同时，增加旅游休憩区的商业功能。将旅游休憩区的休息功能与商业功能有机地结合起来，创造良好的购物环境，实现游客在购物中休息、在休息中购物的目标。这样，可以有效对冲中旅游景点的过度商业化现象。

参考文献

[1] 阿迎萍. 我国国内旅游业发展的现状、趋势及对策[J]. 河北职业技术学院学报，2008，8(1)：64-66.

[2] 于洋. 浅谈我国旅游业的问题及对策[J]. 旅游纵览(行业版)，2011(5)：47-48.

舟山渔(农)村旅游业面临的困境及对策①

黄 喆*　指导教师：刘　煜

摘　要：舟山，一座美丽的海上花园城；一个国家级的海洋新区；一个全国闻名的旅游胜地。随着经济社会的发展，人们生活水平的提高，海岛渔(农)村旅游业方兴未艾。但旅游业在发展过程中矛盾层出不穷。本文以国家级海洋新区——舟山为例，分析了舟山渔(农)村旅游业面临的现状与困境，并提出了有针对性的建议，以实现舟山渔(农)村旅游业的可持续发展。

关键词：舟山；渔(农)村；旅游；困境

　　旅游业可持续发展指在保持和增强未来发展机会的同时，满足当代旅游者和旅游地居民要求；并且通过现有旅游资源的可持续经营管理，在确保文化完整性、基本生态过程、生物多样性和生命支持系统的同时，实现旅游经济、社会效益和审美需求的发展模式。星罗棋布的海岛、奇石突兀的海礁、独特风情的渔家文化，这些都是舟山渔(农)村旅游业发展的优势。如今，改变正悄悄发生在美丽的海岛上，正是渔(农)村旅游业这一美丽经济的孕育，让一个个古老的渔(农)村焕发生机。与此同时，渔(农)村旅游业缺乏整体规划；旅游产品缺乏品牌效应；渔(农)村生态环境破坏较严重等一系列矛盾凸显，影响了舟山渔(农)村旅游业的可持续发展。为此，笔者对舟山渔(农)村旅游业的现状做了一些调查，在此基础上分析舟山渔(农)村旅游业存在的问题，并提出解决这些问题的对策建议，以便能实现舟山渔(农)村旅游业的可持续发展。

一、舟山渔(农)村旅游业面临的困境

　　当前旅游产业已经成为舟山海岛经济发展的支柱产业和先导产业，渔(农)村生态旅游也吸引了大批国内外游客。根据舟山市旅游委员会旅游接待与收入统计：2016年6月，舟山市旅游接待人数522.93万，比上年增加30.92%，今年累计接待海外旅行者157 041人，累计旅游总收入达279.36亿元人民币。在舟山旅游业良好的发展趋势下，渔(农)村旅游业迅速发展，在实地调研中我们也发现了海岛渔(农)村旅游业有以下发展瓶颈。

---

① 基金项目：2016年浙江省大学生科技创新活动计划暨新苗人才计划浙江海洋大学项目"生态文明背景下'沉寂渔村'保护性开发利用研究——以舟山为例"(2016R411002)。

* 作者简介：黄喆，女，浙江海洋大学东海科学技术学院2014级财务管理专业学生。

(一)渔(农)村旅游业缺乏整体规划

目前舟山的渔(农)村旅游业还处于探索发展阶段,没有明确的整体规划,发展无序。渔(农)村当地经营旅游业大部分是一些转产转业的渔(农户)和个体经营者,由于资金、经营理念等问题,旅游业未形成规模经营,大都还是以垂钓、烧烤、观光、吃渔家饭等为常见形式。与此同时,旅游项目的重复建设是对旅游资源的浪费,也反映了目前舟山渔(农)村旅游业缺乏整体规划的现状。舟山拥有丰富的旅游资源,海岛景观丰富,旅游资源的有效利用对渔(农)村的经济发展无疑有巨大的推动作用。蓝天、碧海、绿岛、金沙、白浪是舟山生态旅游环境的主色调,集海岛风光、海洋文化、佛教文化于一体的旅游资源在长三角地区独具风采。但在一些渔(农)村的早期开发中缺乏系统性,没有对当地的特色文化进行充分挖掘和保护,原有的渔(农)村传统建筑景观受到破坏,损害了人文景观的历史文化特征,不利于渔(农)村旅游的可持续发展。

(二)旅游产品缺乏品牌效应

近年来,舟山群岛新区坚持在开发、建设中"因村制宜",构建了"南洞艺谷""古秀田园""诗画江南"等精品社区(村),呈现"一村一品、一村一景、一村一业、一村一貌"的发展格局。但通过对整体渔(农)村生态旅游的差异化程度分析可以看出,舟山渔(农)村旅游业产品目前普遍缺乏品牌效应。旅游服务质量和项目品味低,缺乏高端休闲项目和旅游品牌。由于旅游业低投入、高产出、回报快的特点,造成渔(农)户和个体经营者纷纷盲目开发,只追求旅游景点的数量,而不讲究质量,忽视了对海岛文化和渔家风情的有效利用。为了实现渔(农)村旅游业的可持续发展,在具体实施中要因地制宜,结合现代的营销手段,依托文化资源创造特色品牌,利用好"观音牌""海鲜牌""渔家乐牌""海洋休闲牌"等众多海洋旅游品牌,打造渔(农)村旅游精品路线,扩大市场影响力。

(三)渔(农)村生态环境破坏较严重

党的十八大报告指出,建设生态文明,是关系人民福祉、关乎民族未来的长远大计,并将生态文明建设与经济建设、政治建设、文化建设、社会建设相结合,强调了生态文明和可持续发展的重要性。随着旅游经济的发展,渔(农)村的生态环境破坏较严重,令人警醒。一是渔(农)村近海污染问题。陆源污染物的违规排放,沙滩的白色污染,严重影响了渔(农)村海岸的旅游环境。近岸海水受到工业废水、生活污水和化肥农药等的污染,这些污染造成海水的富营养化,赤潮的频繁暴发。二是渔(农)村生活污染问题。现在渔(农)村内村民垃圾分类的意识淡薄,村庄内也缺乏垃圾分类设施。

生活污水总量的处理率低，导致村庄河道水质日益变差，严重威胁居民的饮用水安全和身体健康。

(四)旅游公共服务体系不完善

由于群岛地理环境和人口状况的特殊性，旅游公共服务体系不完善的问题一直存在，影响辐射面窄。1390个岛屿分布在2.22万平方千米的海域上，岛小人少且分散，群岛内的村落与村落之间往往间隔较远，影响了旅游服务体系的构建。随着现在"自驾游""微旅游"等新型旅游方式的兴起，完善的旅游服务体系建设已成为地方成熟旅游景点的重要标志，对旅游地交通、信息、安全等公共服务也提出了更高的要求。地处海岛，岛际间的快艇、渡轮等交通工具往往因班次、航程、气候等因素，给人们出游带来诸多不便。每年旅游旺季或节假日期间，许多游客慕名而来，造成码头拥堵、船票难求的现象。旅游信息指示与城市公共信息指示风格类似；旅游公交与公共公交混运，缺乏特色；旅游地饮食、住宿服务质量不高，娱乐购物场所不发达等现象仍存在。

(五)旅游市场客源不足

经过多年的发展，舟山群岛已成为全国闻名遐迩的旅游城市，"美丽群岛，自在舟山"的主题形象，海岛民宿、海鲜美食、文化旅游、禅修体验等特色品牌吸引了国内外大量游客。2015年全市共接待境内外游客3876.22万人次，其中入境游客32.24万人，占同期接待人数的0.83%。而据调查发现，舟山旅游业客源市场不足，其中国内客源主要来自邻省，偏重于长三角地区；而东北，西北等内陆客源较少。境外游客主要来自日韩、东南亚国家和我国的香港特别行政区、台湾等地区。由于思想条件、资金等原因，渔农村旅游地缺乏市场宣传。一些转产转业后的渔民或个体经营户缺乏市场营销概念，仅着眼于一时的利益，缺乏长远经营意识。舟山有众多的海岛渔村，岛礁众多，星罗棋布，这一个个渔村像一颗颗璀璨的明珠散落在千岛大地上。在实地调研中我们也发现了许多问题：传统的渔(农)村旅游业缺乏规划，资金短缺，渔(农)村生态环境破坏较严重，旅游产品缺乏品牌效应等一系列问题影响了舟山渔(农)村旅游业的可持续发展，给当地的经济、社会生活、生态环境带来负面影响。我们也开始思考如何进一步促进渔(农)村旅游业的可持续发展，提高当地人民的生活水平。

二、对舟山渔(农)村旅游业发展的对策建议

为了实现海岛渔(农)村旅游的可持续发展，需要经营者和政府机关的不断努力，在坚持保护与开发相结合的原则上，结合地方特色，构建海岛旅游特色品牌，寻求生态环境、社会文化和经济利益的平衡点。

(一) 科学制定海岛旅游规划,充分挖掘海岛旅游资源

近年来,舟山市旅游局一直狠抓旅游项目的建设,舟山群岛的旅游品牌在全国打响。为了改善舟山渔(农)村旅游发展无序的现状,我们提出的主要建议措施如下。

(1) 树立科学规划的观念。在政府为主导,多种投资主体一同开发的基础上,强化旅游规划意识,各部门协同合作,充分挖掘渔(农)村旅游资源,科学发展渔(农)村旅游业。科学合理的规划有利于旅游地的长远发展。

(2) 要因地制宜开发海岛旅游。政府部门要在实地调研的基础上,借鉴国内外旅游发展的成功经验,咨询当地村民的意见,制定当地旅游景点发展规划。以市场需求为依据,循序渐进,科学合理布局,形成渔(农)村旅游景点在地域上的集聚,有效吸引客源。

(3) 深入挖掘海岛旅游文化资源。海岛旅游是一种文化现象,文化是形成海岛旅游体验和感受的核心。通过整合"渔村、渔船、渔港、渔俗"等渔家要素,强化海洋渔业特色,灵活开发一些游客参与性强的活动,比如打年糕、做青饼、晒鱼鲞等民俗风情体验活动;织渔网、制作船模等传统手工艺活动;祭海、庙会、开洋等节庆活动,让游客在活动中放松心情,体验文化。

(二) 充分挖掘海岛旅游文化内涵,打造特色旅游品牌

为了提高舟山渔(农)村旅游产品的竞争力,真正做到"人无我有,人有我优",提升旅游产品质量,需要在坚持渔(农)村保护性开发的基础上,着力丰富旅游产品的文化内涵,打造特色旅游品牌。我们提出以下主要建议。

(1) 加强海岛特色文化的保护性开发与利用。通过宣传教育,树立"以保护促开发,以开发促保护"的理念,将渔(农)村历史文化的保护纳入到各级政府及部门的重要议事日程中去,充分认识旅游文化的价值。在景点保护上不能为建设新的旅游品牌,而要求毁坏原有的文化建筑,保持渔(农)村文化的原汁原味。重视海岛特色文化的包装与推销,如加大对旅游纪念品的开发力度,将长涂硬糕、东沙香干、普陀佛茶等舟山特产推广到市场。

(2) 加快推进旅游业与其他产业的融合发展。有人认为,"组建因地制宜、形式多样的产业融合模式,是充分利用各地区位条件、景观资源禀赋、社会经济条件,实现旅游业包容性增长的核心,同时,又是融合当地相关产业、拉动地方经济、彰显地方特色,实现旅游业可持续发展的关键。"现代产业的发展离不开产业的融合。在渔(农)村旅游业的发展过程中,可以推动旅游业分别与第一、二、三产业的融合发展,结合农业、工业、服务业等主要产业,如除了可以经营常规的休闲渔业项目,可以增加山果采摘、种植等农业特色体验活动,增加拖网、放蟹笼等具有养殖捕捞业特色的体验性休闲渔业活动，提高旅游业文化内涵，推动与动漫、影视等现代服务业的融合。

(3)开发高端休闲海岛旅游项目。为了避免旅游项目的同质化，提高产品质量，必须结合市场需求，开发渔村高端休闲项目。积极筹划建设当地民宿和渔家乐，对经营户进行规范指导，提升项目品质。在一定基础上，开发海洋垂钓业、潜水、海洋探险等高端休闲项目，提高对游客的吸引力。

(三)加强生态环境保护，优化海岛旅游环境

正确处理人与自然的关系，实现人与自然关系的协调，保护生态环境，是社会经济可持续发展的自然基础，也是渔(农)村旅游经济生态发展的重要基础。为了解决渔(农)村生态环境破坏较严重的问题，可以从以下措施建议着手。

(1)强化海岛环保意识。村干部要做好群众海岛环境保护的教育工作，如针对生活垃圾污染问题，在村内设立垃圾分类箱并开展垃圾分类讲座，提高村民垃圾分类意识；对于旅游地沙滩污染、白色污染等问题，设定村规民约、旅游公约，树立村民的环境保护意识和游客的自觉意识；建立奖罚机制，对于随意倾倒污水和有害废物，造成旅游环境生态恶化的给予处罚。

(2)加强对海岛工业项目的监督与检查。海岛新建工程项目，要符合海岛保护规划，对于不符合海岛保护规划的项目提出停工、拆除、迁址等要求。政府机关要编制实施近岸海域污染防治规划，对于在建和已建的海岛工业项目定期开展环境排查整治行动。针对近海生态环境的破坏问题，严把质量关，设立环境监测点，及时公布海洋环境生态数据。

(3)优化渔(农)村旅游环境。渔(农)村社区要加强旅游地基础设施建设，做好道路硬化工作；旅游地生态绿化工作；实施污水和生活垃圾的集中化处理。加强生态环境保护，建立美丽新渔村，改善渔村旅游环境势在必行。

(四)完善海岛公共服务体系，联动优化娱乐环境

从外部条件来看，渔(农)村生态旅游的可持续发展离不开便捷完善的公共服务体系。定海新建社区，普陀干施岙村，朱家尖乌石塘村……每个开发的特色渔村都离不开便捷快速的交通、优美整洁的渔村环境、规范完备的接待设施。为了切实完善旅游公共服务体系，打造特色渔(农)村，我们提出以下主要建议。

(1)完善海岛旅游基础设施建设。以建设旅游公路，增加海岛渡轮航班，设立旅游集散中心等形式，加强外部交流，便利游客出行，加速带动旅游经济的发展。设置特色旅游公交线路，在旅游公交上放置宣传介绍单，推广渔(农)村旅游。

(2)提高海岛公共服务质量。统筹兼顾海岛旅游安全保障体系、交通便捷服务体系、海岛旅游信息咨询服务体系、旅游便民惠民服务体系和行政服务体系这五大体系

的发展，注重海岛公共服务的质量。如做好购物、餐饮、住宿、娱乐等消费安全环境建设，给渔(农)村游客创造良好的休闲环境；加强对旅游从业者的教育培训，规范服务市场，提高从业者的素质；完善旅游安全应急预案和渔(农)村消防安全服务，创造安心的旅游环境。

(3)优化海岛旅游公共信息服务。推进旅游道路标识建设，完善重要交通节点、换乘点的旅游交通导览图，建立健全主要渔(农)村旅游点的旅游交通引导标识系统。在相关网站、微博上及时发布旅游交通信息，避免影响游客出行，保障交通安全。

(五)建构海岛旅游市场营销模式，提高客源吸引力

为了有效吸引客源，扩大渔(农)村旅游市场，经营者及政府机关要着力改善市场营销模式，加大对渔(农)村旅游的宣传力度。

(1)加强与海岛周边景区的互动。由于渔(农)村旅游自身规模较小的特点，渔(农)村旅游品牌要同舟山群岛旅游品牌相结合，特别注重加强与周边景区的合作，将旅游产品连接成线，形成互动规模效应。

(2)加强海岛旅游的宣传力度。依靠电视媒体和网络媒体，制作相关高品质的宣传片，选择在有影响力的媒体上进行投放。当地渔家乐、休闲渔业经营单位可以利用时下微博、论坛的力量，发起渔(农)村旅游话题和网友互动，提高客源吸引力。市旅游单位可以设立渔(农)村旅游网，对舟山有特色的渔(农)村旅游景点进行集中展示和宣传，请游客对游览过的渔村进行评价、反馈。

(3)积极开展丰富多彩的旅游节庆营销活动。在舟山海洋海岛文化节、舟山国际沙雕节、舟山海鲜美食节等节日，及时推出休闲旅游新产品。同时积极参与国内各种旅游交易会、旅游商品博览会，在会议中推广舟山渔村旅游特色，引起人们的关注。

参考文献

[1] 吴元新. 论旅游业的可持续发展[J]. 金融经济，2005(14)：12-13.
[2] 石培华. 旅游业与其他产业融合发展的路径与重点[J]. 旅游学刊，2011，26(5)：9-10.
[3] 陈航，王跃伟. 浅论我国海岛旅游文化资源及其开发[J]. 海洋开发与管理，2005(5)：72-75.

(本文发表于《管理观察》2016年第36期第60-63页)

宁波市奉化水蜜桃产业面临的问题及对策

江青优　丁六申*　潘　军　指导教师：裘洁洁

摘　要：奉化市位于浙江省东部，地处宁波南郊，象山港畔，其特产水蜜桃被誉为"中国之最"。本文深入剖析现阶段奉化水蜜桃产业发展所面临的问题并提出相应的建议，以促进水蜜桃产业的可持续发展。

关键词：水蜜桃产业；问题；建议

目前，各地都在加快推进农业供给侧结构性改革，推动我国传统农业向现代农业跨越式发展。在这种大局势下，奉化水蜜桃作为我国四大名优桃之一，该产业正朝着"区域化布局、专业化生产、品牌化运作、现代化设施与先进科技相配套的特色农业生产经营新格局"发展。笔者通过实地调研发现，要促进奉化水蜜桃产业的可持续发展并实现现代农业的目标，必须寻差距、补短板、谋对策、求发展。

一、水蜜桃产业面临的问题

(一) 品牌效应难以发挥

奉化水蜜桃品牌建设处于初步发展阶段，与全国农产品区域公用品牌价值名列前茅的品牌相比还存在一定差距。奉化水蜜桃市场秩序混乱，市场上的水蜜桃鱼龙混杂，尤其是小摊和零售店，打着奉化水蜜桃的名头贩卖其他次品的桃子，消费者由于不具备相关常识对这一品牌非常失望，不再购买，这种不良循环使奉化水蜜桃的品牌价值大打折扣。奉化水蜜桃品牌建设软环境缺失，品牌发展需要软硬环境为依托，该地区侧重于交通、通信、互联网等硬环境的建设而对软环境建设的意识薄弱，导致品牌建设主体单一，未能充分发挥政府、行会、农户这三者之间的协同优势。品牌难以适应时代要求。虽然奉化水蜜桃被农业部审定为中国农产品地理标志登记产品，作为宣传品牌的奉化水蜜桃文化节也已历经16年，但在经济日益全球化的背景下，水蜜桃产业较依赖于当地的传统地域资源，难以将品牌效力发挥到海外等较远地区以进军新的销

---

*　作者简介：江青优，女，浙江海洋大学东海科学技术学院2013级环境资源与发展经济学专业学生。丁六申，男，浙江海洋大学东海科学技术学院2013级经济学专业学生。潘军，男，浙江海洋大学东海科学技术学院讲师。裘洁洁，女，浙江海洋大学东海科学技术学院辅导员。

售疆域。

(二) 产业链遭遇瓶颈

近年来，随着奉化水蜜桃知名度的持续上升，更大的社会需求对其产业链的发展提出更高的要求。笔者经走访发现，奉化水蜜桃深加工的实力较弱，缺乏政府对水蜜桃加工企业的政策性引导和资金支持，多以初级产品为主，如水蜜桃罐头和黄桃罐头，并且用于加工的水蜜桃比例小，产业链短，产品附加值低，盈利空间有限，规模难以扩大。"互联网+水蜜桃产业"催生新的业态，扩大了市场格局，但对冷链与配送的保鲜时间、消费者忠诚度、产品标准化和用户体验的整合完善方面"如何达到最优化"提出了考验。品种结构不合理，奉化水蜜桃规模生产基地已遍地开花，而溪口镇等乡镇桃园树龄结构老化，桃流胶病危害严重，在很大程度上影响果品质量，呈现出果形偏小、涩味加重、经济寿命短、效益低下等问题。奉化市水蜜桃研究所通过努力培育出10余个不同成熟期水蜜桃优良品种，但从全市范围内看仍存在成熟期过于集中、销售压力大、易滞销等问题。

(三) 产业受技术方面限制

"科学技术是第一生产力"，但现阶段奉化水蜜桃产业发展却受到科技技术的制约。

(1) 缺失专业性人才。水蜜桃的生产过程还停留在小农操作为主模式，农民由于知识水平所限，对自然灾害的防护主要基于长期经验积累，缺少解决突发性灾害问题的理论知识与运用科技机械的意识。

(2) 受天气影响大。奉化市降水量具有相对固定的雨期和相对干期、时间分布不均的特征，影响水蜜桃生长。2015年台风"灿鸿"过境时，正值"湖景玉露"上市，台风来袭使丰收的水蜜桃遭受重创，大约10000t的果实被吹落，大量桃树吹倒、吹断，约有60%的水蜜桃发生倒伏。今年也受到天气影响，奉化3333.33hm^2水蜜桃平均减产50%以上，总产量预计只有15000t。

(3) 新技术推进能力不足。21世纪初，奉化市水蜜桃研究所通过引、选、育相结合的方式选育出10余个不同成熟期的优良、适栽新品种，但10多年来由于多种原因，这些新品种推广面积甚小。虽然现水蜜桃新品种推广面积已占该市水蜜桃总面积的80%以上，但其专用袋应用技术以及其他新科技技术的推进也较缓慢。

(四) 产业文化建设尚不成熟

水蜜桃产业文化是奉化水蜜桃产业的重要组成部分，是通过植根于当地文化土壤、又经历不同历史发展阶段的磨练而积累下来。奉化侧重于产业文化的推广，主要是利用文化节等契机扩大奉化水蜜桃产业的市场影响力，但在挖掘、研究、整合和保护该产业文化方面存在较大的不足，表现为缺乏主题礼堂、文化馆、研究机构等载体的大数据、文献形式的记录保存等。没有形成完整的水蜜桃产业文化体系和整体脉络，缺乏与自然以及其他产业文化的融合交流，这将对弘扬水蜜桃产业文化产生制约作用，同时无法充分发挥其作为间接生产力的内在力量。

二、对产业发展的建议

（一）协调品牌建设主体，提高资源整合能力

该产业缺乏很强的资源统合能力，导致品牌效应难以发挥，要解决这一问题的具体措施如下。

(1) 实施具体的打假方案。一方面是从消费者入手，设立统一的产品信息发布平台，向公众发布有关奉化水蜜桃质量的所有信息，在纵向上让消费者了解奉化水蜜桃在各个历史时期的质量表现和外观变化，横向上与其他水蜜桃产品形成对比，以凸显奉化水蜜桃的产品特色，从而达到提高消费者辨别力和品牌忠诚度的目的；另一方面是从政府角度出发，相关部门规范水蜜桃包装、颁发水蜜桃防伪标志和防伪销售证，或者将销售渠道嫁接到旅游消费平台，使水蜜桃直接进入游客之手，从而减少被假冒产品取代的机会。

(2) 加强联合协作。为了使品牌建设主体的多元化，政府发挥信用和协调服务作用，搭建平台，建立防控机制，保障农户利益；实行农民自主办社原则给予税收优惠与财政支持，强化技术指导和专业培训，发展农民专业合作社，将分散的农户连接到市场；产业协会重点抓好一两个成功的典型，推动其示范作用的发挥，带动大批专业合作社促进广大农民增收。同时，要指导行业协会和专业合作社完善内部建设和外部管理机制，制定章程及地理标志农产品品牌保护制度，立足行业协会和专业合作社进行质量监控和品牌推广。

(3) 制定完善的品牌营销策略。找到稳定的目标市场特别是跨区域市场，并积极拓展海外市场；构建相应的销售渠道，可建设相应的特色农产品交易中心；在全国各地建立销售网络，依靠新闻传播与媒体广告，促进奉化水蜜桃品牌形象的传播。

（二）延长产业链，推动产业优化升级

解决奉化水蜜桃产业链遭遇瓶颈问题的具体措施如下。

(1) 利用水蜜桃食用和药用价值发展深加工。通过新技术和新产品的研发与推广延长水蜜桃产业链，形成奉化水蜜桃产业经济的增长点。如利用水蜜桃的药用价值，对桃肉、桃仁、桃叶、桃花、桃枭、桃胶等水蜜桃各部分的药用价值和保健价值进行研

发；引进生产、保鲜技术，生产水蜜桃果酒、饮料、果酱等产品。

(2) 完善线上销售模式建设。在"农村电商"大背景下，奉化水蜜桃产业必须完善线上销售渠道的每一个环节，优化销售系统，攻克相关技术难关。同时，也必须狠抓配套供应链的建设，整合供货、线上销售、售后服务等整个过程出现的问题并加以解决。

(3) 改造产区与调整品种结构。政府与研究所可进行规划以逐步将奉化水蜜桃核心产区外扩，实现"遍地开花"的产区结构。通过基地开发、园地改造、高接换种等手段，着力调整早、中、晚不同成熟期科学配比的栽培品种体系，实现早熟10%～15%、中熟35%～40%、晚熟40%～45%、特晚熟5%～10%的品种结构比例。主要在现阶段基础上增加早熟及晚熟后期品种面积，缩减晚熟玉露桃的栽培面积，缓解销售压力。

(三) 科技兴桃，推进新技术应用

奉化水蜜桃产业只有通过不断运用科技应对突发性灾害问题，坚持进行生产、储存、销售等各阶段的模式创新以适应社会发展，才能永葆生命力。要解决这一问题的具体措施如下。

(1) 培养专业性人才。发挥返乡农民工、大学生村官和涉农大学生优势，逐步建立关于水蜜桃产业的全新型职业农民培训教育、制定管理的长效机制和政策扶持体系，培养一支具有科学文化素质、掌握水蜜桃生产技能、具备经营管理能力，以水蜜桃生产、经营和服务作为主要职业的纵向一体化的水蜜桃产销从业队伍。

(2) 研究和推广防灾害技术。农业科技应用到生产过程，实现从"增产量"向"调整结构"和"提果实品质"转变。农业专家集中研究水蜜桃种植的天气监测、预报、服务、防范的基本情况，尤其对蔬果套袋关键期的天气趋势进行预测，指导桃农生产。建立奉化水蜜桃产业内部、外部各阶段的大数据，包括生产、加工、物流、营销和回溯的各种数据进行数字化的记录、分析和整理，为农民提供依据。

(3) 推进标准化生产。提倡适度规模经营，鼓励农民通过土地流转来提高桃园集约经营程度。不断加强科研攻关，继续引进国外资源，加大对新品种引进和新技术研发的投入，提高全市良种覆盖率，提升水蜜桃整体品质和经济效益；制定质量标准和生产技术规程，监控水蜜桃生产投入品的安全使用，研究桃园的配方施肥，采用酶肥、生物肥等先进技术。

(四) 传承水蜜桃产业文化，培育文化创意产业

建设水蜜桃产业文化需要借助各种载体，要解决这一问题的措施具体如下。

(1) 推动产业文化与自然融合。可根据王亦建在"两会"上提交的一份《关于建设奉化桃文化大观园的建议》，令产业文化蕴藏于景区之中，将其影响力扩展到生态文化范围。例如与林家村"天下第一桃园"、大观园和滕头"5A"景区的生态实际结合。挖掘水

蜜桃的文化功能，开展水蜜桃旅游观光、采摘游、农家乐等活动，凝聚人气，提高知名度，拉动大众消费市场，提高整体栽培效益。

（2）追根溯源，理清水蜜桃产业文化的脉络。可以依托高等院校以确立相关课题或者政府建立专项调研团队，从奉化当地桃的习俗典故、桃与老百姓生活的关联度、文献资料搜集整理等方面入手，深入开展产业文化的挖掘、研究、整合，形成一个完整的文化体系。

（3）依托现代技术，创建传承载体。可以建设以奉化水蜜桃为主题的礼堂和文化馆，创新开发蕴涵文化气息的艺术收藏品，利用高科技投影技术、3D技术、大数据技术等还原并展示该产业文化历史发展历程。

参考文献

[1] 傅晋华. 科技创新在农业供给侧改革中的作用[J]. 中国国情国力, 2016(8): 41-43.
[2] 吴大军. 奉化水蜜桃的品牌打造之路[J]. 浙江林业, 2015(10): 32-33.

（本文发表于《农村经济与科技》2017年第1期第151-152页）

舟山港口经济面临的困境与出路

钱肖娜* 指导教师：刘 煜

摘 要："十三五"规划提出，要优化经济发展空间格局，重点实施"一带一路"、京津冀协同发展、长江经济带三大战略，国务院总理李克强在浙江调研期间，也明确提出要发挥舟山区位、岸线及航运综合优势，从国家战略的高度谋划建设江海联运服务中心。自21世纪初，政府与社会各界已逐渐将目光聚焦于舟山港口经济，但是随着时间与资本的推动，在其发展过程中仍然难免会遇到一些历史遗留问题，本文旨在为舟山港口经济发展中存在的问题给予相应建议，帮助舟山港口经济的健康发展。

关键词：舟山；港口经济；建议

　　海港和海港城市在世界经济中起着极其重要的作用。据统计，国际物流量的90%以上是由海运完成的，全球近50%的财富集中在沿海港口城市。在我国，港口同样扮演着重要角色。长三角地区、珠三角地区和环渤海地区是我国经济发展最迅速的三大城市群，都拥有强大的港口群，这些港口群的中心港口都拥有突出的战略地位。长三角地区是我国最大的经济核心区，经济总量居我国各大经济区之首，而舟山港在长三角港口中占据重要位置。在长江经济带中，舟山地处南北海运大通道和长江黄金水道的"T"形交汇要冲，中国境内的7条国际海运航线中，6条经过舟山，堪称要塞，是长江三角洲地区发展的重要增长极。随着长三角区域适箱货比例和集装箱化比例的逐步提高以及义乌等地对外贸易的进一步发展，舟山港口发展的重要性逐渐显现。为加快舟山港口经济发展，充分利用海洋区位与资源优势，促进长三角地区经济一体化，本文对港口经济发展现状进行了实践思考，理性分析了港口经济发展中的问题并有针对性地提出了相应的建议，以促进舟山港口经济的健康发展。

一、舟山港口经济面临的困境

（一）专业技术人才缺乏

　　当今世界的主要竞争正逐步转化为高端人力资源的竞争，高端人才决定着经济发

---

* 作者简介：钱肖娜，女，浙江海洋大学东海科学技术学院2014级财务管理专业学生。

展的效率、生产方式转变的途径、科学技术成果转化为现实生产力的广度和深度。而现阶段，舟山面临地最大问题就是人力资源的缺乏。专业人才的缺乏一直是舟山的一块心病，新兴产业、公共管理、公共服务、重点产业四大领域18类产业和行业类别都有严重的人才缺口。舟山有着得天独厚的区位条件，港口资源丰富，港口企业与港口物流等相关产业都有着较大的发展前景，但本地毕业的专业人才及本地居民仍更倾向于选择舟山的临近城市宁波及上海等经济规模更大、更能获得发展机会的城市。舟山地区相对周边其他地区的发展是较为缓慢的，岛内交通运输设施条件、供水、电力、燃气等基础设施都受到了一定限制，无法支撑产业区高强度、大规模、快节奏的开发建设需求，不适应产业经济大发展的需要，综合配套能力较差。而中、高端管理和技术人才一般会选择在综合配套能力较好的城市发展，相关城市的户口政策、子女教育、家属安置、人文环境、创新氛围都是他们去留的考虑因素。舟山的经济基础较为落后，缺乏完善的劳动力培养和实训机制，不仅难以引进人才，也难以留住制造业技术工人，对企业的长远发展缺乏足够的智力支撑。

(二)港口功能划分不明确

早在舟山港建立初期，因为技术设备的缺乏以及未来的不确定性，无法对舟山港统筹规划，因前期准备的不足，导致目前舟山港存在很多历史遗留问题，其中就包括港口功能划分的不明确，有的码头人货共用一个码头导致运输紧张，也有码头因缺少物流人流而闲置。舟山跨海大桥尚未建成时，舟山鸭蛋山码头与宁波白峰码头之间的轮渡是舟山对外进出的主要手段。跨海大桥建立之后，原有的周边产业遭受经济打击只是其一；舟山群岛新区建立初期，部分港口还保留原有的商业模式及运输习惯，无法跟上环境的变化，导致内部亏损，拖累整个地区经济发展，而因港口经济对其的依赖，缺少外来竞争，使其无法真正市场化。此外，舟山港口经济发展单一化，没有合理利用自身的优势，未来发展措施有所欠缺，港口经济的资金流入较为困难，这些都严重影响舟山港口未来经济发展。港口经济的发展离不开科学技术的进步，要与时俱进，但舟山港口企业缺乏专业人才，大多数工作人员知识水平较低，缺乏专业技术，再加上舟山港口工作人员量较少，很多港口企业存在分工不合理现象，导致了一些港口工作人员工作积极性不高，工作效率低下，使港口经济发展缓慢。

(三)港口企业融资方式单一

舟山融资主要有国家预算内资金、商业银行贷款、招商引资资金、企业自筹资金等。随着国家预算内投资规模的不断减少，国债投资的规模逐年下降，包括舟山在内的沿海城市争取中央政策性项目资金的难度将不断增大。港口行业是舟山的支柱产业，其资金需求巨大，建设期和回收期较长，企业投资的需求与融资的决策选择之间矛盾尤为突出。目前，港口企业的融资方式主要包括权益性融资和债务性融资。权益性融资包括上市融资（IPO和增发）、引进战略合作者等；债务性融资包括银行贷款、发行债券等。舟山港由于港口分散、企业分散，企业合作度不高，资本也多选择小型投资，且航运经济近几年不景气，舟山港缺乏大型资本战略合作的选择。发行债券因规模而受限，而上市的条件十分严格，到2015年底尚有300多家企业排队申请IPO，但港口型企业除了舟山港、宁波港等拥有大型资本的企业可以实现，其余连上"新三板"都是遥不可及的事，所以中小企业的选择只有银行贷款，而航运经济的不景气与高额的利息导致融入的资金远远无法满足实际的需求。

（四）港口资源未合理利用

舟山港海岸线漫长，具有可供各类标准港口修建和使用的筑港陆域条件，且拥有大量可供作为港口腹地条件的海岸线、海湾和岛屿，这些都是舟山港口赖以发展的天然资源。但是目前舟山港口发展现状是多数海岸线仍被闲置，海湾、岛屿的开发仍在规划中，港口资源的整合利用，缺少以综合交通、水利和城市发展为一体的岸线规划及相应的港口群整体规划，对不可再生的岸线资源只重开发利用而不注重保护，对重大岸线开发与整治工程往往缺乏科学的论证，带有很大的盲目性和随意性。此外，由于海岸线等尚未完全利用，目前舟山港的吞吐量尚有不能满足当地需求的情况，渔业、运输业因港口规模受限而无法跟上其实际发展速度，导致相关产业发展缓慢，无法跟上行业发展需求。总之，港口资源的未合理利用严重影响了港航经济与区域经济的相互促进与良性发展，港口之间的硬件设施和软件环境上都没有形成优势互补、合理分工的局面。舟山政府应急需采取相关措施，做好战略合作，集聚优势资源，促进空间合理配置，使港口在对资源利用中充分体现出科学、合理、高效原则，进而带动相关产业发展，提高港口经济效益。

二、对舟山港口经济发展的建议

（一）创新人才引进方式，完善人才激励政策

舟山作为一个地级市，本岛内拥有完善的交通运输环境，舟山港拥有大量天然港口，但码头、泊位等基础设施的建设的不足造成了企业缺乏对外的联系及难以吸引外部资金。一个地区的迅速发展，人才是至关重要的。为加强舟山港口专业人才的引进，政府应不断创新人才引进的方式，完善人才激励政策。具体建议如下。

（1）提升人才引进力度。目前舟山地区亟待解决的关于人才方面的问题有薪资、生活成本、娱乐设施、公共设施等；通过对市场的调研，舟山的环境是吸引人才进入的

一个筹码,但是生活成本是限制外来人才入驻的最大阻力;房租及房价、娱乐设施是采访中最多被提到的问题;为了更好地吸引人才,必须解决这些硬性指标,另外,在综合配套能力上实施一些优惠政策,才能在此基础上进一步完善人才激励机制,加大人才引进力度。

(2)加强专业人才信息交流。政府应引导港口企业加强企业文化建设,加强港口企业之间高层次人才的交流互动,促进专业技术人才在信息资源互惠上寻求突破。

(3)提升人才竞争力。舟山政府应致力于港口行业、大学、研究机构的发展,设计培训与教育项目,加大力度培养技术型人才和资深学者,扩大人才储备,提高人才竞争力;同时也应加强对专业人才的考核,使海内外的高端人才在潜质上可以得到更大突破,为舟山港口经济的发展提供坚强的智力支撑和人才保障。

(二)加强战略合作,集聚港口优势资源

宁波-舟山港和上海港是长三角港口群的核心港口,目前宁波港与舟山港已实现战略性收购及合作,需要做的是更多地加强本地港口企业的纵向和横向的联系,包括利益的捆绑以及资源的交换。就目前舟山港企业现状来说,好的企业并不少,但同行业的竞争已近白热化,加之"资本寒冬",政府急需进行战略规划,做好港口功能定位,港口企业也应加强战略合作,共同策划战略目标。具体建议如下。

(1)统筹规划港口优势资源。将资金与优势集中在一点,利用尚未完全利用的海岸线、海湾及海岛资源,将资金集中投入到一个地方,通过宣传吸引更多的外来资本投入,促进舟山港口经济的发展。

(2)推进区域一体化建设。舟山应积极把握"三大战略定位"和"五个总体目标"带来的战略机遇,健全设施配套,通过大港口、大路网、大物流建设,形成综合交通系统,加速宁波—舟山港的产业集聚和城市一体化进程,完善城市和产业布局,为舟山港口经济的发展提供良好平台。

(3)加强长三角港口群的竞争与合作。宁波-舟山港、上海港的良好合作有助于提高长三角港口群的整体竞争实力,促进整个长三角港口群的持续发展。加强与上海港的战略合作,可以充分发挥宁波-舟山港的天然深水优势以及上海港的规模优势,加速港口企业高素质人才培养与信息化建设,改善两地航运人才总量不足、素质不高以及结构不合理状况,进而促进港口资源合理规划。

(三)强化政策管理,拓宽融资渠道

资金是企业经济活动的第一推动力、持续推动力。企业能否获得稳定的资金来源、及时足额筹集到生产要素组合所需要的资金,对经营和发展都是至关重要的。由于受到市场环境等因素的制约,舟山港口企业的融资方式较为单一,融资金额无法满足实

际需求。为加快舟山港口经济发展,拓宽融资渠道,政府与港口企业都应做好相应的管理规划工作。具体建议如下。

(1)创新融资模式。要打破资金瓶颈,必须从创新入手,港口企业要明确自身的融资结构,在融资过程中,要根据自身实际和外部因素,在保持银行常态性传统融资的基础上大胆创新,探索适合自己的融资模式。

(2)强化港口资源的政策扶持。政策的强化扶持是建设优良港口的必要条件,只有政策的扶持及奖惩制度的到位,才有管理部门的重视。对于港口岸线资源,政府需要做到一视同仁,无论投资建设者是谁,资金有多少,必须统一强硬管理,严格规定港口岸线及陆域的使用原则、控制范围、审批及管理方式;同时,政府也要积极倡导港口岸线有偿使用,吸引社会资本参与港口建设,且为投资港口建设的资金提供回报;既能有效遏制多占少用、占而不用的现象,又能无形中拓宽政府的融资渠道,促进港口经济的可持续发展。

(3)加强融资环境建设。政府不仅要加强对资源项目的政策扶持,也应对融资环境建设给予高度重视。舟山政府应加快融资平台建设,借鉴国内外的融资成功案例,推进中小企业信用担保体系建设和银企合作平台的搭建,促进银企交流,提升银行与企业之间的信用度。此外,政府应加强对金融机构的监管与指导,使金融机构认清当前金融形势,合理增加金融产品,扩大金融规模,进而拓展中小企业融资渠道,促进中小企业持续、健康发展。

(四)合理利用港口资源,充分发挥"乘数效应"

企业可持续发展必须发挥群体优势。当今社会,企业的竞争往往不是单个企业的竞争,而是整个价值链群上所有企业集体实力的竞争。在对港口资源的合理利用时,应充分联系群体优势,而群体之间的合作竞争往往会形成乘数效应。港口经济发展的乘数效应可以促进相关产业的发展,而相关产业的良好发展对港口经济发展也具有推动作用,可以使港口资源得到合理规划、科学利用,所以政府在解决港口资源问题、制定相关宏观政策时,应充分考虑到乘数效应。具体建议如下。

(1)加强港口资源之间的良性互动。从长期来看,港口的发展并不仅仅局限于码头、泊位等基础设施的建设。以岸线资源整合开发及开发园区建设为抓手,以港口为依托,加快发展现代物流业,大力发展依赖港口的临港工业,这些都是港口未来发展可以采纳的思路。这样可以推动沿江产业与岸线开发利用进入互为依托、相互促进的良性互动中,促使港口资源得到合理利用,充分发挥港口经济的乘数效应。

(2)注重港口资源的整合。在港口资源的整合中,应加强理论的指导作用,作好以综合交通、水利和城市发展为一体的岸线规划及相应港口群整体规划,对重大岸线开发与整治工程需要足够的科学论证，要进行全过程控制，将环境成本降低，优化资源配置，充分利用港口资源开发与环境保护建设形成乘数效应。

（3）注意加强纵向经济与横向经济的联系。在港口经济发展中，纵向经济联系和横向经济联系往往可以引发乘数效应。由于港口本身的开发建设需要大量与港口生产有关的行业，如码头建设、港口机械制造等第二产业以及航道、装卸仓储等为他们直接或间接服务的第三产业。这些行业的发展又可以进一步刺激投资的增长和增加对消费生活的需求，同时还可以在更大范围内促进金融、贸易、保险、信息、管理等服务行业的发展，进而使港口及其相关产业经济实现一个新的增长极。

参考文献

[1] 南京市开发区协调管理委员会. 开发区转型发展战略研究[M]. 南京：南京大学出版社，2010.
[2] 楚爱丽. 循环经济与企业可持续发展[M]. 北京：北京师范大学出版社，2010.

（本文发表于《农村经济与科技》2016年第13期第183-185页）

舟山新区发展海洋经济产业思路探究

王倩慧[*]　指导教师：裘洁洁

摘　要：为进一步提升舟山魅力、挖掘舟山城市价值，实现与其他新区错位发展，舟山群岛新区正努力充分利用海洋自然优势，大力发展海洋经济。本文通过对现在的舟山群岛新区在经济转型、城市规划、科技创新、旅游服务等领域的调研，分析了舟山地区发展海洋经济存在的问题，并对舟山地区海洋产业更好更快地发展提出了有针对性的建议。

关键词：舟山新区；海洋经济产业；思路探究

一、舟山新区发展海洋经济产业的定位分析

现代海洋经济包括为开发海洋资源和依赖海洋空间而进行的生产活动以及直接或间接为开发海洋资源及空间的相关服务性产业活动。这些产业活动形成的经济集合均被视为现代海洋经济范畴。我国的海洋经济发展目前进入了一个全新的阶段，海洋经济已经成为沿海地区社会经济发展的新的经济增长点。

舟山发展海洋经济凭借着它的海岸线及海岛优势，成功成为了我国首个以海洋经济为主题的国家级新区，舟山现有的海洋产业基础也具有相当规模，海洋经济在舟山的经济总量中占绝对优势。海洋是舟山群岛的希望所在、潜力所在、优势所在，是大势所趋，大力发展舟山海洋经济对于加快浙江经济发展示范区的建设具有重要作用。

二、海洋经济产业现状

（一）海洋捕捞业

舟山群岛是中国渔业资源丰富的地区之一，拥有中国最大的渔场。2014年舟山市出口海捕水产品22.8万吨，货值56.25亿元人民币，同比分别增长6.57%和3.46%，海捕水产品出口量在全国地级市中位居第一。2015年，舟山水产城累计交易各类水产品66.8万吨，交易额高达100亿元人民币。

---

[*] 作者简介：王倩慧，浙江海洋大学东海科学技术学院2014级经济学专业学生。

传统渔业转型成现代渔业的过程中，各种捕捞机器的诞生削弱了传统渔业的竞争力，不少渔民面临转产转业困难的问题，渔民的基数过大，捕捞的强度太大，造成渔业资源严重衰退，舟山东海区的带鱼冬汛、小黄鱼春汛等已不存在，南海区的八大渔汛也有十几年没有出现，一度爆出"东海无鱼"的说法；政府制定的一些补救措施还不够完善，以"禁渔""休渔"这两个关键时期来说，影响其效果的因素：一是水域的污染未能考虑到鱼类资源减少的因素，在这一重要时期，水域污染未能得到有效的治理，导致最后成效甚微；二是部分捕鱼者缺少自觉性，在休渔禁渔期违法捕捞或者使用小型捕捞工具进行捕捞；三是捕捞队伍没有缩小，捕捞强度没有明显减小。

(二) 海洋能利用业

海洋能是指依附在海水中的可再生能源。据专业机构调查和评估可知，舟山海上风电和潮汐能可开发利用在500千瓦以上，2016年8月15日15时25分，世界上首台海洋潮流发电机组在舟山正式启用。该项目历时7年，拥有15大系统核心群组，核心专利有52项之多，可以说是众人智慧的结晶，让潮流发电终于在舟山成为现实。

舟山地区潮汐能资源的地理分布十分不均匀，虽然是海岛，但实际上真正符合潮汐能开采标准的范围有限，利用率也不太高。潮汐能的特点决定了其开发的难度大、技术水平高，由于潮汐发电利用的是潮差势能，而当地的潮差最高时才达到9米，因此不可能像水力发电那样利用几十米、百余米的水头，潮汐发电的水轮机组必须适应"低水头、大流量"的特点，水轮做得较大。但水轮做大了，配套设施的造价也会相应增大，所以，潮流能开发还存在技术不成熟、一次性投资风险大、经济效益不高等问题，与其他常规能源相比，经济性欠佳，因而影响了这项技术的应用推广。

(三) 海洋水产品加工业

舟山是我国水产品最为丰富的地区，也是水产品加工业最为发达的地区。舟山的水产品加工业存在众多的优势，如保持着工业支柱行业地位，经济效益稳定，分布区域较广，集聚效应日益增强，加工设备较为先进等。

虽然水产品市场的发展空间很大，但还是存在众多的问题。如今的水产品加工企业面临着严重的成本问题，加上柴油价格上涨，渔民工资上升等直接影响到了企业的盈利空间，使水产品资源的局限性和价格波动之间相互影响；季节性招工难问题越来越突出，现有的工资水平无法吸引足够的劳动力，专业性强的人才越来越少，劳动生产率逐年降低；随着市场竞争越来越激烈，一些规模较大，发展环境好的企业利润较可观，但是一些利润微薄的小企业受到的影响比较大，难以在国内市场上立足；部分县区由于受到地域限制，水产品加工企业规模普遍较小，精深加工程度也较弱，不同地区的加工企业在规模布局上有较大的差距。

（四）滨海旅游业

舟山的旅游资源具有鲜明的海岛特点，而且资源种类繁多，聚合度高，具有代表性。据调查显示，舟山是浙江海洋休闲旅游资源的主体和核心。

舟山的旅游发展还处于初级阶段，许多设施还不够完善，加上在开发时忽视了对自然资源的有效保护，在投资规划阶段没有进行科学的评估，盲目开发，既浪费人力物力，又没有体现区域特色。舟山部分景区存在景区小、散、重等问题，旅游景区分布不合理，众多旅游项目重复设置，没有新意，造成顾客审美疲劳，众多有当地特色的旅游资源没有得到很好的规划和利用，旅游资源浪费严重；旅游开发带来了经济指标的提升，但是许多开发者只重视旅游景区的经济效益，不合理设置多处人造景观，给自然景观造成不可挽回的损失，而管理部门缺少评价环境的指标，导致最终出现协调困难或者无法协调的问题。

三、海洋经济产业开发的对策

工业化发展是不可逆转的，机器代替人工也是无法逆转的。传统渔业到现代渔业的产业发展中，有受益者也有承受损失者。老渔民们需要提高就业能力，才能更好地从"海里走到地面"上来。政府在鼓励渔民上岸的同时，要为渔民积极地出谋划策。目前，农业部（现已更改为"农业农村部"）、省海洋与渔业局对海洋捕捞、渔民减船转产的一系列政策及补助已经出台，并且推行了渔用柴油补贴、渔民双转专项资金补助、远洋渔业扶持、渔机购置补贴等政策，这些政策在一定程度上减轻了柴油价格波动对渔民的影响，需要继续推行但也要适时而变，因为补助政策在一定程度上刺激了捕捞强度的增长，所以需要政府严格把关，做好海洋捕捞减船工作，贯彻落实渔船双控和渔民双转等国家渔业政策。

针对捕捞强度过大的问题，需要有关管理部门及时了解当地的造船工厂的船只数量情况，并且定期向渔民调查取证，彻查船只建造"黑窝点"以及"马力指标"的私自交易等违法问题。根据具体的捕捞指标，定期检测渔场情况，以期在渔业资源发生大幅度变化的时候起到一个警示作用。另外，要提高行政审批的门槛，加强审批流程的规范性，保证符合法定条件的申请者从事捕捞的资格。

把握好在休渔、禁渔这一重要的治水时期也十分关键，从陆源出发要大力开展"五水共治"，从海源角度出发，需要切断污染水域的继续扩散，有针对性地加强污染防治工作，改善海域的生态环境。控制船只在一定时期进行捕捞的数量，规范其捕捞用具和捕捞行为，加大禁渔休渔期间的执法力度，从严处理违法行为，并进行公示。

可以利用现有的舟山新区条件，立足新区建设，优化企业发展内外部环境。水产品加工企业自身要有做大做强的决心，并且完善和加强企业发展的外部环境。在环境优化方面，主要是发挥相关部门的政策导向作用，进一步加强支持力度，并且加强政府的宏观调控，保障出口水产品的权益，使得众多出口企业能够持续稳定的发展。在硬环境方面，主要是引导有实力的专业企业加快自身建设，并且加快水产品加工园区的基础设施建设，保障市场上的水产品的供应平衡。

企业存在资金、冷藏等硬件设备限制问题，还需要在以下方面取得突破：一是走精深加工的路子，采用兴业、海力生等公司模式，在深度开发上做文章，提高来料加工的利润率；二是海关监管、检验检疫部门提供便捷的口岸通关手续，使得国外水产原料能够便利地进入舟山加工，在解决水产原料紧张局面的同时推进与国外企业的交流与合作；三是对精深加工、高附加值产品生产的企业给予政策上的支持。

从企业的技术创新角度出发，鼓励水产品加工企业与当地的高校实行学习交流和技术对接，利用高校的研发优势，为企业提供技术支持。在拓展国内外市场时，要完善水产品现代物流体系，利用海陆空三位一体的立体运输网络，培育专业的配送企业，并且支持有条件的大型企业上市，大力推进舟山水产品加工业反哺渔业的计划，促进渔业的发展。

水产品加工的研究对象主要是来源于以海洋为主的各种水生生物资源，为人类提供了大量的优质食品、保健品、药品以及生物材料。舟山的水产品加工业需要往以海洋水产食品为主，生物功能制品同时发展的新格局转变，提高水产品资源的利用率，加强企业应对市场变化的适应能力。

针对舟山的滨海旅游业开发出现的各种问题，需要当地认识到大力推进生态旅游的建设并且进行观念理论创新和科学指标有效应用的重要性。在进行局部海陆区域改造时，做好有效的保护措施，坚持"谁开发，谁治理"原则，建立一套合理的科学的责任体系来明确各个投资者的应负的责任，使得处理问题时有理可依，高效快捷。

旅游发展要注重环境因素，要根据合理的地区规划和科学评估，建立特色的绿色基地，提高景区植被的覆盖率，利用气候和人文条件，针对景区不同时节的承载能力以及景区内部动植物的生长运动规律来制定能够接纳的游客数量，并设计出不同季节不同时间的特色景观，打造成功的旅游地品牌。加快建设具有绿化和美化多重功能的绿化带，在整体上提高舟山的绿化率。同时推进资源节约和综合利用，避免各种资源的浪费，还要运用科技的力量积极研发新技术，面向社会推广垃圾资源化技术，倡导绿色生活。

针对景区存在小、散、重的现象的问题，可以利用旅游产业之间具有关联性这一优势，进行产业的整合，促成自然景观与人文风情的有机结合。因地制宜，合理开发。重复的项目进行整合或者用更合适的娱乐休闲项目来代替，在游览和观赏的基础上提高游客的积极性。再者就是要进行导游的专业性培训，保证服务的质量。

通过设置一个人造景观或者引用一个美丽的传说加强景区的感染力，所以在合适的地方设置合适的人造景观十分必要，并且要与周围的自然景观协调，避免城市化倾向。控制好景区的环境容纳人数，降低对原有自然风貌的破坏，达到经济效益、社会效益和生态效益"三效合一"的状态。

针对潮汐能利用存在的问题，我们需要集中投入科技力量，增强与大国间的合作与交流。首先是要通过技术革新来进一步发展海上风电，但是海上风机有着更强的技术要求，必须要朝着大容量机组发展，降低每千瓦时的造价。风能与潮汐能存在不稳定的问题，在某些情况下会对电网的正常供应造成影响，所以不能仅仅依靠风能，也要围绕风电产业，促进形成新产业链。加快形成从基础研究到风电场的建设再到大产业链的联动发展的格局，从资源开发利用入手，依次向上游和下游产业拓展，实现海洋能源、海洋化工联动发展。

加强与发达国家或者是在利用潮流能发电有经验和优势的国家的合作，集众人智慧，加快研究的进度并提高研究成果的含金量。完善研究基地的基础设施，将研究范围拓展到船舶与海洋工程、机械工程、液压与自动控制等工程领域，并且引进人才来提升研究团队的力量。

四、结语

舟山的经济发展与海洋产业的成长相伴随，海洋资源开发利用正在形成一个不断扩大的海洋产业群，海洋渔业、海洋交通运输业等传统海洋产业获得了长足的发展。新兴海洋产业包括海洋油气业和海洋旅游业等正在迅速崛起，逐步上升为海洋支柱产业。海水利用和海洋能资源、海洋药物等未来的海洋产业正在逐步有序开发。以高新技术为支撑的深海采矿和海洋生物利用等也得到一定的发展。海洋经济更好更快地发展，为舟山以及其他沿海地区经济社会发展和人民生活水平提高做出了重要的贡献。

参考文献

[1] 朱坚真. 海洋经济学[M]. 北京：高等教育出版社，2016.

[2] 林洪，曹立民，刘春娥，等. 水产品资源有效利用[M]. 北京：化学工业出版社，2007.

[3] 张广海. 我国滨海旅游资源开发与管理[M]. 北京：海洋出版社，2013.

[4] 任淑华，陈志奎，岑况. 生态旅游资源永续利用研究——以浙江舟山群岛新区为例[M]. 北京：海洋出版社，2013.

（本文发表于《农村经济与科技》2017年第3期第160-162页）

农村电子商务面临的困境与对策

钱金良* 指导教师：刘 煜

摘 要：随着互联网经济的快速发展，网络的普及使得农村居民中网民的数量越来越多。农村居民对网络的应用，包括购物及农产品的网络销售渠道需求越来越大，由此产生的农村电子商务的前景远大。本文分析了农村电子商务目前面临的问题和挑战，并提出了有针对性的建议，以促进农村电子商务的健康发展。

关键词：农村；电子商务；困境；建议

发展农村电子商务，其实质是用现代信息技术服务于"三农"，它可以突破农产品从小农户迈向大市场的瓶颈，从而改善我国的农产品流通状况，促进农产品贸易，加快农业和农村经济结构的战略性调整，促进农村社会全面进步。近几年随着我国农村互联网的逐渐普及和农村网民数量的攀升，农村电子商务市场的潜力也愈发强大，而这相比较于市场日趋饱和的一、二线城市，是不可多得的商机所在，但实际上农村之中电子商务的发展仍存在着一部分制约性的问题。为此，笔者通过调查研究，深入分析农村电子商务存在的问题，并提出了能切实解决这些问题的建议，以便为促进农村电子商务的发展贡献自己的一份力量。

一、农村电子商务面临的困境

农村电子商务较之过往的传统小农经济存在很多的优势及新功能，它的出现是农村发展的一个重要转折点，但由于其处于发展的起步阶段，还存在一些缺陷与问题，需要我们深入了解。

（一）信息基础设施较差

截至2015年12月，中国网民规模已达到6.88亿人，而其中农村网民的占比仅为28.4%，在这个超过1.95亿人的大群体中，由于经济条件有限。青少年们往往通过非法黑网吧上网，而成年人则大多通过智能手机浏览信息。基础设施的落后使农村网民上网殊为不易。与此同时，在我国农村地区中网络普及的程度也相当低，在中西部地

---

* 作者简介：钱金良，男，浙江海洋大学东海科学技术学院2013级资源与环境经济学专业学生。

区,这些较为落后的地方,由于人力物力条件的制约,互联网的影响只能辐射到交通较为便利的城镇周边。而乡村中的基础设施建设比较落后,信息基础设施建设上的缺陷对于发展农村电子商务而言是根本上的问题,当前落后的基础设施建设状况极大地制约了农村电子商务的发展前景。

(二)文化教育水平较低

根据农业部(现已更改为"农业农村部")的调查,在义务教育普及的情况下,我国农民人口中平均受教育年限仍只有约 7.8 年。而人的学习能力很大程度上可以从已有的知识能力水平上得到体现,低学历者学习应用电子商务的难度可想而知。另外,在大部分的农民群体日常生活之中,对"电子商务"这个概念几乎闻所未闻,而究其原因,在农村中少数有条件使用网络的人中,大多数人对计算机技术以及互联网技术的了解和应用只停留于上网娱乐。这直接导致了另一种意义上的信息闭塞,农民很少通晓社会中流行的消费观念和消费手段,而这也使得农民们很难有足够的眼界和能力去开展电子商务。

(三)物流水平比较落后

"重生产、轻流通"的观念在农村比较普遍,许多农民对农业生产资料、农产品流通和物流配送的重要性认识不足。而且相比于城市的发展状况,农村中的人口地域上的分布更为分散,交通条件也比较落后。即使是在中国神通广大的物流行业中,大多数物流公司的服务也只能覆盖到县一级地区。而县级以下,光是拗口的地名和难以通行的泥路就可以让送货员望而却步。由此缺乏配套的物流体系导致了以下问题。

(1)由于物流的不便,使得农民对购买商品时受到较大影响,比如农民生产用的农药农具等产品往往要去到离家数十千米外的镇上购买,而镇上的产品也受限于交通物流的不便,在质与量上相较于交通便利的地方会更差。

(2)很大一部分农民的供货需求难以得到满足,甚至由于缺乏专用的农业运输存放设备,温度、湿度等变量无法控制,以致新鲜的农产品发生腐坏和变质。由此而造成的损失直接影响了农村电子商务的短期发展,而这些问题的存在也极大降低了农村电子商务的长期竞争潜力。

(四)网络犯罪频发

现在农村的电子商务已经在逐步的发展,但作为一种新兴产业,在带来利益的同时也带来了产业发展中的安全隐患,网络诈骗正是其中的主要问题。电子商务的主要交易媒介是互联网,而那些居心不良者利用互联网信息传递的便捷性和人的原始欲望进行诈骗,这便是网络诈骗,其主要手段有网友欺骗和庞氏骗局式的诈骗。网友诈骗是以先交友取得信任后再骗取钱财的方式来诈骗，一般会涉及色情信息，因为过程往往很复杂，所以警方侦破速度较慢。庞氏骗局则是通过互联网虚假宣传致富信息，组织人员，用刷网络电子票单等手段，收敛入会费进行诈骗。这两者对初试互联网，渴望发财致富，却缺乏警惕心的农民而言具有极强的吸引力和杀伤力，而损失一旦产生就很难追回，对他们的家庭而言是巨大的不幸。这给农民上网从事贸易活动带来了极大的不便，同时也很大程度上打击了农民参与电子商务的积极性。

二、农村电子商务改革的建议

(一)加强信息基础设施建设，提高农民网络信息利用的能力

信息基础建设是网上交流的前提，是开展电子商务的必要条件，但是在我国各地区发展并不平衡，在信息基础设施建设方面表现得尤为明显。要解决这些问题，具体的措施主要有以下三种。

(1)加强信息基础设施建设。在中西部等落后地区，人们对互联网还比较陌生，应以普及基础网络设施为主。因为携带方便，手机成为重点普及对象，发展的目标应是人手一部手机，创造一个融入人们寻常生活中的互联网环境，以此增加农民参与电子商务发展的机会。

(2)加大政府对互联网建设的扶持力度。公共网络由有关部门出资建造，农民在家上网需要的网费和设备的花费应尽量帮助解决，比如通过县级及以下政府部门与互联网供应商之间的合作，生产一些物美价廉的设备提供给农民们，以此提高网络普及率，增进电子商务发展。

(3)搭建电子商务信息咨询平台。农民的能力毕竟有限，就算了解了电子商务的优越性和前景，也往往无从下手参与其中，因此国家应加大改革力度，开展电子商务信息咨询服务平台的建设，提高农民对于互联网信息的获取能力和利用能力，方便于他们从事电子商务。

(二)加强电子商务相关知识的学习和培训，提高农民的文化素质

我国大多数农民的文化素质较低，对新信息的获得能力较差，对新知识的接受能力较弱，对新观念的认知较浅。这一系列的问题或直接或间接地阻碍了农村电子商务的发展。要解决这些问题的建议措施主要有以下三种。

(1)创设良好的网络教育环境。农民学历不高有很大一部分原因是客观条件上的不允许，没有能力去学习，那么就为其创造良好的基础教育环境和再教育环境。如通过地方政府和电商之间的合作开展发放知识小卡片；推广流动图书馆和开展网络信息讲

座之类的活动。

（2）激发农民学习互联网相关知识的热情。学习需要热情，而能激发农民热情的最好方式莫过于让他们亲眼看见触手可得的利益。如银行支持个人贷款业务，政府鼓励并扶持农民从事电子商务相关的行业，如开设农产品的网店，发展当地的物流行业和对外引入产品等，此时农民为了自身的利益便会积极主动地学习互联网知识。

（3）提供进行互联网学习交流的平台。农民们因知识获取渠道和水平有限，对电子商务的认知往往会有失偏颇，而且其中大多都很片面、肤浅，因此通过建立一个合格的信息交流平台，让农民在其中各抒己见，可以有效地整合各种知识和信息，让农民知道自己不是一个人在战斗，共同促进，共同提高电子商务水平。

（三）打通物流通道，促进农村物流健康发展

交通状况的拥堵和物流配送能力低下导致了农民们"出货难，供货亦难"的问题；物流设备的落后导致了部分农产品发生腐烂变质的问题，这两个问题都给农民们产品输出造成了大量的损失，极大地妨碍了农村电子商务的发展。要解决这些问题的具体手段主要有以下三种。

（1）完善农村地区的交通网络。以"要想富，先修路"为口号，政府要在财政上全力支持农村交通网络的建设与完善，农民们也要积极地响应政府的号召，努力地配合农村交通网络的建设与完善，只有路通了，才能够为发展做好铺垫。

（2）构建物流配送中心。由政府部门牵头，物流企业和电商企业相互沟通组织承建区域物流配送中心，然后招收本地农民为员工并开展农民自提业务，此时农村地区物流配送常困扰人们的"最后一公里"问题便可以基本解决，同时也为当地农村富余劳动力创业增收。

（3）规范物流市场秩序。有利益的地方就有竞争，农村物流市场也是如此，若没有健全的规范准则，那么势必导致恶性竞争的产生，妨碍市场发展，因此应加大对物流基站、物流配送和相关信息服务的规范与管理，逐步建立一个经营和竞争有序并存的物流市场，为农村的电子商务发展提供一个良好的环境。

（四）健全法律法规，严厉打击互联网犯罪现象

随着互联网的普及，信息时代的到来，互联网犯罪由于相关执法较为乏力而呈上升趋势，而对于农民们而言，由于能力水平有限，在网上容易受到蒙蔽与伤害，要解决这一问题的具体对策主要有以下三条。

（1）充分认识互联网犯罪的危害性。农民由于过往经验的局限性对互联网犯罪的可怕大多没有具体的了解，因此在进行网络交易时警惕性不高，从而容易受到攻击。所以我们要运用多种手段，使农民充分认识到互联网犯罪的巨大危害，由此提高农民对

互联网犯罪的警惕心。

（2）普及互联网安全教育。为满足自己私欲，有些网站设置色情、赌博和大奖等陷阱，利用农民们的原始欲望及其对财富的热切追求，勾引他们上钩，并逐渐使其越陷越深不能自拔。因此我们要普及互联网安全教育，告诉农民，天下没有免费的馅饼，让他们能理性地对待网络，注意提高自己明辨是非的能力。

（3）完善互联网法律法规。由于互联网的虚拟性及匿名性，法律监督监管较难进行，因此网络犯罪屡禁不止，所以国家应该完善法律法规，给农村电子商务一个良好的成长环境，这样农村电商们才能茁壮成长。

参考文献

[1] 李志刚. 扶植我国农村电子商务发展的条件及促进对策分析[J]. 中国科技论坛, 2007(1)：123-126.

[2] 陈国亮, 李泽朋, 赵亮. 中国农村电子商务发展探析[J]. 科技广场, 2009(2)：14-15.

（本文发表于《农村经济与科技》2016年第17期第111-112页）

微信营销面临的困境与对策

吴凯宇* 指导教师：刘 煜

摘 要：随着互联网经济的快速发展，以社交软件为传播平台的营销行为迅速壮大，发展最为迅速的是伴随着微信的火热而兴起的一种营销方式——"微信营销"，这种营销方式迅速壮大并拥有了广阔的用户。本文分析了微信营销目前面临的问题和挑战，并提出了有针对性的建议，以实现微信营销的健康发展。

关键词：微信营销；困境；建议

微信营销是随着微信技术的发展而产生的一种创新型点对点的营销方式，商家们将自己的产品信息发送给微信用户来推销自己的产品。在互联网如此发达的今天，微信营销作为一种网络营销模式是企业营销模式的一个创新。微信营销是微商的一个组成部分，吸引了很多大学生、全职主妇等空余时间比较多的人，还有些"上班族"在工作之余也将微信营销作为一个兼职。众所周知，微信营销是电商的一个重要分支，且在未来的互联网营销中，微信营销发展势在必行，但是微信营销还是存在很多不完善的地方。为此，笔者对微信营销的现状进行了一些调查，在此基础上分析微信营销存在的问题，并提出解决这些问题的建议，以便能促进微信营销的健康发展。

一、微信营销面临的困境

微信营销作为新兴营销模式存在很多优势及功能，是互联网营销领域中一个重大的改革和突破，但是由于微信营销现在正处于发展的初级阶段，还存在一些不完善的地方，需要我们深入研究。

(一) 暴力刷屏

在接受调查的学生中，100%的人都开通了微信等平台，并对微信营销有一定了解。有31%正在经营微店，27%的大学生曾有过微信营销经历，且有过微信购物经历的高达84%。经过统计分析后，发现只有16%的大学生没有在微信营销处购物的经历，有53%的大学生只是偶尔购物，有31%的大学生经常购物，购买频率较高。经

---

* 作者简介：吴凯宇，女，浙江海洋大学东海科学技术学院2013级财务管理专业学生。

过调查统计分析后我们发现大学生基本都能理性对待微信营销,在微信营销公众号购买物品的花销较为合理,这说明了微信营销的高普及度。但是随之而来的问题之一就是微信营销商为做广告刷存在度开始疯狂、不理智地刷朋友圈,这就是"暴力刷屏"。因为微信营销人员是没有经历过系统培训的,很多时候只是靠自我摸索或完全参照上一级指导去做,而大部分上一级商家只是想完成商品转移,所以会要求微信营销人员疯狂刷屏抓取概率以达到目的。久而久之暴力刷屏就变成了微信营销商的入门本领,微信的朋友圈也就变成了购物圈。这种情况在大学生中是非常常见的,微信营销广告的暴力刷屏让一些学生不能正确地看待微信营销文化,选择屏蔽消息或者直接删除以此杜绝了微信营销,也在一定程度上影响了朋友之间的关系。

(二)代理制度不完善

大部分微信营销商家的目标就是完成产品转移,于是微信营销产生了不同级别的代理制度,所谓代理制度就是本人拿了货后招收一些代理,然后本人将货转移到他们手中并从中赚取差价。然而,就是这种层层代理制度受到了社会大众的排斥,很大部分人都觉得这就是传销,这对大学生的道德价值观也产生了一定的消极影响。这其中也包括大学生,在调查中我们对一些学生进行了采访,在被问到你认为微信营销是一种什么模式的时候,很多人的第一反应就是微信营销就是传销。当然,微信营销肯定不是传销,因为很多普通社会大众不能接触到商业中的代理关系,其实传统商业也一样是层层代理,只是它们大部分是通过B2B(企业对企业)的方式。但是因为微信营销的代理制度发展得不完善,微信营销基本都是个人代理,代理是没有出货能力的,产品就压在了微信营销代理手中,于是就引起了社会大众的误解。

(三)市场混乱

代理制度不完善导致大量产品积压在各层代理手中,导致长时间无法出货,于是这些微信营销商开始自己谋取出路,但是因为各层代理的收入价都不一样,导致市场价格无法统一,同一款产品有很多种价格导致了市场混乱。因为微信营销通过一部智能手机就可以完成宣传和销售,无需租金且开店门槛低,这就吸引了社会各界人士投入微信营销中。但是,微信目前只对于以企业名义申请公众账号的企业要求工商局等第三方的资格认证,对于以个人名义申请公众号的没有实行实名登记制度,于是有些不良商家抓住这个漏洞进行交易从而导致市场混乱。微信营销是C2C(消费者对消费者)的模式,即个人和个人之间的交易,在微信营销的初始阶段一般商家都是在朋友中进行交易,但到后来通过朋友的推荐开始跟陌生人进行交易,这就会出现一个问题,因为大部分个人是不具备提供售后服务能力的,于是当售出的产品出现问题时,小问题会拖延成大问题,大问题不予解决就成了一个常见的问题,同时因为单笔交易金额不会很大很多消费者就选择"打落牙齿往肚子里咽，吃哑巴亏"。而且因为我国在微信营销这一领域还没有较为完善的法律体系，这就引起了市场的混乱。

(四)诚信缺失

现今社会已经发生了很多起微信营销号欺骗消费者的案例，也有报道说一些微信营销的顶层商家们为了达到自己的目标实现盈利的目的就会利用一些软件制造一些虚假的成交记录和非常好的反馈的截图用来宣传，然后下层代理进行转发，其实他们在转发的时候也不清楚图片的真伪，最终导致了社会大众对微信营销整个行业的诚信产生了质疑，也让微信营销整个行业受到了社会大众的谴责和极大的舆论压力。而且在微信营销的模式下，消费者对卖家其实可以算是一无所知的，因为微信公众号不需要实名登记，这就给交易带来了极大的风险。并且我国在微信营销这一领域还没有较为完善的法律体系，当消费者权益被侵害时，也没有有力的证据去投诉以致消费者不能很好地维护自身权益。很多点赞噱头、虚假宣传、夸大其词等宣传行为开始滋生。还有一些不良商家只考虑利益、只想着自己的盈利目标，出售假冒伪劣产品甚至是三无产品，最终导致市场上假货横行。甚至有部分不法分子冒充微信营销商家发给消费者"钓鱼链接"谎称支付链接，危害消费者的财产安全。正是这些缺乏正确道德标准的不良商家和不法分子让微信营销的诚信受到了质疑。

二、对微信营销改革的建议

(一)回归理性，拒绝暴力刷屏

微信营销的高普及度带来了疯狂的暴力刷屏现象，微信营销是在微信平台上生存的，但是平台只是提供一个支撑，解决微信营销暴力刷屏更多的还是要靠微信营销商家们回归理性。要解决这一问题的具体建议措施如下。

(1)掌握好微信营销广告发布的节奏。有人认为"微信好友是以城市的市民为主，由于他们的朋友圈使用频次相对较低，应该合理刷屏"。微信营销应该开始逐渐回归理性，应该控制日常发广告的频率。

(2)合理确定微信营销广告的内容。销售化妆品的微信营销人员，可以分享化妆品的知识和技巧，在分享的文章中在提到在销商品，这样既打了广告，给客户留下印象，同时也不需要用暴力刷屏来获得存在感。

(3)掌握好微信营销广告发布的时间。比如在早上起床时发一条刷一下存在感说明你开始营业了，中午午休时发一条广告宣传，那么别人在休息时就能看到你的宣传也有时间去看你的广告，晚上睡觉之前可以再发一条一天的成交记录和反馈报告销量吸引消费者的关注。总而言之，微信营销商家应该回归理性，拒绝暴力刷屏，掌握好发广告的节奏、内容和时间。

（二）完善代理制度，规范技术手段

代理制度不完善导致大量产品积压在各层代理手中，以至于长时间无法出货，于是这些商家们开始自己谋取出路，导致市场价格无法统一，造成了市场混乱。解决的具体办法如下。

（1）规范技术手段。微盟CEO孙涛勇提出："野蛮生长的微信营销需要借公约加强自律，分销是微信营销的发展关键。"这就需要技术手段来规范。规范分销手段，从而让公众包括当代大学生正确认识微信营销，建立正确的道德价值观，作出正确的选择。

（2）完善公司的代理培训机制。代理在开展工作的时候难免会遇到困难，刚开始也不知道怎么样才能有高销量，而且很多人刚开始并不是很懂微信营销，也不太懂怎么可以有力说服客户，这时候就需要公司的支持，公司就应该给代理们提供培训机会，这样既可以提高代理的销售素质又能为公司带来利润。

（3）建立完善的代理制度。根据研究，一个好的微信代理营销模式体现在五个方面：①必须为代理预留足够高的利润；②足够强的品牌支撑；③巧妙的准入制度、完善的分级体制；④完善的代理培训、扩散引导；⑤典型的成功案例塑造和交流机制，塑造凝聚的销售氛围。综上所述，微信营销想要发展就需要完善代理制度，规范技术手段。

（三）加强监管力度，治理市场混乱

微信营销是最近才出现的，所以针对这一领域的监管，我国的法律制度还不很完善，在法律监督上也存在很多漏洞，微信营销是一个新兴行业，法律的制定滞后于其发展速度，这样就造成了市场混乱的现象。解决这一问题的具体建议措施如下。

（1）完善法律法规。在微信朋友圈里推销的卖家大多都是个人，不需要实名登记，法律监督较难。且微信营销主要是通过朋友推荐完成交易的，导致了消费者维权困难。所以国家应该完善法律法规，给消费者一个安全的消费环境，约束卖家的不良销售行为，保障消费者利益。

（2）逐步推进实名制管理。在微信营销商家们申请微信公众号时应该推出实名登记制度，完善微信营销商家的身份认证和信用评价等制度，这样就能进一步解决对微信营销中产生的不良销售行为查处难的问题，从而规范微信营销行为，规范市场环境。

（3）加强监管力度。工商部门应该将对微信营销的监管纳入工作范围内，加大人才资金的投入，加强科技力量，充分利用现有的资源和科技及执法巡查系统，细化监管的工作流程，严厉打击微信营销中的违法违纪的行为。

(四)严格自律,提高微信营销的诚信度

在这个较为复杂的环境中有不少不良商家为了一点蝇头小利,选择倒卖假货或者蓄意夸大产品的作用,这就导致了社会大众对微信营销行业的诚信产生了质疑。解决这个问题具体举措如下。

(1)微信营销商要学会自律。现在微信营销的发展很快,发展趋势很好,也有更多的人开始关注微信营销,更多的人想还消费者一个干净的网络环境,为了促使微信营销良性发展,微信营销商要严格自律,不要因为贪图小便宜就销售假冒伪劣产品或三无产品,也不要蓄意夸大产品功效。

(2)微信营销商注意打造诚信品牌。微信营销商在选择自己要销售的产品之前应该经过多方面考虑或多方面的选择和尝试。笔者认为在商家选择品牌和产品前至少应该自己先试用一段时间,确实有功效后再决定开始销售。这样既能减少假冒伪劣产品又能建立好良好的商品信誉,从而促使微信营销的健康发展。

(3)建立微信营销商诚信评价制度。建立对微信商的评价制度既可以降低消费者和微信营销商交易双方之间的不平等性,让消费者可以更大程度地了解微信营销商。这样,在网络市场环境中实现微信营销的公平交易,又对微信营销商形成了约束,让一些抱有侥幸心理销售不合格产品的微信商有所顾忌,减少假冒伪劣和三无产品,还消费者一个健康的购物环境,以促进微信营销健康发展。

参考文献

[1] 黄文波. 浅议微信营销优点及发展趋势[J]. 中小企业管理与科技(上旬刊),2014(9):176-177.

[2] 杨楚楚. 微信营销从"暴力刷屏"到"合理分销"[N]. 每日商报,2015-03-16.

[3] 宋静. 微信营销存在的问题及对策分析[J]. 企业导报,2014(11):52-53.

(本文发表于《农村经济与科技》2016年第13期第105-106页)

自媒体营销发展状况及对策研究

乐小婷*　　指导教师：刘　煜

摘　要：随着数字通信和网络技术的迅速发展，多渠道、零门槛、反馈及时、互动性强的自媒体营销改变着现代社会的信息传播方式，任何网络用户都可以成为传播者。同时，自媒体营销以其独特的优势颠覆了传统营销模式的观念和方法，成为当下最热门的营销手段，但是自媒体营销在发展过程中也面临着一系列的问题与挑战。本文通过调查研究，深入分析当今自媒体营销中存在的弊端，提出相应与建议，以促进自媒体营销的健康发展。

关键词：自媒体；营销；建议

从狭义的角度讲，自媒体营销是指利用互联网技术，以微信、博客、上传自制节目等方式为载体进行的行销活动，其中尤以利用微信公众号进行行销为主要标志。从广义角度讲，自媒体营销则可泛指一切为个体提供生产、积累、共享、传播内容兼具私密性和公开性的营销方式，包括企业为推广自身名气而发行的书籍、个性化专辑等方式。自媒体营销方式之所以能够在短期之内爆发出如此大的能量，对传统营销方式产生如此大的冲击力，取决于其低门槛、多元化、平民化和普遍化的特性。然而也呈现出病态发展的态势，导致市场秩序混乱，甚至出现观念缺失，过度宣传信息失真等弊端。如何应对才能规范自媒体营销市场，让经济又好又快发展，成为现阶段不得不解决的关键性问题。

一、当今自媒体营销面临的困境

（一）竞争混乱无序

由于市场承受能力有限，自媒体营销竞争已经到了白热化阶段。自媒体营销自身所具备低门槛、多元化、平民化和普遍化等特点，不仅仅让自媒体营销成为当下火热的营销方式，给自媒体营销者带来了巨大的收益，同时也直接导致其成为一个"烫手山芋"。在这个互联网媒体高速发展的年代，一哄而上的社会心理引发市场竞争极度混乱，为了从众多自媒体营销者之中脱颖而出，难免会有部分自媒体营销者"剑走偏锋"，

---

* 作者简介：乐小婷，女，浙江海洋大学东海科学技术学院2014级财务管理专业学生。

再加上市场经济管理又远远落后于自媒体营销的发展，市场监管技术落后和监管能力受限，无法进行及时有效的监管，因此大多数传播平台往往无法在第一时间对这类违规内容进行处理整顿，甚至在某种程度上只能进行迫不得已的纵容。在笔者看来自媒体营销已经进入深水区，这不光让传统营销模式面临了前所未有的巨大挑战，造成市场竞争秩序混乱，更是对社会主义市场经济造成了十分恶劣的影响。

(二) 经营缺乏诚信

自媒体营销在经营活动中缺乏诚信，呈现病态发展状态。并非所有自媒体营销者都如同表面般光鲜亮丽，自媒体营销出现以来，其零门槛、低要求的特性吸引了很多人选择投身其中。但由于自媒体营销的传播主体本身良莠不齐，其群体涉及的范围极广，人员类别五花八门，那些少数成功的案例背后，是更多三四线网红为了名利而挣扎甚至堕落的残酷生存现状。根据调查研究，其实在很多情况下，自媒体的产生并非自发，而是在网络媒介这个大环境下，由网络红人、网络推手、传统媒体以及受众心理需求等利益共同体综合作用下产生的结果，与广大网民的审美、审丑、娱乐、刺激、偷窥、臆想等看客心理的共同发酵下，自媒体营销者为了迎合部分网民的口味而无下限宣传、低俗搏出位、散播淫秽色情信息等，一次次突破道德底线，与社会主流价值观相悖，现在只要一打开微信、微博、空间等社交平台，关于自媒体传播低俗色情、坑蒙拐骗、虚假宣传等负面新闻比比皆是。更有一些自媒体营销者本身炫富、拜金等不正确的价值观助长奢靡之风，加上消费者盲目从众、跟风、攀比，这一系列不正确的消费心理逐渐形成一种错误的消费观念，自媒体营销呈现病态发展。

(三) 法律规范不完善

自媒体营销者最初基本都以博得粉丝眼球，使自己"名声大噪"迅速走红，紧接着利用自己的人气接一些广告，开淘宝店美妆店等，世人又称"自媒体"为"网红"。近年来，我国政府一直重视互联网的建设和管理，并且提出了"积极利用、科学发展、依法管理、确保安全"的方针，虽然出台了《中华人民共和国互联网管理条例》《互联网新闻信息服务管理规定》等法律法规，但是这些法律法规中依然存在着片面或是不够完善的地方，因此自媒体营销中的不良现象依然得不到有效管控。甚至存在个别自媒体营销者为了利益肆意挑衅法律底线，千方百计地钻法律以及各种监管部门空子，捆绑炒作哄抬物价，打着原创的旗号抄袭，用低俗的方式搏出位、蹭热度，兜售三无产品、假货，贩卖质量低下却标出高价的商品，还有大张旗鼓地推销假货等种种恶劣现象的存在。同时，网民们运用法律维护自身合法权益的意识相对薄弱，也使自媒体营销者制假贩假这一违法行为愈发明目张胆。

(四)宣传浮夸失真

自媒体营销在宣传过程中频频出现信息虚假失真的现象。公众对于新鲜的事物都会持一种猎奇心理,自媒体营销者也正是利用了粉丝的这一心理,擅长通过制造轰动,在自己的社交平台上策划作秀,用浮夸的辞藻进行大肆宣传哗众取宠,然而传播的非但不是优质的内容,甚至还有一些虚假夸张、不真实的信息。在互联网的匿名环境之中,海量帖文的气氛渲染下,不断影响诱惑着消费者,误导消费者,助长奢靡之风,让消费者们迷失了自己,没有及时树立正确消费观,蜂拥而上。纵观如今的自媒体市场,一旦自媒体营销者宣传了某商品,就会出现大批消费者一哄而上疯抢该物,使得物价疯涨,导致市场经济混乱,甚至发展成为人身攻击,威胁到社会的正常秩序。这样的炒作就像杀鸡取卵、竭泽而渔,是一种极不负责任、不计后果的行为。当消费者最终发现所购买的物品与宣传中的物品大相径庭,便会感到被欺骗,出现生气愤怒等不良情绪,进而失去对自媒体营销的信任与支持,最终否定整个自媒体营销行业,使那些规范经营诚信宣传的自媒体营销者面临巨大的挑战,也令自媒体营销发展停滞不前。

二、对当今自媒体营销的对策建议

在这个竞争激烈的社会,自媒体营销固然是一种新型的营销手段,特别对小成本创业者无疑是不错的契机,甚至可以在这个信息化大发展的环境下利用其特有的优势。但如果这些资源并没有得到合理利用,则会对社会经济、市场秩序造成不小的威胁,自媒体营销发展也会面临着重重困难。为此笔者基于存在的问题,对自媒体营销发展提出如下建议。

(一)加强政府宏观调控,规范自媒体营销市场的秩序

加强政府宏观调控,应对"网红效应"对社会公众以及对市场经济带来的影响,这是最关键也是最核心的方式。只有不断强化政府的行政管理职能,以"有形的手"强力消除自媒体营销中存在的不合规甚至不合法现象;同时,要充分尊重互联网传播规律,多管齐下,更多运用"无形的手",从而调节自媒体营销方式,充分发挥互联网自我净化的功能,推动网民在自媒体时代实现"自律"和"自治"。

(1)要正确运用经济手段。自媒体经济关系以及自媒体经济活动对社会主义市场秩序影响深重,政府要发挥"看得见的手"的作用,对国民经济进行宏观调控,在自觉依据和运用价值规律的基础上借助于经济杠杆的调节作用,同时也对自媒体经济进行调控,稳定社会主义市场经济秩序,其中主要包括严肃把关销售商品的价格等。

(2)要加强行政手段。众所周知，行政手段具有权威性、纵向性、无偿性以及速效性等特点，依靠行政机构、行政机关，针对自媒体经济的发展现状，对自媒体市场的经济活动中存在的各种问题采取强制性的命令、指示、规定等行政方式进行调节管控，通过加强互联网媒体的规范建设，对自媒体营销市场进行有效的监察管理，规范自媒体商业活动，从而达到宏观调控的目标，保障社会主义市场经济又好又快均衡健康地发展。

(3)要加强政府扶持。互联网的迅猛发展，导致传统企业的营销方式受到来自自媒体营销的巨大冲击。相对于发达国家而言，我国的自媒体发展还比较落后，企业利用自媒体营销的水平还比较低，缺乏能够掌握并熟悉自媒体行业技术的营销人员。因此有必要通过政府联系与扶持，加大企业与自媒体营销之间的联系，两者进行优势互补，取长补短，最终实现传统营销方式与自媒体新型营销方式的更好更快发展。专业化的自媒体营销人员将成为我国企业开展自媒体营销的一个重要制约因素。

(二)引导诚信经营，促进自媒体营销的健康发展

自媒体营销发展处于极度不平衡的状态，但其存在对现代社会的影响绝不是一天之内就能引起轩然大波的，也绝非一天就能把这些虚假混乱、违背社会道德、违法乱纪的现象从中剔除的，如何应对"网红效应"对社会公众以及对市场经济带来的影响，最重要也是最根本性的对策就是要坚持诚信经营。笔者就如何引导诚信经营方面提出以下几点建议。

(1)率先整顿"网红大V"。自媒体营销就好比是一个大染缸，在发展过程中面临着种种诱惑与挑战，自媒体营销者难免会产生不正确的经营方式，为了提高引导效率可以首先整顿"网红大V"，即综合排名靠前、影响力比较大的自媒体营销主体，强制取缔这些自媒体营销者在经营过程中的不合法不规范经营活动，再通过这些"网红大V"的影响力去引导发展较为薄弱的自媒体营销者。

(2)强化对自媒体营销的管控和引导。自媒体营销的发展离不开有效的管控和引导，一方面对于粉丝数量排名前列，影响力大，口碑优良又符合市场经济要求的自媒体营销主体，主动向他们抛去橄榄枝，共同做好带头模范作用，运用各大网络社交平台，共同呼吁形成实事求是、安全有序、规范操作的自媒体营销环境。另一方面也要对自媒体营销者进行全方位的教育指导，加强对网络人才的培养，积极引导自媒体营销走上"正道"，必要的时候可以适当扶持发展前景好又符合社会主义市场经济要求的自媒体营销主体。

(3)加强自媒体营销知识的教育普及。对于社会公众来说，要坚决抵制违法犯罪的现象，坚决抵制炫富拜金等不良的社会风气，避免自身的合法权益受到侵害。特别是

对于在校学生来说，学校、学生组织等一定要加强自媒体营销知识的教育普及，使其提高判别是非对错的能力，理性消费，切勿盲目跟风，攀比成性，特别是学生党员更应该严于律己，以身作则，提高自己的是非观和判别能力，进而影响并感染身边的同学、朋友和家人。

（三）完善法律法规，依法规范自媒体营销的行为

政府越来越重视自媒体营销的发展对社会带来的一些负面影响，虽然近年出台了各项法律法规，但自媒体发展仍有乱象。为此笔者提出以下几点建议。

(1) 完善法律法规。政府部门加强依法监督监察力度，加强互联网监管为保护自媒体经济市场的主体权益，依靠法制的力量，通过经济立法和经济司法，还必须提高立法层级，加大对"网红"市场中出现的违法违规等行为的惩处力度，特别是对于制假贩假、销售三无产品等的商家进行严肃处理和惩戒。由司法机关按照法律规定的制度、程序，对自媒体经济案件进行检察和审理，维护自媒体经济市场的秩序，让自媒体营销者在经营活动中能够有法可依，群众的合法权益能够得到法律保障。

(2) 依法规范自媒体的营销活动。"互联网不是法外之地"，在21世纪这个大数据时代中，互联网暗波涌动诱惑重重，基于此，自媒体营销者在发展过程中，必须遵守法律法规，规范自身的经营宣传方式，所从事的商业活动必须合法合规。这是维护互联网健康环境的基本准则，所有网站和网民都必须遵守，积极配合相关部门的整治，坦然接受社会公众的监督管理。只有在政府强有力的管控之下，自媒体营销才能够真正融入到我国市场经济中去，绿色健康安全有序发展，为社会主义市场经济贡献自己的力量。

(3) 增强法律维权意识。不仅社会公众要提高自身的法律意识，提高辨别是非对错的能力，坚决抵制假货，敢于曝光违法行为，在必要时能够正确运用法律维护自身的合法权益；自媒体营销者更是应该提高对法律法规的认识，坚决抵制制假贩假这类违法行为，在自媒体营销发展浪潮中健康成长，从容应对网络这把"双刃剑"所带来的影响，认真履行政府出台的各项法律法规，从而大大减少在自媒体发展过程中，营销者之间、营销者与消费者之间产生的矛盾纠纷。

（四）正确运用广告宣传，提高自媒体营销的可信度

广告虽有广而告之之意，但绝非夸大其词鱼目混珠之器，原本的"酒香不怕巷子深"，在这个自媒体营销遍地开花的社会中却变成了"广告打得好，麻雀变凤凰"。大肆宣传成为自媒体营销的必备手段，甚至出现部分自媒体营销者在宣传中形成浮夸失真的恶劣风气。对此，笔者提出以下几点建议。

(1) 坚持真实性原则。突出新颖的宣传方式可以让产品更具吸引力，然而一旦超过商品其本身的特质，虚假浮夸的宣传内容只会让消费者在拿到实物的时候感到被欺骗，从而感到失望、愤怒，最终导致对该经营者不再信任，对其所宣传的商品也不再有消费的兴趣，欺骗终究害己。因此在自媒体营销的宣传中始终要坚持真实性原则，必须剔除广告宣传中浮夸失真的内容，避免失真宣传对社会公众带来一系列恶劣的影响，减少浮夸虚假的信息，把握住真实性这个底线既是责任也是义务，是自媒体营销在发展过程中必须要自觉遵守的，也是自媒体营销维持健康安全氛围的重要保证。

（2）注重宣传的适度性。移动互联网的出现，使得协作效率大大提高，同时也使得信息的生产和传播效率大大提高。在人人都是媒体的一种社会化关系网络中，内容即广告，优质的内容是非常容易产生传播效应的。自媒体营销在宣传过程中过度炒作，很大程度在于他们过于追求自身利益，脱离了群众真正的需求，没有处理好自身利益和公众利益的关系。笔者认为自媒体营销者可以通过在社交平台上进行问卷调查，了解消费者真正的需求，在进行广告宣传的过程中从消费者角度出发，进行优质的广告宣传，倡导健康正确的消费观，传播正能量，为净化社会风气贡献自身的力量，是自媒体营销又好又快发展的必经之路。

（3）增强售后服务意识。广告宣传对自媒体营销者来说确实非常重要，但是绝不能一味地关注广告宣传，而忽略了产品质量与售后服务。为此，自媒体营销者在做好正确宣传的前提下，更应该注重产品质量提高服务意识，认真做好售后服务，对于消费者的质疑要重视不敷衍，尽心尽力解决经营过程中出现的问题，从而提高消费者的满意度和信任感，才能使其在自媒体营销发展的浪潮之中站稳脚跟，充分发挥自媒体营销优势，扬长避短，也是让自媒体营销早日走上"正道"的关键性对策。

参考文献

[1] 王瀚清. 自媒体营销在中国的发展前景分析[J]. 产业与科技论坛，2014，13(19)：13-14.
[2] 武博，侯义佳. 浅析自媒体对营销变革的影响[J]. 中国商贸，2011(6)：35-36.

（本文发表于《农村经济与科技》2017年第17期第160-162页）

第二部分
文化建设

浙江省绍兴市柯桥区图书馆社会服务状况的调查分析

马菲娜[*]　指导教师：巢虹玉

摘　要： 本文通过对柯桥区图书馆基本情况的调查，具体介绍柯桥区图书馆的现状，分析了图书馆发展中出现的一些问题，在此基础上提出对图书馆未来发展的一些可行性建议，使得这个文化的中心可以真正发挥它的作用，为丰富柯桥区人们的精神生活作出贡献。

关键词： 图书馆；社会服务；经营

浙江省绍兴市柯桥区图书馆秉承"读者第一、服务至上"的办馆宗旨，在图书馆与读者之间架设一座心灵的桥梁，构建一个交流的平台。"读者如鱼，书如水，图书馆则如海。"柯桥区图书馆将以一流的设施、一流的服务回报社会。但是从当前绍兴柯桥区图书馆来看，有很多都存在读者期望与文化需求难以得到有效满足等各种问题，这些问题的存在也直接限制了图书馆的进一步发展。基于此，为了改变这样的局面，有必要进行深入调查研究，积极寻求科学的解决方案。

一、柯桥区图书馆的基本现状

绍兴市柯桥区图书馆是一所由政府投资建造的公共图书馆。图书馆设计藏书量为50万册，设置座席900座，内设纺织服装、地方文献等专题阅览室2个，公共电子阅览室1个，社会科学借阅区、自然科学借阅区各1个，还单独开辟有少儿阅览室以及300座席的报告厅和文化展廊等。借书方式是以有效证件及借书卡为准，凭借借书卡一次可以借书两本，归还时限是一个月，逾期要承担相关的费用。办卡时间相对固定。对于读者的要求主要是：读者入馆须衣着整洁、端庄；请维护馆内卫生，勿在馆内吸烟、大声喧哗，进入图书馆后请将移动电话置于静音状态；爱护书刊资料和一切公物，损坏须按规定赔偿；请遵守图书馆各项规定，服从工作人员管理；经出口通道时，如遇监测器报警，读者应主动接受工作人员的询问。通过调研，绍兴市柯桥区图书馆的基本情况如下。

（一）对于常去图书馆的人群调查

55%为在读学生，25%为应届毕业生，15%为已就业人员，5%为其他。由分析可

---

[*] 作者简介：马菲娜，女，浙江海洋大学东海科学技术学院2013级经济学专业学生。

知,目前图书馆主要阅读人群是学生,如果把应届毕业生也算在其内,比例甚至高达80%,也就是说,目前图书馆在很大程度上是为学生服务的,服务的群体范围较小。

(二)对于到图书馆的主要目的调查

50%的人是为了自修,30%的人是为了借阅图书,10%的人为随便看看,8%的人为了查阅资料,2%的人为其他。分析表明,目前图书馆的主要目的是自修,这与图书馆作为文化交流的中心、学术思想交流中心这一宗旨有一定程度的背离。而查阅资料和借阅书籍之和仅有38%,这表明目前图书馆在馆藏量上存在不足,导致人们来到图书馆的真正目的并没有达到。

(三)对图书馆的作用的分析

通过调研可以看出,目前到图书馆的人主要以学生和已就业人员为主,目的为自修的以50%遥遥领先,其次为借阅图书。在与受访者的交谈中得知,这两个问题实际上有很大的关联性,即在图书馆的访问人群中,有很大一部分学生是为了在图书馆可以有一个很好的环境自修,以应对考试;还有一部分应届生是为了进一步地充实自己,为公务员各种执业资格考试进行准备。已就业人员则是以借阅或者查阅与工作有关的书籍为主,使得自己的工作更加顺利。而一些退休的老人则喜欢看看书画展览,读读报纸,丰富自己的老年生活。

(四)对人们来图书馆的频率的调查

对于"目前您多久来一次图书馆"的调查发现,"偶尔来"和"一周左右来一次"的人都为30%,"每天都来"的占的人20%,"一个月左右来一次"的人占15%,"半个月来一次"的人占5%。分析与采访结合表明,一周左右来一次和偶尔来的人比较多,他们主要是来借阅图书,或者只是翻阅报刊杂志。而是每天都来的人大都是学生,主要是为了考试或者就业,到图书馆来充实自己,丰富自己,为自己的将来作准备。

另外,通过调研发现,柯桥区图书馆的特色不明显。以儿童馆为例,这个场馆的特色就是以为儿童服务为主,但是馆内除了墙上的壁画吸引小朋友的兴趣之外,只有几个气球可以玩耍。一位儿童的家长表示,之所以选择在这里陪孩子阅读,是觉得这里会有一种氛围,使得小孩子更加喜欢学习,娱乐和学习可以并重。但是就实际的情况而言,一是这里的儿童书籍种类虽然可以满足基本的需求,但是有些图书早已破损,且没有新书上架,相反有些不是儿童的书却放置在儿童馆;二是娱乐施舍少而简单。儿童馆面积比别的阅览室大,完全可以相应增加一些智力游戏设备,使得小孩子更加有兴趣,不会轻易产生厌倦感;三是图书馆设有特殊人群阅读室。既然是特殊人群就要有特殊通道,但这里没有特殊渠道,这使得一些人即使想要去特殊阅读室阅读也有很大的不便。另外，图书馆虽设有展览馆，但展览的绘画作品过于陈旧，未能及时更换，而且量少，只有几幅书画作品。

二、柯桥区图书馆存在的问题

(一)图书馆的书籍无法满足读者的需要

无论是过去还是现在，图书馆虽然作为一个精神文化的中心，也是公共服务中心。作为公共服务机构，图书馆也面临着经费紧张的问题。在有限的经费中使得图书馆只能是精挑细选，选择一些经典的图书，这些书也只是茫茫书海中的沧海一粟，更加谈不上去跟上时代的脚步选购一些新书来满足读者的需要，同时这些被选购的书也往往随着时间的流逝出现一些破损而无法及时更换。通过调研可以发现：在对阅读人群进行"您觉得图书馆书籍还需要做哪些方面的改进"的问题中，72%的人都认为图书馆应该做到书籍量要增加，18%的人认为图书馆应该及时更换破旧图书，10%的人认为书籍质量不高，这些数据表明了目前图书馆在书籍这方面确实有很大的不足之处，在书籍的数量和质量等方面无法让读者满意。

(二)查找图书不方便

目前，柯桥区图书馆关于图书的编排方式主要按大类编排，如文学、艺术，医学等。这就导致读者要查找图书需要花费很长的时间。在采访中一名学生表示，她来图书馆基本上都不找书，因为会花费很长的时间。另外，也不一定能够找到需要的工具书，故她来图书馆时还自带一些书籍。书籍的量少，不方便查找，使得图书馆仅仅就发挥了自修教室的作用，并没有做到知识的传播与交流。因此，在图书的编排方面需要更加细致地划分，这样不仅可以使得图书馆工作人员的工作效率得以提高，也可以真正方便读者借阅，充分发挥图书馆应有的作用。

(三)图书馆工作人员的素质不高

据了解，图书馆现有工作人员很多为非专业人员，这部分工作人员由于没有接受过系统化的专业学习，无论是从业务水平上还是服务态度和服务理念上都有所欠缺。同时，对于专业人员，也存在所学知识老化等问题。这样就不可避免地存在服务态度差，无法真正让读者满意的现象。还有一个现象值得关注，在图书馆对读者的要求中明确提到，读者进入图书馆区域内要求手机调成静音或是振动，并且禁止大声交谈。这些规定对图书管理员并没有起到多大的作用。有许多读者表示，有时候可以听到图书管理员较大的说话声，从而影响他们的阅读。据调查发现，在对于"您对于图书馆的阅读环境如何评价？"的回答中，58%的人认为满意，40%的人认为一般，甚至有2%的人选择了很不满意(图1)。这表明读者对图书馆阅读环境的满意率不太高。因此，图书管理员自身素质不高是当前亟待解决的一个问题。

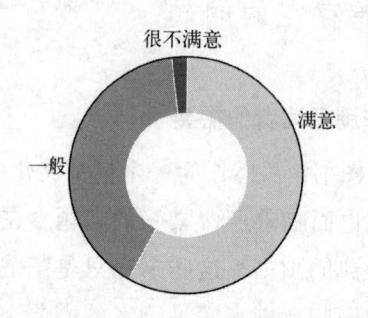

图1　您对于图书馆的阅读环境如何评价

（四）图书馆的电子书刊没有起到应有的作用

走进图书馆可见一些有关报刊及书籍的电子阅览设备，二楼还配有一间专门的电子阅览室，在每个阅览室门口也都会有计算机可以进行查阅，但图书馆并没有真正做到信息化和互联网资源共享。例如，在电子阅览室进行阅读时，有时会发现一些电子书刊存在没有内容的现象，仅仅只有书名和章节名而已；有些电子书刊只能让读者阅读部分内容，之后要进行付费阅读。报刊阅读则存在报刊类别少以及报刊内容陈旧的现象。据调查发现，在对于"您对于图书馆的一系列电子书刊如何评价？"的回答中，只有46%的人认为满意，一半的认可度都没有达到，同时48%的人觉得一般，转而阅读纸质书籍，6%的人表示不满意，认为这些电子书刊根本就不能使用(图2)。这些调研数据表明，柯桥区图书馆的电子书刊并没有真正发挥其作用。

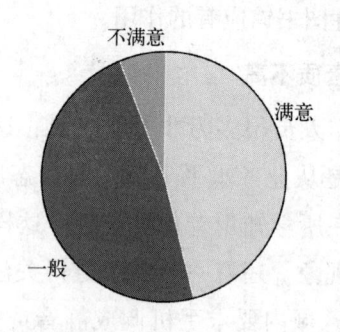

图2　您对于图书馆的一系列电子书刊如何评价

(五)基础设施不完善

图书馆的基础设施不完善,表现在:停车场数量有限且位置距离图书馆比较远,这就导致了人们直接把车停在图书馆门口的空地上,造成图书馆门口车辆拥堵,使读者的人身安全难以保障。同时,图书馆内报刊架的设置少,只是在过道上有少量的报刊架,也没有专人整理,时常出现报刊架空闲的现象,报刊则散落于休息的沙发上。另外,图书馆内饮水机的数量有限,仅在二楼设有饮水机,无法满足读者的需要。图书馆的基础设施完善与否,直接或间接地影响了读者的心情和阅读的质量。

三、关于柯桥区图书馆的对策和建议

(一)图书馆书籍来源方式多样化

图书馆的书籍不仅仅通过政府拨款的方式进行购买,还要充分发挥其他渠道的作用。建议可以采取"1+X"的购书模式。"1"就是由政府主导,政府发挥组织、协调和控制的作用。"X"就是通过区与区图书馆之间联合、或者通过图书馆与高校联合、或者通过图书馆与企业联合等方式获取图书。比如图书馆和柯桥区高校的联合,可以动员学生捐出自己不需要的空闲图书,以此可以获得一张借书卡,这样可以增加图书馆的藏书量,让更多的读者可以方便借阅图书,使图书馆实现资源共享,满足读者多样化的需要。再如图书馆与企业的合作,可以让其捐赠图书,不以营利为目的,旨在回馈社会。这样既提高了企业的知名度,也有利于增加图书馆的藏书量,满足读者的阅读需求,丰富当地居民的文化生活。

(二)提升图书馆管理员的整体素质

随着信息时代的到来,现代图书馆管理员的工作逐步信息化、网络化。这要求图书馆管理员对于信息用户所用的信息能够做到迅速地"存"进去,准确地"取"出来。但是对于柯桥区图书馆管理员而言远远达不到这样的要求。因此对图书馆管理员要定期进行职业培训,招聘员工时要注重员工的综合素质。具体要求主要如下。

(1)善于搜集和积累图书情报专业知识。图书馆是知识情报信息开发与传播的重要载体,尤其在图书管理系统信息化之际,图书管理人员更要有扎实的专业理论知识作为基础,做好信息检索、信息组织与处理工作。

(2)增强自身信息技术处理与运用能力。图书管理系统要求管理人员应当具有敏锐的洞察能力,准确辨别哪些信息具有实际利用价值,并可以将繁杂的信息加以分析和规整,发掘其中潜在的内在价值。

(3)注意提高图书管理人员的综合技能。图书管理人员综合技能的提高,有利于他们在工作中熟练运用计算机技术,能够自主建立各种文献数据库,解答读者的问题,并指导读者如何获取其所需的资料信息,从而真正提高读者的满意度,发挥图书馆在地方文化建设中的作用。

(三)扩大图书馆的服务范围

图书馆的定位必须要多样化,它不仅是为学生和社会上的知识分子服务,而且作为一个精神文化的中心,它还必须是要为社会各个阶层的人员服务,这就需要图书馆提供的书籍涵盖面要广。一般来说,图书馆藏书既要包括自然科学方面的书籍,如天文学、物理学、化学、地球科学、生物学、地理学等;也要包括哲学社会科学方面的书籍,例如经济学、心理学、法学、艺术学、教育学、管理学、历史学、中国语言文学、社会学、人类学、外国语言文学、政治学、宗教学、逻辑学、伦理学等。另外,图书馆也需要举办各种活动来增加自身的吸引力,满足各个阶层文化生活的需要。在本次调查中,对于"您觉得图书馆可以开展哪些活动"中,60%的人认为可以开展展览活动,48%的人图书馆理应定期举办高质量的讲座,18%的人认为可以举办征文活动,提高现代人的写作水平。这体现了公众对于图书馆扩大服务范围、改变其服务方式是很期待的,也希望图书馆通过开展各种各样的活动来更好地发挥图书馆的作用。

(四)建立互联网资源共享平台,提高图书馆图书资源的利用率

图书资源共享是指图书馆在自愿、平等、互惠的基础上,通过建立图书馆与图书馆之间和图书馆与其他机构之间的各种合作、协作及协调关系,利用各种技术、方法和途径,开展共同提示、共同建设和共同利用信息资源,以最大限度地满足用户信息资源需求的一种方式。柯桥区图书馆和绍兴市各个图书馆之间可以进行联网,实现资源共享,通过建立市、区图书馆共享互联网平台,提高文献的传输速度,扩大读者服务范围,提高图书馆图书资源的利用率。同时,通过建立统一的图书书目数据库,读者数据库和流通数据库,可以实现区域内的图书通借通还,实现对用户的统一管理,持证读者可以到任何一家图书馆借阅图书文献,真正实现图书资源共享。此外,各个图书馆要积极整合数据资源,集中采购电子数据库等数据化资源,然后依托共享平台面向各图书馆开放,使互联网资源得到充分利用,真正做到网上阅读和纸质阅读一体化。

(五)完善基础设施,推进图书馆事业的发展

总的来说,目前柯桥区图书馆基础设施不完善。为推进柯桥区图书馆的建设,当地政府要进一步加强和改善图书馆基础设施建设,优化配置文献信息资源、馆舍资源

和人力资源，不断创新工作方式和方法，完善业务管理，提高工作效率和服务质量。完善图书馆的硬件设施建设，经常与后勤处联系搞好维修工作，彻底解决门廊和楼梯的照明问题。注意加强员工业务培训，采取内部培训与外部培训相结合，专家培训与自修相结合的方式，提高员工的业务能力和管理水平。同时，注意加强组织和领导，要把图书馆基础设施建设作为公共文化服务体系的重要内容来抓，纳入文化发展规划，制定出相关图书馆基础设施建设的实施细则。另外，要加大图书馆经费的投入，真正确保基础设施建设经费用到位，专款专用。随着图书馆基础设施的逐步完善，群众的生活日益美好，安全感、获得感、幸福感明显提升。乡村文化建设是乡村振兴战略中非常重要的组成部分，而柯桥区基础设施的完善，将进一步推进图书馆事业的发展，极大地夯实乡村文化繁荣兴盛的根基。

参考文献

[1] 郑笑笑. 建筑·功能·服务——温州市图书馆新馆解读[J]. 图书馆杂志, 2005, 24(7): 39-41.
[2] 丛冬梅, 赵燕, 贾淑敏. 新疆图书馆事业的社会责任与可持续发展之思考[J]. 西域图书馆论坛, 2015(4): 1-5.

对浙江省桐乡市五丰村村民业余文化生活状况的调查

姚凯越[*] 指导教师：巢虹玉

摘　要：自改革开放以来，我国经济迅速发展，人民的物质生活得到了极大的提高，特别是对于农村，使其发生了巨大的改变，温饱问题全面得到解决，农民的业余文化生活也发生了翻天覆地的变化。本文通过对浙江省桐乡市五丰村业余文化生活基本情况的调查，分析了农村文化建设中出现的一些问题，在此基础上提出对村民业余文化生活未来发展的一些可行性建议，为丰富农村村民的精神生活贡献力量。

关键词：文化；业余文化；村民

业余文化，不仅仅是生活需求，更是一种人生追求。随着改革开放的不断深入，我国经济飞速发展，使农民从节衣缩食的年代对温饱的简单要求开始上升到了对精神文化追求的层面。对于文化的追求，也是党的十九大提出的加强精神文明建设，共同实现中国梦的要求。为了能够较为真实可靠地了解农村业余文化生活的现状，此次调研以浙江省桐乡市五丰村作为样本，重点围绕"农民的业余文化生活内容""农民业余文化生活中存在的问题"以及"如何改善农村业余文化生活"等问题而展开调研。调研采取问卷调查和当面访谈的形式进行，问卷调查中共计发放问卷63份，收回问卷61份，回收率96.8%，基本能够反映农村业余文化生活的现状。在此基础上，笔者分析其存在的问题并提出解决问题的建议。

一、农村业余文化生活的现状

(一)经济状况

五丰村作为昔日的传统农业村，粮食与蚕桑一直是全村的两大支柱产业，"吃饭靠田，用钱靠蚕"是五丰人生活的真实写照。由于地势低洼，水田与旱地穿插，五丰村在历史上多水患，村民们在长期的生产实践中累积了不少耕种经验，抗御水患，围田耕地，圩内种稻，圩上种桑，圩外养鱼。改革开放以来，勤于劳作的五丰人抓住机遇，开始探索属于自己的出路，这催生了村内民营企业的蓬勃发展。发展至今，五丰村内

---

[*] 作者简介：姚凯越，女，浙江海洋大学东海科学技术学院2013级物流管理专业学生。

企业林立，全村已经拥有大中型民营企业 10 余家。这些企业不仅成为富民强村的根本，也为五丰的美丽乡村建设提供了重要支持。

(二) 文化状况

自中华人民共和国成立至 20 世纪 80 年代初，五丰村由于办学条件差，师资力量薄弱，农民经济困难且求学意识不强等原因严重阻碍了其教育发展，致使村民文盲率较高。为了摆脱文化落后的局面，在上级部门支持下，五丰村把教育事业的发展放在重要位置。村内随即办起了幼儿园、小学、初中，还创办农民文化业余学校，到 1990 年经浙江省教育厅考核达到了"无文盲村"标准。如今，这里已经成为了远近闻名的"人才村""文化村"，五丰越来越散发出文化的韵味。

(三) 生态状况

在壮大集体经济、增加农民收入的基础上，五丰村还大力推进生态文明村建设，环境治理成效显著，村民们过上了富裕、文明的生活。如今的五丰，绿树成荫，生态环境较好。在村委会的西侧，一条条森林路延伸到村民家门口，一盏盏路灯照亮了村民回家路。就在路的东面，村里建起了新村集聚点，从 2009 年至今，已经累计集聚了 60 多户村民。就在新村点的北边，村里还投资 500 万元人民币兴建了一座农民公园——五丰园。在这个公园里，不仅栽植了各种名贵的树木，还建造了村民活动室、戏台等设施，村民闲暇之余也能在这里休闲娱乐。

二、五丰村业余文化生活存在的问题

(一) 村民的业余文化生活较匮乏单调

根据本次对浙江省桐乡市五丰村村民的问卷调查和实地访问，并通过对 61 份有效问卷的统计分析，发现当前农民的业余文化生活较为匮乏单调，选择种类少。农民的业余文化生活内容主要有看电视，比例高达 70.5%，玩电脑的人占到 37.7%，打牌、打麻将的人占 23.0%，看报纸或看书的人占 19.7%，做运动的人占 18.0%，跳广场舞的人占 13.1%。调查表明，五丰村村民的文化消费水平低下，文化生活匮乏单调是一种普遍现象，农民的文化消费基本属于娱乐消遣型。农村本身的地理位置使它与外界接触不是很密切，村民对外来文化生活不太容易接受。村民接受现代文化教育的积极性不高，这对他们的思维方式、文化素养产生了重大的影响。思维的保守与封闭令他们对现代文化教育持抵触的态度，不愿意接受、尝试和改变，顽固地停留在先前闭塞的文化生活状态中。

(二)村民的业余文化生活时间较少

根据本次的问卷调查和实地访问,发现当前有 19.7% 的村民每天平均用于文化生活的时间为 0.5 小时,有 44.2% 的村民每天平均用于文化生活的时间为 3 个小时,只有 36.0% 的村民每天平均用于文化生活的时间在 3 个小时以上。调查反映五丰村村民的业余文化生活时长较短,村民不能充分享受闲暇时间。村民劳作繁忙、业余时间短,成了阻碍村民文化消费的一个重要原因。繁重的体力支出和强大的生存压力,客观上对农民的文化消费水平产生了极大的抑制作用。村民进行业余文化的时间太少制约着村民的文化消费欲望,影响了村民文化生活的健康发展。

(三)农村文化消费场所较少

五丰村文化消费场所较少,难以满足农民的需求,且所提供的文化设施项目也比较单一、匮乏。需求量大的文化项目,存在着供应不足的困难。绝大部分的村民认为文化消费场所数量有限,部分村民认为没有足够的文化消费场所或者没有注意村里的文化消费场所,几乎没有村民认为有足够的文化消费场所。农村文化消费场所的短缺在一定程度上降低了村民投入文化生活的可能性,抑制了村民对于丰富文化生活的需求。例如广场舞的出现,丰富了村名的业余生活,但也带来了一些问题,跳广场舞的队伍没有固定场所,时常因占了停车位等引起争执,影响邻里和睦。虽说五丰村的农村文化活动中心建有健身房,设有乒乓球桌、台球桌、跑步机等设施,但是常常不能物尽其用。另外,村里并未设有图书馆、阅览室等文化设施,使得村民读书学习的需求得不到满足。

(四)农村文化队伍建设滞后

五丰村文化队伍建设滞后。主要表现是:五丰村干部年龄偏大,思想意识较落后,文化建设的意识淡薄,文化素质落后,缺乏文化专业人员,导致农村文化建设进展缓慢。文化建设对新农村建设所产生的作用是长期性的和隐性的,是需要经过一定的时间,才能显现出来。它不如一些经济建设项目,效果立竿见影。因而,很多村干部存在认识偏差,认为搞文化建设是虚的,是"软任务";再加上文化建设的效果并不能在其政绩上很好地体现出来,他们对文化建设持消极态度,不愿意在文化建设上动脑筋、下工夫;唯有上级领导检查时,他们才做做样子,应付了事。另外,一些村干部认为文化建设是费力不讨好的事情,存在畏难情绪,有时干脆不做。

三、对五丰村业余文化生活的建议

(一)重视村民的科学文化教育,丰富村民的业余文化生活

五丰村的农村业余文化生活较为单调,主要集中于看电视和打扑克,存在着选择

种类单一的问题。业余文化生活状况的优良,无疑是一个人精神世界丰裕程度的直接体现,与此相关联,一个人受教育程度的高低便深刻影响了其对业余文化生活的选择。为此,村里要加强农村文化教育工作,提升村民受教育的程度和扩大村民受教育的范围,提高人们的思想觉悟和投入农村文化建设的自觉性,挑战农村保守闭塞的思维传统,辩证接受和引进健康向上的新文化方式,使五丰村成为一个名副其实的"文化村"。村民文化程度的提高和文化素质水平的增强,能一定程度上改变原先他们对外界未知事物的畏惧感,让他们对社会主义新型文化充满好奇感和吸引力。同时,随着村民文化程度的上升,也将提高农村文化生活的质量水平,优化农村的文化生活结构,丰富村民的业余文化生活。

(二)提高生产效率,充分利用农闲开展丰富多彩的文化活动

五丰村在改革开放浪潮中成功实现了由传统农业村向民营工业村的华丽转身,然而为了应对村民日益增长的文化生活享受的需求,五丰村还应在提高生产效率的前提下坚持不懈地走中国特色社会主义文化建设发展道路。五丰村贯彻党中央的方针政策,积极扶持、引导村内工业企业,通过普及机械化生产等途径提高生产效率,合理配置人力资源,使村民有更多可支配的时间投入到文化生活中去。同时,在村民平时劳务繁忙的情况下,要尽可能地好好利用农闲和节假日时间来开展丰富多彩的文化活动。例如,充分利用农闲和节日的契机,号召村民团结起来,组织类似于蚕花会、赛龙舟、逛庙会等活动,这既丰富了村民业余文化生活,给他们增添了欢声笑语,又借此良机增进了村民的情感交流,增强了村民之间的凝聚力。

(三)完善农村文化基础设施,保障农村群众享有均等化的公共文化权益

五丰村的农村文化建设还存在许多困难,与建设社会主义新农村的总体要求还有很大差距,主要表现在:文化基础设施贫乏,现有资源尚未得到有效利用。五丰园是五丰村唯一一处村民活动中心。显然,仅凭一个五丰园的辐射力量毕竟有限,资源供给也相当贫乏,只能供附近部分村民使用,难以惠及全村村民。因此,需要加强文化基础设施建设,完善农村公共文化服务体系,实现"一县两馆、一乡一站(中心)、一村一室一广场、一人一册图书"的目标,并达到国家有关标准,使农民看书难、看戏难、看电影难、收听收看广播电视难的问题切实得到解决。同时,可以根据村民居住情况,规划和建设更多的农村文化基础设施,让村民更公平地享有社会文化资源,分享同一片蓝天下不同的喜悦。另外,现有文化基础设施资源尚未得到有效利用,如五丰园的健身室、图书室、活动室虽然有体育锻炼器材、书籍,然而它们的真正价值却没有发挥出来。这个问题需要引起当地政府的足够重视,采取有效措施,逐步加以解决,使现有文化资源面向村民免费开放,实现和保障村民的基本文化权益,努力满足广大村民多层次、多方面的精神文化需求。

(四)加强农村文化队伍建设,满足村民日益增长的文化需求

基于文化队伍落后的现状,需要培养和建设一支业务强、素质精的新型农村文化队伍,繁荣农村文化生活,发展五丰村文化事业。人力资源合理配置才能做到专职专用,积极将思想素质好、专业水平高、业务能力强的农村青年吸收充实到乡镇文化队伍中来,给文化生活建设注入新鲜的血液。村干部应坚持以习近平新时代中国特色社会主义思想为指导,以良好的精神面貌参与到农村文化建设中去,认真组织和落实每一项文化活动。这支新型农村文化队伍应站在广大村民的立场,着眼于村民的业余文化生活需求,做到全心全意为村民服务。坚持用社会主义先进文化占领农村阵地,满足农民日益增长的文化需求,提高农民道德素质。只有当农村文化队伍逐步稳定进而壮大,才能全面满足村民日益增长的文化需求。

参考文献

[1] 林书亚. 试论如何加强农村文化礼堂建设[J]. 大众文艺,2016(4):13.
[2] 陈磊,华东杰. 新时期农村文化礼堂建设工作探析[J]. 科技情报开发与经济,2015,25(22):153-155.

关于浙江省泰顺县仕阳镇不同人群休闲娱乐状况的调研报告

蔡婷婷　张青青*　指导教师：方志华

摘　要：休闲娱乐场所作为娱乐业的主要载体，是广大民众休闲娱乐健身的重要活动场所，在丰富民众文化健康娱乐生活和促进社会主义精神文明建设方面发挥了积极作用。本文分析了浙江省泰顺县仕阳镇不同人群休闲娱乐的基本状况以及存在的问题，在此基础上，提出解决这些问题的建议，为不同人群休闲娱乐的健康发展提供参考。

关键词：人群；休闲；娱乐；建议

现代社会越来越多的人开始关注自身的生活质量问题，近几年来，随着公众对这个问题的关注度日益显著，日常生活中的休闲娱乐方式也得到越来越多的重视。针对这一现象，我们将对仕阳镇不同人群休闲娱乐状况进行调查。调查采取问卷和访谈的形式进行。问卷的设计涵盖了各个年龄层，充分考虑到了不同人群的特殊性。做好了这些准备工作之后，我们感觉这次的调研就能够顺利开展。随后，我们根据对仕阳镇桥东村和桥西村居民分年龄段的调查结果进行了分析和总结。

一、现状分析

我们从仕阳镇的儿童说起。作为祖国的明天，祖国的花朵，儿童肩负着兴旺民族振兴中华的重担，但现今的应试教育让他们每一天都有繁重的课业需要完成。此外，许多家长为了让孩子们可以取得更加优异的成绩，常常会不顾孩子们的反对，在业余时间给他们报各种辅导班。在重重的压力之下，儿童的身心无法正常发展。在最需要欢乐的童年，他们成了缺少时间娱乐放松的考试机器。

再看大学生这个特殊的群体，从社会身份上来说，他们依然是学生，但已经具备了比较独立的人格和能力，对于休闲娱乐也会有自己不同的追求与需要。那些已经参加工作的青年人，大多数是一些"80后"，他们要照顾家里的老小，还有忙碌的工作，想必压力是最大的一个群体，他们比任何人更加需要时间来放松休息，以此来保障精

---

* 作者简介：蔡婷婷，女，浙江海洋大学东海科学技术学院2013级英语专业学生；张青青，女，浙江海洋大学东海科学技术学院2013级英语专业学生。方志华，男，浙江海洋大学东海科学技术学院副教授。

神生活的富足，拥有更多的精力来完成自己的工作，更加认真地投入自己的生活。但是这一代人有一个共同的问题，处在互联网资讯发达的当今社会，青年人更加倾向于利用互联网休闲放松。但青年们的自制力不足，常常会过度痴迷于互联网，影响了正常的学习、工作与生活。

当然，还有仕阳镇的中年群体，他们大部分都是处于准退休状态，身体状况也开始走下坡路，心理上往往处于落差期，这时候日常的休闲娱乐正好可以为他们排解心中的苦闷，帮助他们尽早适应生活的改变，让生活更加丰富多彩。

老年人一直都是民生问题的关键，仕阳镇也不例外，老年人是最需要关爱的群体。这里许多老人都是缺少陪伴的空巢老人，他们的子女常年在外工作，多数都要外出打工，一些老人们只能在孤单寂寞中度过他们的晚年生活。因此，老年人的休闲娱乐应该被给予更多的关注，当地政府应该为老人提供一个更好的休闲娱乐场所，让他们过上一个幸福温暖的晚年。

这些年来，仕阳镇政府也开始提倡创新社会管理，重点关注民生问题。而民众的休闲娱乐方式无疑是民生问题中十分重要的一点。在物质生活得到极大丰富的时代，老百姓早已经不再仅仅满足于吃饱穿暖这样最基本的要求。休闲娱乐无疑将成为百姓生活中不可或缺的一部分。然而，如今的仕阳镇文化事业正处于建设阶段，休闲娱乐的公共设施还不齐全，只有少数地区具备一些简易的公共健身设施，除此之外再无其他的公共休闲娱乐设施。休闲和娱乐作为民众迫切需要的项目，大部分消费不该让普通老百姓买单，而应该实实在在成为免费的公共项目，让更多的人能够享受到休闲和娱乐所带来的快乐。

二、存在的问题

(一) 儿童缺乏休闲时间

儿童们普遍反映课业负担过重，时常因为要完成作业和家长额外布置的作业或是要上校外的兴趣班而失去自己的休闲娱乐时间。每天只能在功课和补习之中度过，这样的童年生活实际上是不幸的。许多孩子业余时间都被无休止的补课和复习填满，从小学一年级甚至更早开始，家长就要给他们报各种舞蹈班、钢琴班、奥数班等。每个周末都是学生们最繁忙的时候。家长无视孩子的休闲需要，必然会造成孩子精神发展的不健全。学业固然重要，但如果一味只重视学习而忽视休闲放松的重要性，一定是得不偿失的。

(二) 青少年沉迷网络

这里还有一个需要特别关注的问题,那便是青少年的休闲娱乐方式大多数与互联网有着密切联系。他们坦言,在工作学习之余更加倾向于"玩电脑、玩手机,刷微博,看电影"。当然,这是他们偏爱的方式,但长此以往,这部分人就会成为彻头彻尾的"低头族"。青少年应该是充满朝气的,他们身上肩负着振兴祖国的重担,如果过度沉迷于虚拟的世界,就将会与这个社会脱节。

(三) 中老年人的跳广场舞影响民众的生活

中年群体,尤其是妇女群体,她们有着自己独特的休闲娱乐方式,那便是跳广场舞。广场舞实际上是一项非常不错的户外活动,它不但可以集结更多的人参与其中,还可以锻炼身体。有这些优点,随之而来的也有许多的问题,许多的中年大妈表示这项活动会受到场地的限制,而且在一些地方跳广场舞时播放的音乐会影响到其他人的休息。高分贝的噪声严重影响到一些民众的正常生活,他们普遍反映中年人跳广场舞的休闲方式已经给民众的正常生活带来不便和困扰。许多上班族表示,唯一可以好好休息的周末也会被大叔大妈们的广场舞吵醒,不能好好休息。

(四) 空巢老人缺少精神关怀

在调查中,我们了解到,作为最需要关怀的老年人群体,他们的休闲娱乐方式十分有限。许多老年人平常就独自待在家中无所事事。反而是住在敬老院中的老人们有比较丰富的休闲娱乐活动,他们平常可以三五个聚在一起聊聊天,打打乒乓球。因此,空巢老人的日常休闲娱乐需要得到社会更多的关注。休闲娱乐可以给老人们带去精神上的享受,许多老年人都反映有时候并不是自己不想好好放松一下,拥有自己的休闲娱乐时光,而是条件的约束使得他们无法得到满足。仕阳镇只有少数地区配备一些健身设施,许多地方都缺少休闲娱乐设备,因此很多老人的休闲方式比较单一。

三、对策与建议

(一) 家长多给孩子自由时间,让他们能够得到放松

调查中我们发现,对于小学生来说,他们大部分的时间都是在功课和补习中度过。在家长的压力下,他们被迫参加各种兴趣培训班,很少有休闲娱乐的时间。为此,我们建议如下。

(1) 家长要转变观念。望子成龙、望女成凤是每个家长的愿望,但是并没有必要为

了培养孩子而逼迫他们去做自己不喜欢做的事情。物极必反，越是想要达到好的效果，往往结果总是令人失望的。当然，对于孩子自己喜欢的东西，还是要鼓励他们去做的。

(2)注意满足学生休闲娱乐的需要。家长或是教育工作者不应该以学习竞争为由，无视孩子的休闲娱乐需要，肆意剥夺孩子的休闲自由。孩子们在成长发育期需要有自由的休闲时间，家长们应该尊重孩子们的选择与意愿，多给予他们自由的时间，让他们能够做自己喜欢做的事，这样可以让他们从繁重的功课中解放出来，释放他们的天性，激发他们的潜能。

(二)戒断网瘾，让青少年投入到更有意义的活动中

当今社会，青少年的休闲方式确实是与互联网密切相关。通过调查统计，有的青少年大多喜欢在家上网，有的青少年喜欢视频聊天，有的青少年则偏爱打网游。随着社会的发展和科技的进步，互联网的功能越来越强大。大多青少年追求时尚，爱赶潮流。他们的休闲娱乐方式自然与互联网有关。要解决这个问题，要从源头抓起。父母就应该限制青少年使用互联网的时间，避免对它们产生依赖。更不能因为图省事儿，就干脆把手机或者Pad扔给孩子，让他们自己玩。青少年的自控能力不强，部分人容易对手机产生依赖，这需要靠培养青少年的意志力，更重要的是培养他们多方面的兴趣，多与朋友同学互动，比如天气好的时候，叫上同学朋友一起去远足，去登山，去骑车，参加露营活动等。这样，既放松心情又锻炼身体；或者可以到图书馆、图书城等地方看书学习，转移对电子产品的注意力，让他们从对互联网的依赖中解脱出来，形成健康合理的生活方式。

(三)政府民众双管齐下，解决广场舞扰民问题

广场舞可谓是中年人群中的新时尚。晚饭后在一片空地上大家成群结队的舞上一两个小时，活动活动筋骨，是最受中老年人欢迎的。不仅大妈们爱跳舞，就连一些大爷也很有兴趣。目前最大的问题在于广场舞有时会扰民，解决这个问题的建议如下。

(1)加强监管。要使广场舞正常进行，离不开民众的自觉和政府部门的监管。只有多管齐下，才有可能解决广场舞扰民问题，并让跳舞的民众以及附近的居民都能够放心安心。

(2)制定公约。可以由广场舞代表，其他居民代表，有关政府部门以及其他相关部门讨论协商制定公约，要求降低广场舞伴奏的音量，同时对跳舞的时间段做出约束性规定，例如规定每天早上不早于九点开始跳舞，下午三点以后开始跳舞，晚上七点后开始跳舞，时间最多不能超过一个小时。如此一来，跳广场舞者的合法权益得到了保障，也照顾到了附近居民的生活。这样的措施虽不能彻底根除扰民问题，但也不至于太影响居民的生活。

（四）组织志愿者定期看望空巢老人，给予他们更多的精神关怀

"空巢"老人的日常休闲娱乐需要得到社会更多的关注。现今的一些志愿者机构、组织或者爱心团队可以到空巢老人家中进行志愿服务，陪老人们聊聊天，打打牌，组织好节目表演，让老年人享受更多的精神关怀。这样的方式对他们来说是莫大的幸福。虽然在一些乡镇有休闲娱乐设施，但是时间久了，他们也并不希望每天都是这样重复单调的生活，也非常需要丰富多彩的精神生活。所以，应组织志愿者定期看望"空巢"老人，给予他们更多的精神关怀，让他们感受到社会的关心与温暖。"空巢"老人最缺乏的是与人的接触和交往。志愿者与他们聊天，可以让他们释放烦恼，消除疑虑、解除苦闷，获得关爱和安慰，让思想充实、情感丰富、生活美满，使"空巢"不空。此外，国家相关部门除了加快建设公共体育场地和设施外，也应当更加重视老年人的晚年生活，适当地给予物质上的补助和精神上的关怀，提升他们的生活幸福感。

参考文献

［1］金倩. 试论城市休闲娱乐类旅游产品的营销策略——以上海新天地为例［J］. 湖北经济学院学报（人文社会科学版），2005，2(4)：108-109.

［2］马丽丽. 试论政府在构建农村农民休闲娱乐中的作用——以宁夏彭阳县新集乡为例［J］. 法制与社会，2009(21)：282.

钟灵毓秀 山水温州
——关于浙江温州市龙湾区独立书店经营状况的调查

谷双芝* 指导教师：王翠翠

摘 要：独立书店是指有特色的私营书店(民营书店)，在传统书店中独树一帜，重在营造阅读氛围、传播阅读精神。本次调查选择浙江温州市龙湾区的独立书店为调查对象，深入调查了该地区龙湾区独立书店的现状，分析了现存问题，提出了可行性的建议。

关键词：独立书店；经营状况；建议

书店被称为反映一座城市人文风景的窗口，有什么样的城市就有什么样的书店，地方书店的经营状况与地方经济文化建设有紧密的关系。独立书店是指有特色的私营书店(民营书店)，重在营造阅读氛围、传播阅读精神。它多以销售学术文化特色类图书为主，辅以独特的创意产业或文化活动。独立书店在传统书店中独树一格，其特点主要有三：无所依附；人文关照；持之以恒。我们根据学校团委的社会实践工作安排，组成了专门的课题组，对温州龙湾区独立书店的经营状况进行了专题调查。通过对民众的问卷分析以及对独立书店、国营连锁书店经营者和民众的访谈，收集到一些民众及书店经营者对独立书店的一些信息，再通过对信息进行整理和分析，得出一些规律性的结论。此次调查共发出50份问卷，收回50份，问卷回收率100％，涉及面广，数据真实，可信度高。通过对调查情况的统计分析，主要情况表现在以下几个方面。

一、现状分析

温州的独立书店经营状况一度被称为是一道尴尬的风景，二十多年来，不乏数迁店址，但总有一些迁到哪里读者便追到哪里的魅力书店，譬如温州市东南书店。东南书店创办于20世纪80年代，有近30年的历史，其所销售的书籍全部都是以艺术、书法类为主，广告、设计为辅，例如，油画、中国画、设计、经济、书法、广告、摄影、建筑、雕塑等，被中国书刊行业评为"信誉良好集体书店"。遗憾的是，2008年书店打

---

* 作者简介：谷双芝，女，浙江海洋大学东海科学技术学院2013级财务管理专业学生。王翠翠，女，浙江海洋大学东海科学技术学院助教。

出全场七折的广告，随后悲壮地宣告停业。

（一）独立书店经营状况

温州市龙湾区现经营的独立书店有求是书店、中联书店、古今书店、蔚蓝书店、三味书店、教育书店等共17家，现今经营正常。1980年12月2日，国家出版局发出《建议有计划有步骤地发展集体所有制和个体所有制的书店、书亭、书摊和书贩》的通知，这是新时期我国关于民营书业的第一份文件，以此为标志，我国民营书业开始出现，并获得生存权。事实上，民营书店的数量每年都在增长，但其中经营不善而倒闭的情况也一直存在。20世纪90年代开始出现一批特色独立书店，它们逐渐被市民关注并形成为数不少的书店品牌。2010年开始，书店迎来了批量倒闭潮，独立书店的生死存亡引起了大众的关注，一方面，学者专家开始呼吁政府推动支援政策的实施；另一方面，经营者们也在积极寻求经营模式的转型措施。

（二）独立书店的经营模式

通过调查及走访发现，大多数独立书店是在学校附近或人流较大地段设立，如此次社会实践中主要走访的中联书店，店面设立在人流较大且临近学校的罗东街。店中有专设面向学生的教辅类书籍，同时也有一些学术文化特色类图书。书店安静的环境可以促使顾客驻足安静地去浏览书籍，从而提高他们购买书籍的欲望。店内的导购员和蔼亲切，给予顾客良好的服务。书店及时购进新的书籍，很好地满足顾客的需求。书店实施会员制，发售书券，有着固定的客源和好口碑等。从走访的中河书店看，其在作为民营实体书店经营的同时也在淘宝网上注册了网络书店，有时也进行打折促销的活动，还附加销售特色商品。

（三）地方民众对温州地域文化的认知现状

地方民众是此次调查的主体，本地人士为88%，外来人士为12%，其中受高等教育人士为22%，非高等教育人士为78%。问卷中有提问到"您认为您对温州历史文化的了解程度如何？"，8%的人认为他们一点都不了解，56%的人认为他们稍微了解，34%的人认为一般了解，2%的人则认为非常了解。在进行问卷调查的时候，还有许多民众会询问独立书店是什么意思，经过介绍后大多数都表示龙湾区的独立书店有必要进行地域特色化，以加强温州特色文化的传播。但也有少数民众表示龙湾区的独立书店并不需要进行地域特色化，应当是"百花齐放"的状态，不必拘泥于地方文化。

（四）政府对于独立书店的相关扶持策略

随着国营连锁书店、网上书店和广受青少年欢迎的电子书籍的出现，涵盖独立书店的民营书店不断地承受着经营的压力,一度频繁出现知名民营书店批量倒闭的新闻。故自2013年起,中央财政针对实体书店经营困难就已经在部分试点城市对民营实体书店推出扶持及免税政策。2014年则进一步扩展至北京、江苏、浙江等12个省市(自治区)。2014年11月,《浙江日报》报道浙江省5家民营实体老牌书店共获中央财政850万元人民币扶持资金,主要用于购买软硬件设备、支付房租、弥补流动资金。与此同时,温州相继出台相关扶持政策,在市相关专项资金中单独设立民营书店专向扶持资金,每年各安排300万元,扶持民营书店健康持续发展。2014年,温州市文化广电新闻出版局对营运正常、形成可持续发展模式,在特色经营、创新发展方面富有成效的出版物发行企业(个体)予以资金扶持。

二、存在的问题

(一)独立书店经营困难,存在多方面的竞争

在对书店经营者的调查询问中,经营者们普遍表示书店经营困难。自从1995年7月亚马逊书店成立,便已经声明"在网络上设立一家以客为尊的书店,方便顾客在线漫游,并尽可能提供多元化的选择"。加上近年来网络书店已经越来越受民众喜爱,人们更愿意上网去购买书籍,而很少前往实体书店购买,这是不利于独立书店生存的。同时不利于独立书店生存的是信息时代电子书籍的出现,如果读者想要去读一本书,他(她)只要上网搜一搜,然后下载,他(她)便等同于拥有了一本书籍,并且是免费的,完全可以不去书店辛苦寻找。同时同行之间的竞争也是一直存在,优胜劣汰,经营者们都在努力地推进自身的转型,主动适应时代发展变化,努力地让他们的书店生存下来,所以可以明确知晓独立书店的经营所面对的重重困难。但这些困难并不代表着独立书店会消失,总有人热爱书店面对面的人性化服务。书店的经营者们也热爱着他们辛苦经营的书店,他们会一直为独立书店的存在而尽其所能。

(二)经营者本身固守旧有的理念,不愿尝试新的经营模式

调研发现,一些独立书店的经营模式常年不变,客流量稀少。例如教育书店,同样位于人流量较大的商业街,但较其他书店距离校园远,且没有对自身书店进行宣传活动,并且店面较小,店里摆满了书籍,给人以压抑感,没有为顾客阅读书籍提供舒适的条件,缺失良好的氛围,鲜有顾客进入,租金高昂,经营日渐困难。近年来民营实体书店普遍遭遇重重挑战,虽说对书店进行努力改变可能是在做无用功,但独立书店经营者固守旧有的经营理念以及不愿尝试新的经营模

式,这无疑是放任书店的存亡,更难谈及独立书店的地域特色以彰显温州的魅力文化。

(三)民众对有关温州地域文化书籍的阅读兴趣不高

自20世纪80年代以来,文化艺术作品在内容、风格等各个方面都出现了巨大的转变,并导致其功能上的大转折,如流行音乐与卡拉OK、通俗小说、热门影视剧、成人漫画、时装表演、广告艺术等开始充斥文化市场,且深受大众接受和喜爱。在问卷调查中,对民众提问"您是否在您前去的独立书店中购买过有关温州历史文化的书籍?",其中8%的人有回答购买过,92%的人回答没有购买过。从调查数据中也不难看出大众对于有关温州地域文化书籍的兴趣低迷,多数人更愿意跟随大众文化的潮流。当大众对某类产品或服务的需求不高,即该产品或服务几乎不存在被消费的潜能,经营者是不需要持有此类产品或服务的,否则给经营者带来的是亏损而不是盈利。龙湾区民众对有关温州地域文化书籍的阅读兴趣不高,使得龙湾区独立书店的经营者们放弃考虑为书店购进有关温州历史文化书籍以供顾客的购买需要。

(四)地方独立书店不重视有关温州地域文化的书籍购入

书店经营者注重其店中书籍的流通性,因为涉及其运营资金的流转问题。若某类产品或服务的大众需求不高便几乎不存在被消费的潜能,经营者是不需要持有此类产品或服务的。调查中我们发现,46%的民众表示在他们去过的独立书店中并未看到有关温州历史文化的书籍。同时,一家书店中不能因为它没有销售有关地方历史文化的书籍而否定其没有地方特色,还能够从其营造的阅读气氛、辅助的独特创意产业或活动中体现其所具有的地域特色。但在问卷中问及民众是否认为其前往的独立书店存在地域特色,有54%的人认为其前往的独立书店并不存在地域特色。

(五)独立书店不同于国营连锁书店,缺乏基本保障

浙江省现有实体书店约7500家,虽然中央和地方陆续出台针对实体民营书店持续经营的扶持政策,但是存在僧多粥少的现象。数据显示,2008—2010年,温州市书店总数从915家下降到818家,两年关停97家。实体书店经营前景一片黯淡,即便温州已经开始对营运正常、形成可持续发展模式,在特色经营、创新发展方面富有成效的书店予以资金扶持,但是,每年扶持金额仅为300万元,扶持的对象却是数百家书店,且申请条件苛刻。另外,在独立书店的经营运行中兼有店铺租金的成本、书籍成本、销售服务成本等,是根本无法与网络书店打价格战;也不像国营书店有国家的保障,因而稍有经营不善便会有倒闭的危险,可谓是举步维艰。

三、建议与措施

（一）加强龙湾区独立书店与本地文化之间的互动

温州市历史悠久，有着丰富的文化遗产。其非物质文化遗产资源格外丰富，有瓯越文化、民族文化、山水文化等，源远流长；还有民间音乐、戏曲、造型艺术、民年美术、民间舞蹈、民间手工艺、民间习俗、民间美术等，有着深厚的底蕴和价值。而独立书店是城市中重要的文化地标，对于宣传城市文化知识是必不可少的，如何通过其与本地的文化之间的互动，为本城文化的传播和发展作出贡献是一个十分重要的问题。可以借鉴的成功案例是杭州的枫林晚书店，此书店创办于1977年，目前已经在杭州、宁波、金华、湖州等地开设了7家分店，其独特的经营理念在于其专业连锁的品牌扩张方式和其"学术+沙龙+咖啡+会所"的营业特色。枫林晚书店行走的是一条独特的道路，寻求的目标是"将书店融入社区"，把文化管家服务体系植入到社区配套中，帮助社区居民打造属于他们的"文化客厅"和"家庭书房"，提升了社区文化幸福指数，宣传了当地的城市文化。借鉴于此，龙湾区的独立书店也应该与本地文化充分互动，做出必要的改进变动，融入到自身所处的环境中去。

（二）运用多元化方式履行书店普及文化的职能

多元化方式履行书店普及文化的职能，意指独立书店在功能上由单一售书向多元化转变，整体从产品销售型书店向文化创意服务型书店转变。《南方日报》曾有一篇报道——《实体书店的未来在于提供文化服务》，谈及近年来实体书店的落败，甚至有人抛出"中国实体书店即将消亡"的论调。令人吃惊的是2010—2014年广东省新华书店的营业收入从11亿元增长至25亿元，成绩斐然。广东省新华书店之所以能在低迷的市场氛围中逆水行舟，是因为其贯彻了"文化摆渡者"理念，其中三水购书中心是升级改造项目的样板门店，采取招商联营方式引入其他产品等，在主业突出的同时多措并举，促进文化产业与相关联产品的高度融合，最重要的是改变了人们从前对书店"出版的图书放到那里卖，然后读者去买"的概念，成为了"能坐着看书，有咖啡喝的书店"，被誉为是名副其实的好书店。如果龙湾区的独立书店能借鉴广东省新华书店的成功经验，转劣势为优势，那么网络书店和电子书籍的流行是不会成为它们消亡的理由的。同样的，在进行多元化方式履行书店普及文化职能的基础上，加强与本地文化的互动，对本地文化加以吸收，对于书店的经营盈利方面是事半功倍的。

(三)加强书店与顾客之间的沟通,利用新媒体进行宣传

在网络时代,书店应当通过多样化的途径与读者取得联系,且与其形成良好的互动。拓宽书店联络读者的渠道其实就是如何同读者沟通的问题,可通过举办类型多样的读者聚会活动聚集起相当数量的具有相同兴趣取向的读者,且这种模式有利于读者形成忠诚度,与读者或潜在的读者取得联系,一方面可以通过消息的评论和邮件获得读者的反馈信息;另一方面通过主动搜索读者的留言也可获得有效建议。独立书店立足一方土地,构建良好的形象,有利于拉近与民众的距离感,同时也有利于传播本地区文化,并与城市较好地融合。加强书店与顾客之间的沟通,这是对龙湾区独立书店提供顾客服务方面所提的建议,书店还应当伴有新媒体的宣传。新媒体是一个相对的概念,是指随着网络信息时发展起来的新的媒体形态,包括网络媒体、手机媒体、数字电视等。新媒体亦是一个宽泛的概念,利用数字技术、网络技术,通过互联网、宽带局域网、无线通信网、卫星等渠道以及电脑、手机、数字电视机等终端,向用户提供信息和娱乐服务的传播形态。严格地说,新媒体应该称为数字化新媒体。在数字化时代利用数字化媒体向广大群众展现自家书店的经营理念,突出与别家书店不同却又极富魅力的特点,吸引有兴趣的顾客前往。

(四)对有潜力的独立书店加强扶持力度,刺激书店行业的良性竞争

从前面的分析可知自 2013 年开始,中央财政针对实体书店经营困难就已经在部分试点城市对民营实体书店推出扶持及免税政策。在发现问题中可知浙江省现有实体书店约 7500 家,中央及地方陆续出台对实体民营书店的扶持政策,存在僧多粥少现象,温州几百家实体书店"分粥"。在温州市文化广电新闻出版局出台的《关于开展 2013 年度温州市实体书店建设扶持资金申报工作的通知》中,便明确指出是对"营运正常、形成可持续发展模式,在特色经营、创新发展方面富有成效的出版物发行企业(个体)"予以资金扶持。这说明了温州实体书店即便申请了地方政府的扶持资金,却还是要经过地方政府的审核,不论是中央财政还是地方政府,对此类行业的扶持并不是干扰市场,这是有计划地去帮助该行业的发展。选择具有潜力的独立书店给予扶持资金,无形之中刺激了该行业个体之间的竞争,有竞争才有发展。因此对有潜力的独立书店加强扶持力度,刺激书店行业的良性竞争,也是解决问题的重要方向。

参考文献

[1] 李坤阳,刘杰,魏钰珈,等.上海地区独立书店最新生存状况及生存之道探微[J].经营管理者,2015(34):343.

[2] 付文雅,黄悦.浅谈独立书店的发展模式[J].新闻世界,2014(11):154-155.

[3] 袁玲丽.数字时代我国独立书店的生存境况与发展对策[J].新闻研究导刊,2016,7(6):255-256.

耕读文明下的余晖
——关于浙江丽水市松阳县历史文化古迹状况的调查

程馨雅[*] 指导教师：张 伟

摘 要：我国历史文化悠久，保护遗留古迹至关重要。本文从松阳县历史文化古迹的保存现状出发，分析了政府与本地居民的古迹保护工作中存在的问题，针对这些问题，思考并总结出了相应的建议。

关键词：文化古迹；保护；建议

浙江丽水松阳县建于东汉建安四年（公元199年），至今已有1800多年历史，历史上也曾是浙江南部政治、经济、文化的中心。2000年2月，省政府批准松阳县城成为第二批省级历史文化名城，是丽水市仅有的两个省级历史文化名城之一，是浙江省内古城保存规模最大、格局最为完整的城市之一。街巷格局、古民居、祠堂、庙宇、会馆是松阳古城区的主体。在本次社会实践活动中，笔者综合应用了实地考查法、问卷调查法以及查阅有关文献资料的方法，对松阳县历史文化古迹进行实地考查，了解该地区历史文化古迹的现状，走访当地有关部门，然后深入到居民之中进行问卷调查，并结合相关文献资料，从中分析存在的问题，提出对历史文化古迹进行保护与利用的建议。

一、现状分析

笔者的家乡松阳县曾经是田地广阔，作物丰富的宝地，历史上有句俗语："处州吃粮靠松阳。"虽然进入21世纪，但是松阳县内仍有许多当年祖辈们耕种读书留下的痕迹。松阳县的祖辈们秉承"耕读传家"的理念，提倡大家在耕作之余以读书为乐，可以知诗书达礼义，修身养性，学习"礼义廉耻"的做人道理。松阳古镇里的建筑其实就处处体现着先辈们这样的思想，它们成了这种思想的传承者，并且得到了本地政府和松阳县居民们良好的保护。松阳县有20多处的历史文化古迹，有的是古色的建筑，有的是历史革命运动留下的文化古迹。本次社会实践笔者先后走访了南直街、黄家大院、汤兰公所等地，了解到了这些文化古迹的基本状况。

---

[*] 作者简介：程馨雅，女，浙江海洋大学东海科学技术学院2013级汉语言文学专业学生。张伟，男，浙江海洋大学东海科学技术学院副教授。

(一) 南直街的建筑保存较为完善

南直街道位于松阳县城的中心地段,能被保存下来非常不易。这条街道上除了个别住户早期拆旧屋盖新屋外,其他的并没有出现很大的人为损毁。这和政府的强烈保护意识息息相关。虽然建筑本身也会出现墙体老化等问题,但是政府针对这样的问题采取了原貌修复的政策,选择最大程度上保持建筑的原貌。所以直到今天,这条古街还能以原貌展现在人们的面前,包括一些传统手工艺等文化古迹,也随着建筑被一同保留了下来。

(二) 四合院造型的古民居保存良好

小镇历史悠久,现代化的气息并没有那么浓郁,沿街的小巷还是经常能看到百年以上历史的古民居。这些古屋通常都是四合院的构造,并不高,最多上面有个阁楼,所以居住的大多是腿脚不便的老年人,也并没有爬高楼的烦恼。而且老屋是木质构造,冬暖夏凉,对身体极为有益。老屋是历史变迁的见证,是先人留下的宝贵财富,是中华子孙的根,虽然现在大家都迁到高楼去了,但是余下的那些古民居应该受到政府的合理保护。因为这样做不仅能够留住大家的根,也可以让以后的子子孙孙体会到先人的智慧。

(三) 黄家大院已经成了颇具规模的历史文化景点

黄家大院始建于清同治年间,建成于1920年,为松阳首富黄中和祖孙三代建造。这座建筑不仅体现了历史建筑的特点,还有许多精致的木雕建筑。笔者发现很多大梁和玄关门处的雕刻,被保存得非常完整,基本没有人为破坏的痕迹。这座大院在早些时候是乡镇府的办事处,但是随着人们保护历史文化古迹意识的增强,早已被规划为当地的一处历史文化景点了。

(四) 延庆寺塔拥有浓郁的佛教气息

延庆寺塔不同于平常的塔,它是倾斜的,有"东方比萨斜塔"的美称。塔的外面有围栏保护着塔身,周围绿草如茵,风景优美。政府很关注延庆寺塔,它建于1014年前,一直被保护起来,并未遭到大的破坏,至今保存相对完整。它在1963年就成为了省级文物保护单位,1991年延庆寺塔开始开放售票让游人参观。建造时,延庆寺塔的地基以黄土和鹅卵石为主,所以能够屹立千年不倒,而且塔身上的塔门两两相对设计并建造起来,又减少了风力对它的破坏。这些地方处处体现了建造者们的智慧,这在科技不发达的1000多年前来说是个奇迹。延庆寺塔不仅是松阳县城千年历史的宝贵遗产,也是佛教文化传播的载体,政府对它的保护得到了佛教信仰者的支持。

二、存在的问题

虽然松阳县历史文化古迹保护取得了不错的成绩,但是在调查过程中我们还是发现了一些问题。

(一) 文物管理不善

政府在历史文化古迹保护方面存在着文物管理不善的问题。县内从事历史文化古迹的人不是很多,专业的人才也很缺乏。而当地政府关于文物保护的具体规定也不完善的,很多细微的方面没有包括进去。例如,生于松阳县西屏镇的著名宋代女词人张玉娘,她自幼喜好文墨,尤其擅长诗词,著有《兰雪集》两卷,当时的人们将她比作东汉曹大家(班昭),后人将她与李清照、朱淑贞、吴淑姬并称宋代四大女词人。有人称《兰雪集》为李清照《漱玉集》后的第一词集。如此一个值得纪念的伟大人物,有关她的古迹却只有一口小小的井和一块残破的石碑,分别称为兰雪泉和鹦鹉冢。这处古迹只围着一圈矮矮的围栏,没有专门的人来看护和管理,容易遭到破坏。兰雪泉和鹦鹉冢代表了张玉娘浪漫凄楚的爱情故事,但是并没有得到重视和珍惜,这体现了政府在对待历史文化古迹保护方面仍然有不完善的地方。

(二) 资金投入不足

松阳县的经济并不是很发达,它不同于交通便利的大都市。松阳的祖祖辈辈大多以农耕为生,随着经济产业结构的变化,农业带来的收益越来越少,所以经济想要快速发展并不容易。由于经济方面的原因,历史文化古迹的维修经费紧张,同时,也存在文化古迹维修经费被挪用等原因,使松阳县投入历史文化古迹建设的资金并不充足。

(三) 宣传力度不够

根据调查问卷,笔者发现填写调查问卷的绝大多数都是松阳县本地居民,虽然有一些游客,但是比起那些知名旅游古城来说还是有较大差距。政府及有关旅游的企业对外宣传的力度不够强,导致很多喜欢历史文化古迹的游客并不知道松阳的存在。这些遗留下来的历史文化古迹本就是供人们参观、研究的,如果不能加大宣传力度,松阳历史文化古迹的价值也就体现不出来。

(四) 保护历史文化古迹的意识不高

历史文化古迹的保护不仅是政府的事,更是私人企业、社会组织与居民个人的事。松阳居民历史文化古迹保护的意识淡薄,使历史文化古迹的保护面临挑战。有些人为了私利会有意无意地破坏历史文化古迹,例如"迥龙桥"建于明弘治七年(1494),距今已经有500多年,但是由于公路建设的需要,该桥损毁严重,这些人认为历史文化古迹都是老旧的,应该被抛弃;还有的人认为历史文化古迹的保护与自己没有关系,是政府的责任和义务。这些想法都是不正确的,说明这些人没有"保护古迹,人人有责"的观念。

三、对策与建议

通过对松阳县历史文化古迹的基本状况进行调研,了解了当地政府对历史文化古迹的保护与利用的基本情况,分析了存在的问题。在此基础上,笔者提出一些建议,以促进松阳县历史文化古迹的保护与利用工作的顺利进行。

(一)充分发挥政府在历史文化古迹保护方面的主导作用

政府在历史文化古迹保护方面要发挥主导作用,注意加强历史文化古迹保护队伍建设,加强管理,完善法律。首先,政府要广纳历史文化古迹保护方面的专业人才,让历史文化古迹的保护工作更加专业,人手更加充足。其次,政府要鼓励公民、法人和其他组织,通过组建或者加入志愿服务组织的形式来参与文物保护工作。文物行政主管部门要对志愿者和志愿服务组织开展的文物保护活动给予指导和支持,并定期组织培训,让志愿者们更加专业。第三,政府还应该细化相关法律规定,不要空泛,而应从细节出发。面对恶意破坏历史文化古迹的人,政府应该制定严厉的惩罚条例,不要听之任之。同时,政府应该严格按照法律规定来规范人们的行为方式。很多国家在文物保护方面通过加强管理和完善法律取得了明显的效果。比如,埃及是著名的历史文化古国,他们国家在旅游景点周围安置了很多"旅游警察",不仅给游客们提供帮助,保障游客安全,还监督每个游客规范自己的行为,如果让他们发现毁坏文物的行为就予以重罚。现如今埃及的历史文化古迹都保存得较完善,他们的做法有值得借鉴的地方。

(二)坚持科学发展观,正确处理保护和发展的关系

在统计调查问卷时,笔者发现很大一部分人觉得古建筑会有些突兀,而主要原因是它们与周围的过于现代化的建筑不够融合。所以笔者认为政府不光要保护好这些历史文化古迹,也应该对它们周围的环境进行美化,坚持科学发展观,正确处理保护和发展的关系,使现代建筑与古代建筑和谐地融合在一起。日本在这方面的做法是比较科学的:日本政府在城市规划时会把整个城市总体分为三个部分,首先把原来保存较好的古老建筑划为一个区;接着把稍有些破坏的古建筑划为复兴区,统一进行维修复建；最后把剩下的划为新兴建筑区。这样可以使古建筑群和新兴建筑互不干扰，和谐共生。

(三) 政府应该加大资金投入力度

政府财政拨款是历史文化古迹保护资金的主要来源，所以政府应该加大资金投入力度，确保历史文化古迹能够得到有效保护。但是政府的财政资金是有限的，所以政府可以动员多方参与筹措历史文化古迹保护的资金，鼓励企业、社会组织及公民个人参与历史文化古迹的保护工作。这样，不仅能确保资金充足，还能够调动企业、社会组织及公民个人参与历史文化古迹的保护的积极性与主动性，这是双赢的办法。例如，印度是旅游资源较为丰富的国家，众所周知，印度并不是一个发达国家，所以印度政府通过鼓励私企参与历史文化古迹保护的方法筹措资金。最近印度就有两处著名景点首次交给私人企业保护，并且取得了一定的成效。另外，政府还需要加强监督职能，建立文物行政执法责任制。行政主管部门应当严格管理文物保护专项资金，专款专用，不得挪作他用，并将历史文化古迹的资金使用情况定期向社会公布，接受社会监督。

(四) 加强历史文化古迹的宣传教育工作

政府要做好历史文化古迹的宣传教育工作。在宣传过程中注意采取多形式、多角度、全方位地进行宣传，如新闻媒体、文艺演出及墙报等形式，让每个人都了解历史文化古迹保护工作的重要性。除了利用电子媒质、纸媒质、墙体媒质进行宣传外，还可启动软媒质，对各类建设工地应重点进行宣传教育。这样，宣传教育的受众面大，效果也可以深入人心，能够在潜移默化中发挥宣传教育的作用。除此之外，还可以培养一批历史文化古迹保护的志愿者，并且采取奖励措施，让他们宣讲历史文化古迹保护的重要性，主动举报破坏历史文化古迹的违法行为。同时，松阳各市镇也要结合自己的特色，进行历史文化古迹保护的宣传教育，让历史文化古迹的保护工作深入人心。

参考文献

[1] 陈蔚, 胡斌, 何昕. 当代我国历史文化遗产价值体系的构成[J]. 重庆建筑大学学报, 2006, 28(2): 24-27.

[2] 李雪梅. 我国传统村落保护的"慢城"视角研究[J]. 南方论刊, 2015(11): 12-14.

[3] 包冬英. 立足生态优势, 因地制宜发展旅游业——从低碳经济视角探索松阳旅游业发展路径[J]. 中国西部科技, 2012, 11(5): 74-75.

提升全民文化 扎根礼仪之邦
——关于浙江绍兴县夏履镇居民对传统文化认知状况的调查

夏梦莎[*]　指导教师：张　伟

摘　要：中国自古就是礼仪之邦，传承我们自己的文化传统就成为我们每一个人必须肩负的使命。本文就夏履镇居民对传统文化的认知现状及态度进行了调查，分析传承传统文化时所存在的问题，探讨并总结出了相应的建议。

关键词：传统文化；传承；建议

　　历史是一个民族的根基。几千年前，黄河流域孕育出了我们的先祖，我们的先祖在世世代代生生不息的繁衍中，创造了璀璨的华夏文明。这是我们先祖智慧的结晶，也是我们华夏民族的瑰宝。如果一个民族是一棵树，文化就是滋养着树的泥土。只有树根紧紧抓着泥土不断吸收养料，这棵大树才会茁壮成长，才能成为参天古树。所以，前进中的中华民族在不断发展经济的同时也必须要不断继承和发扬中国传统文化，这样才能让中华民族重新屹立于世界民族之林。自党的十一届三中全会后我党对文化建设也有了新的认识，明确提出了建设中国特色社会主义文化就是要以马克思主义为指导，以培育有理想、有道德、有文化、有纪律的"四有"公民为根本任务，发展面向现代化、面向世界、面向未来的，民族的、科学的、大众的社会主义文化，由此可见我党对文化的重视程度。中国自古以礼仪之邦著称于世，近千年的传统文化源远流长。从甲骨卜辞到篆书、隶书，从《阳春白雪》到《二泉映月》，从唐诗、宋词、元曲到明清的小说、戏剧。中国的传统文化经过几千年的发展正在不断地壮大、兼收并蓄。然而近年来，随着美国大片、日本动漫、韩国偶像剧等各国文化的频频输入，中国人民对这些外来文化热爱有加，不少人特别是青年人还喜欢过"洋节"，认为传统节日太没新意，没有"洋节"来得上档次。

　　笔者通过问卷调查和访谈的形式了解到了夏履镇居民对于传统文化的态度并且也掌握了他们对文化的认知度。经过整理后，分析传承传统文化时所存在的问题，同时针对存在的问题也提出了一些建议。此次共发放问卷50份，收回50份，回收率100%。

---

　　[*] 作者简介：夏梦莎，女，浙江海洋大学东海科学技术学院2013级汉语言文学专业学生。

一、现状分析

（一）夏履镇居民对传统文化的认知

夏履镇居民对传统文学典籍的了解不够透彻。比如，85%的居民对"四书五经"竟然只是听说过，甚至还有一部分压根就不知道四书五经是什么。另外，对于一些耳熟能详的诗句，人们通常知其一，而不知其二，当被问到"天涯何处无芳草"的下一句是什么时，65%的居民回答都是错误的，有的甚至不知道；而在35%的正确答案之中，又有70%的居民是借百度搜索得到的，将近10%的居民是猜对的，只有剩余20%的居民才是真正做对的。我们知道，唐诗、宋词、元曲、明清小说都是我们的文化瑰宝，可是问卷调查显示，人们对于这些传统文化瑰宝的认识度低得令人大跌眼镜。

戏曲文化是盲点。在戏曲文化中，除了国粹京剧外，还有各种竞相发展的剧种，它们一起构成为了艺术文化中的一道风景。然而，在调查中却发现，除了中老年人群对戏曲文化充满着热爱，其余人群对戏曲文化的认知能力极其薄弱，尤其是25岁上下的青年，调查数据显示，80%的被调查者不知道中国戏曲的人物角色有哪些；70%的被调查者不知道京剧脸谱中唱黑脸的是哪些人物。

夏履镇居民对传统文化的认知存在偏差。多元的中国传统文化包罗万象，涵盖面广，而名人文化作为其中的一个支流一直处于很重要的地位。近年来，各个地方不断发生争夺名人故居的现象。最出人意料的是几年前全国竟有三地在争夺"西门庆故里"。针对这一现象，笔者进行了访问，但访问的结果却出人意料。在访问中一些居民表示，这是各地政府为了提高政绩，文化搭台经济唱戏，以至于挖出不符合道德传统的文化来。有些居民表示这是一个病态的现象，是为了利益不顾一切，是道德底线的失守。不过，也有居民表示这种现象可以理解，他们是这样解释的：用今天的眼光来看，西门庆不仅仅只是一个玩弄妇女、夺人妻的地痞无赖，从另一面来看，他还经营着各种各样的铺子，在短短几年的时间内攒下了偌大的家业，是一个非常成功的商人，是典型的励志人物。故而在一些名人文化资源缺乏的地区，树立这样的文化"名人"也是可以理解的。笔者认为这样的解释未免有些强词夺理，从西门庆"出道"以来，他都是作为反面教材的，事实也确是如此，若说西门庆是成功的商人，那他也必然是贪污腐败的黑心商人。他贪赃枉法、放高利贷、玩弄妇女，这样的恶行是不可饶恕的。因而笔者认为，那些对西门庆有所辩护的人在对于文化名人的认知上是存在偏差的。

履镇居民对剪纸艺术颇有了解。在调查中发现夏履镇居民对剪纸艺术颇有了解。不管是什么年龄阶层的人，当被问到剪纸艺术的统称和剪纸的起源之时，2/3左右的居

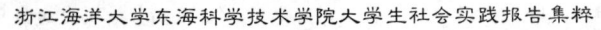

民都能说出一二。

(二)夏履镇居民对传统文化的态度

夏履镇部分居民比较倾向于外来文化。据调查数据显示,15%的居民承认比起中国的传统文学更热衷于外国文学。据调查还表明,75%的居民更喜欢过圣诞节、情人节等国外节日,这也显示了部分夏履镇居民更热衷于外来文化。在"您喜欢中国戏剧吗?"的回答中,高达60%的居民表示"厌恶",20%的居民则表示"不喜欢",可见夏履镇居民对中国戏剧存在抵触心理。当被问及原因时,部分居民表示,咿咿呀呀的唱法很不好听,而且如果没有字幕还可能听不懂。有些则表示无法忍受戏剧的唱腔,一个字要说好久才能说完。但是,对于中国书画类文化,却又截然相反,不少居民表示对中国书画很有兴趣,有些居民的特长便是水墨山水画或软笔书法。他们认为在中国庞大的文化体系中有精华,也有糟粕,我们不能全盘否定,也不能全盘接受,而是要经过筛选,把有益于我们发展的文化精髓以继承发展,注意淘汰陈旧、落后、迷信的文化。

二、存在的问题

(一)追求新鲜感和人们的攀比心理

近年来,随着对外开放的不断深入,欧美文化在中国不断发展,很多年轻人热衷于过圣诞节、情人节、万圣节、复活节等国外传统节日。到了周末男生爱去电影院看美国大片,如《敢死队》《猩球崛起》等影片;而女生则宅在家里追着国外影视剧,如韩剧、日剧、泰剧等;偶尔出去逛街吃饭,也会在必胜客、肯德基、麦当劳落脚。少男少女们对快餐文化情有独钟。自助、牛排,更是层出不穷地席卷中国市场。中国作为四大文明古国之一,其传统文化已经有了几千年的历史。可为何近年来外来文化屡受追捧,而本土文化却受到冷落呢?究其原因有很多,不过从主观上分析,笔者觉得主要原因就是人们的攀比心理和新鲜感。延续至今的千年传统文化我们早已耳熟能详。清明节要去扫墓,纪念先祖,中秋节要吃月饼,图个团团圆圆的好彩头。几千年来似乎都是这样过下来的,也没有推陈出新,久而久之,就会变得没有新意。相反,一些欧美文化是在近现代才进入人们的视野的,我们对它们一无所知,充满了好奇,觉得它们很有新意。另外,人的攀比心理也是导致这一现象产生的重要的原因。在调查中我们发现一些人认为传统的中餐没有肯德基等一些快餐高端大气上档次,去吃西餐是一件很有面子的事。

(二)古汉字拗口难懂

古代汉语有两个系统：文言和古白话。前者是以先秦口语为基础形成的上古书面语及后代作家用这种书面语写成的作品，比如唐宋八大家的散文作品，诗歌作品及更久之前的四书五经等。后者是指以北方话为基础形成的一种书面语，如《三国演义》《西厢记》《牡丹亭》等属于古白话。我们在阅读古文时，由于有些语感已经退化，必然要在脑海中把文言文或古白话翻译成现代白话文才能理解。与现在我们普遍使用的白话文不同，不管是文言还是古白话，诗歌宋词还是散文小说，我们都会觉得文字拗口难懂，究其原因有以下几个。其一，在古文中会有很多词类活用，在阅读中，这无疑会给我们带来很多干扰，比如"温故而知新"的"故"和"新"，在这里都是形容词活用为名词，分别指旧的知识和新的知识。其二，在古代由于文字数量有限，现在很普通的一些字在古代其实是根本没有的，书写者为了表述该字的意思往往会假借某个字来表示该意思，比如"其"的本意是"畚箕"的意思，后来假借为具有代词意义的"其"，为了区分两个"其"不同含义，后人才造出了"箕"字来专门表示"畚箕"。这无疑给我们的阅读加大了难度，如果没有注解的话，不知道哪些字是假借的。其三，古文中的一个字往往含有多种意思，必须要根据上下文去理解它到底是哪一层意思，这又在阅读过程中增加了一定的难度。此外，古文其实根本没有标点符号，古人擅长凭借语感断句，前面也说到，对于这种语感现代人已经不像古人那么敏感了，故而阅读难度系数进一步地加大了。最后，也是最重要的一点，汉字的意思经过几千年的演变，有些词义难免会发生变化，比如诗句"床前明月光"要翻译成现代白话文，就先要搞清楚诗中的"床"是什么意思，该"床"并非是指现在睡觉用的"床"，诗句中的"床"是指院子里井上的横木。在以上种种因素的制约下，用理解现代白话文的思维方式去读古文，自然会觉得古文拗口难懂。调查中可以看出夏履镇人民对阅读唐诗宋词的情况是不容乐观的，这无疑与古文字拗口难懂有很大关系（图1）。

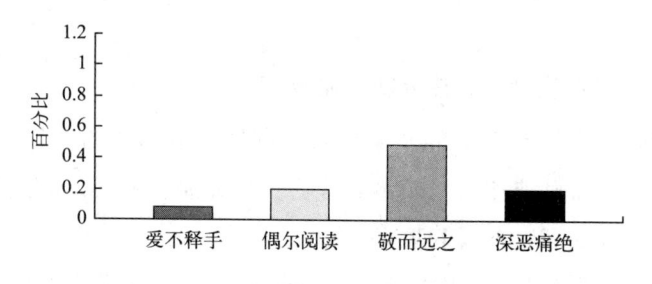

图1　您对唐诗宋词的阅读情况

(三) 忽视传统文化的宣传

在国家大力提倡科教兴国、人才强国战略的时代背景下，我始终牢记邓小平同志提出的"科学技术是第一生产力"，一直把科技的创新、人才的培养放在重要的地位，因此取得了不少成就。与此同时，社会各界纷纷响应国家号召，以培养专业人才为根本任务，比如高等学校更注重对学生专业水平的培养。这无可厚非，但在注重专业知识教育的同时，不能忽视传统文化的宣传教育。我们经常会看到一个很有趣的现象：圣诞节前的一个星期左右，大街上很多店铺大到有好几层的商贸城，小到一家普普通通的奶茶店，这些店的窗户上早早地贴上了圣诞老人各种各样的头像，屋内更是挂满了铃铛和雪花，有些商店还送圣诞帽。可是传统节日似乎没有这样的厚遇，至少并不像过圣诞节这样声势浩荡，大张旗鼓。在广告植入方面的现象也是如此，电视广告中过圣诞节的气氛很浓，似乎圣诞节才是我国的传统节日，而面对自己的传统节日，除了春节和极少数节日会做广告之外，真的很少看到对传统节日的宣传。另外，在问卷调查中发现，只有少数人对四书五经略知一二，大部分人都只是听说过而已（图2）。由此可见，传统文化被忽视的现象比较严重。

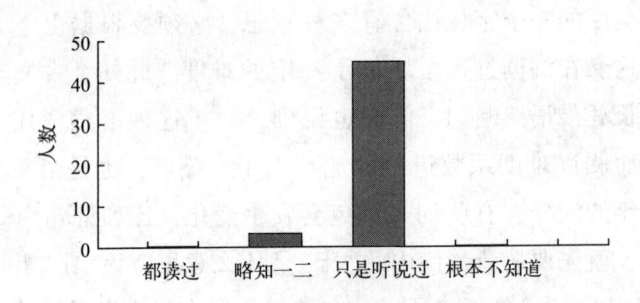

图2　您对四书五经的内容了解多少？

三、建议与措施

(一) 传统文化要适当创新，注入新鲜血液

创新不仅仅是一个民族活力的源泉，同样也是一个民族的文化兴旺发达的动力。要让文化这片海洋有新血液注入，而不是成为一片死海，就必须不断地为它注入新的血液，不断创新。创新可以有以下两种方式。

(1) 在传统文化的基础上，增加或改变一些文化活动，主要表现为文化活动的创新，如在端午节，除了传统的赛龙舟、裹粽子，还可以进行朗诵《楚辞》《九歌》《离骚》

等比赛；举行爱国主义演讲、歌唱会、舞蹈等。用各种各样的形式来纪念伟大的爱国诗人屈原的同时，也要让人们发自内心地去弘扬以爱国主义为核心的民族精神。文学作品也可以更加人性化，面向儿童出版的文学著作可以标注拼音，搭配鲜艳的图画以吸引儿童；面向青少年的出版物则可以原文与译文相结合，有助于理解；面向老年的出版物则可以放大字体，语言更为简洁凝练。

(2)洋为中用。随着对外开放的日益扩大，传统文化必然受到一些冲击，但也有利于传统文化的创新与发展。文化是没有国界的，我们可以不断吸收和借鉴外来文化中的精髓，扬善除弊，再与中国本土文化相结合，兼收并蓄，不断促进传统文化的创新与发展，使传统文化立于不败之地。

(二)树立文化强国的理念，培养人们对传统文化的兴趣

要注意培养人们对传统文化的兴趣，把文化强国的理念根植于人们的脑海中。这里提出以下几点建议。

(1)正确对待传统文化。不强迫人们必须看文学典籍或唐诗宋词，对传统文化的兴趣是在自己喜欢的前提下逐渐培养起来的，故要培养人们端正对待传统文化的态度，不要一概拒绝传统文化。

(2)注意扬长补短。大千世界，总有自己感兴趣的东西，如有些人对线条比较敏感，那么可以培养对书画类的兴趣；有些人则对音律比较敏感，则可以在古典乐曲方面有所探索。

(3)注意环境陶冶。在空余时间，可以把人们置身于阅读氛围比较强的环境中，像图书馆、书店等，对喜欢阅读的人们来讲是最好的选择。在这些地方他人可以成为自己的学习动力，营造一种人们喜欢阅读的气氛。久而久之，人们便会养成主动阅读的习惯。

(4)拓宽范围。阅读古典书籍是学习传统文化的一种最古老而又最简单的方法。像国画、棋艺、书法，这些并不是靠纯理论阅读就可以学会的，还要进行实践练习。由此，在养成良好的阅读习惯的基础上，进一步拓宽人们的阅读范围，让人们在更宽广的视野中进一步了解传统文化。

(三)注重教育提升，进一步强化弘扬优秀传统文化的重要性

为了方便就业，学校教育也许会更加注重对学生专业知识的培养，久而久之，便会导致人们对优秀传统文化失去兴趣。长此以往，作为传统文化的接班人，学生们反而对这些传统文化更加陌生。因而，学校教育在加强专业知识的同时，也要牢牢把握优秀传统文化的继承与创新。学校可以多开设关于优秀传统文化之类的课程，从饮食文化到民间艺术，学生可以组织开展各种各样的社联活动，像书法社、国画社、戏剧

社等。学校可以举办各种各样的有关传统文化的文艺汇演，进行各种各样的文艺竞赛。当然，除了这些比较有针对性的实践活动之外，还可以开设关于古代道德修养方面的课程，中国自古讲究仁义，追求忠孝，这些都是传统文化的魅力所在，学习这些课程，除了对人格的塑造大有益处之外，更可以进一步地了解我国优秀传统文化对当今社会主义文化建设的重要作用。

(四)加大宣传力度，进一步增强优秀传统文化的影响力

社会的宣传活动对人民普及文化知识更是功不可没。在电视节目中播放公益广告，可以有效地吸引大众的注意力。为进一步加强优秀传统文化的影响力，可以放映一些历史电影、电视剧或者多开设一些关于优秀传统文化的综艺节目，也不失为有效的方式方法，像近来举办的"汉字书写大赛"就是一个很好的例子。在节假日，尤其是在传统节日，可以开展丰富多彩的文化活动，如舞龙舞狮、剪纸艺术等，以增强人们对优秀传统文化的吸引力。另外，村委会、居委会可以组织村民或居民开展有关优秀传统文化的竞赛活动，让人们在竞赛活动中感受优秀传统文化的魅力。总而言之，社会应该加强对优秀传统文化的宣传力度，强化优秀传统文化的影响力。

参考文献

[1] 刘军. 校本课程——民族传统文化教育的重要途径[J]. 中国民族教育，2007(5)：7-8.
[2] 李朝. 民族民俗文化传承形态研究[J]. 青海民族学院学报，2006，32(1)：82-86.

之子于归 宜其室家
——对浙江慈溪市农村婚嫁情况的调查报告

沈珊珊[*]　指导教师：张　伟

摘　要：随着经济的快速发展，人们的思想观念开始发生了转变，农村婚嫁花销不断飙升，其中不乏攀比心理作祟。本文对浙江慈溪市的农村婚嫁情况进行了调查，分析了农村婚嫁存在的问题，并提出相应的建议。

关键词：农村；婚嫁；习俗

一、现状分析

（一）有车有房，才嫁人？

由于电视剧《裸婚时代》的热播，"裸婚"已然成为当今社会的热词。百度百科对于"裸婚"的解释是指不买房、不买车、不办婚礼甚至没有婚戒而直接领证结婚的一种简朴的结婚方式。如此"简朴的结婚方式"在网络上引起大热，那么在现实生活中究竟如何呢？因此我在慈溪市的问卷调查中设置的第一个问题就是"你支持裸婚吗？"结果很遗憾，几乎每张调查问卷上都勾了"不支持"这个选项。就算有些姑娘愿意裸婚，但不见得她们的父母也同样支持。因此如今谈及结婚，似乎都要在这件事上加上一些条件，比如有车有房。于是当下很多人都感叹，现在的爱情好难得，找到一个恋人不容易，终能走入婚姻就更不容易。对于慈溪市的很多小伙子要达到女方提出的婚前"要求"，也是非常不容易的。

（二）儿子娶媳妇，爹娘脱层皮？

结婚乃是人生之大事，在浙江的慈溪农村仿佛约定俗成一般，生儿子的家庭，父母皆会为儿子在婚前准备好房子、车以及礼金。房子不是老房子拆了建新房就是再另外择地盖一幢小别墅，"车子"的价位一般为15万~25元万，而下聘的"礼金"如今也是10万元起底，再加上筹办婚礼置办酒席这一系列花费，对于一个普通的农村家庭来说已然是一个天文数字。在问卷调查中笔者也发现了一个现象，在"你认为结个婚前

---

[*] 作者简介：沈珊珊，女，浙江海洋大学东海科学技术学院2013级汉语言文学专业学生。

后要花多少钱?"这一问题中,许多未婚的年轻人勾了"50万以上"这个选项。而这些钱从何而来?更大的经济压力则落在了男方家长的身上。

随着经济的发展,慈溪的生活水平稳步上升。以前可能还存在城市与农村的显著差别,普遍认为在农村结婚花不了多少钱,但这观点在如今是行不通了。慈溪的农村越来越趋于城市化,不论是经济能力还是人们的观念,已经无法再与过去相比。随着农村人民的经济能力提升,在生活上也有了更高的追求,对于结婚这种人生大事就更为重视。其间虽不能排除存在攀比成分,但可怜天下父母心,倾其所有只希望儿子在娶媳妇时能够风风光光。

(三) 婚礼是走繁琐习俗还是该简办?

婚礼是走繁琐习俗还是该简办?这确实是一个两难问题。通过对许多婚礼的现场调研,笔者也发现了在慈溪农村举办的婚礼一般皆是走地方习俗的,酒店婚礼极其少见,一般都是在自家置办,极具当地特色。其中敲锣打鼓是必备的,哪怕是自由恋爱结婚也会在形式上请个媒人,拜堂成亲这一环节也不可或缺。如今新人虽是西服配婚纱,但许多古代婚礼的传统还是沿袭了下来。而结个婚要热闹个两三天,婚礼依照习俗来,各项细节都要照顾到,其中流程也不可有差错,这导致新郎新娘结完婚直呼"太累",还有双方家长更是忙个不停,歇不下脚。

二、存在的问题

(一) 结婚的前提太过功利化

在经济发展的同时,也让人们变得更加现实了。笔者一直认为"现实"是个中性词,它可以理解为人们对当下的社会看得更为清晰了,对生活更为理性了,但同时它也不可避免地强调人们在向物质靠拢。有房有车,确实提升了生活质量,但以此作为结婚的前提,是否又太过于功利化了呢?其实,一切金钱、权势、物质条件都是人为的,是在某个时间内某种情形下客观存在的,甚至是暂时存在的,只不过如今很多人只着眼于它们现在的客观存在而已。这是现实的、突兀的甚至残酷而又冷漠的现实主义思想。"婚娶难""娶不起"这些问题如今在农村较为普遍地存在着,女方在经济条件上的过高要求让许多未婚男青年倍感压力。有房有车固然是好,但在农村并非是每户人家都是经济富足!更好的生活条件是每个人所希望的,但也不能对物质欲望有过分的要求,从而导致迷失了本真。物质条件的优越无法决定婚姻的幸福,但它在一定程度上确实可以影响到婚姻的成败,毕竟柴米油盐都需要经济的支撑。

(二)婚娶负担沉重,攀比之风盛行

儿子结婚,经济的负担压在了父母的身上,这一问题在农村较为普遍也极为严重。慈溪农村虽有些小老板,但大多还是赚些基本工资的打工者,如今"赚钱给儿子娶媳妇"是许多父母生活的主要目标。这也是没有办法的局面,对于普通农村家庭来说,一个孩子作为普通打工者,一年的收入也就七八万元左右,如果按照女方提出的"有房有车"的要求,那么仅仅靠自身的努力,少说也要十年以上的时间,所以仅靠自身力量是行不通的,子女往往需要父母的帮助,这就给整个家庭造成了不小的经济负担和压力。

结婚是每个人一生中最难忘的事情,但随着社会经济的发展,结婚的花销也越来越大。两张结婚证除了甜蜜之外,背后还有几多欢喜几多愁。从20世纪70年代的"三转一响"(自行车、手表、缝纫机和收音机),到80年代的"三大件"(电视机、洗衣机和电冰箱),再到现在的"有车、有房、有存款",外带婚纱照、酒席、蜜月旅行,一个都不能少,结婚花费用"飙升"一词来形容,一点也不为过。

当然,这其中也不乏人们之间的攀比心理在作祟。随着城乡交流的加速,农村青年结婚花费有向城市青年看齐的倾向。根据在慈溪郊区的调查,很多年轻人表示,虽然自己并不想如此大操大办,但身边的朋友都这么办,自己不办,显得太寒碜,钱虽然花得多点,也只能以后省吃俭用吧。

(三)传统的习俗婚礼与现代文明的冲突

随着社会的发展,生活节奏的加快,在婚礼的选择上许多未婚小青年与父母们的看法产生了分歧。未婚青年更倾向于简单现代的酒店婚礼,而长辈们则钟情于当地的习俗婚礼。年轻人的想法改变了,是因为当今时代不同了,经济发展、现代化程度加大,同时也受到外来文化的影响,认为婚礼交给婚庆公司筹办既能办得浪漫又能让自己轻松点,何乐而不为。而老一辈的看法则完全相反,他们认为结婚中的许多习俗是老祖宗们一辈一辈传下来的,我们应该继承并且将它延续下来。两者皆有各自的道理,也无法完全否定其中一方,传统婚礼与现代婚礼的矛盾与冲突该如何化解?

三、对策与建议

(一)理智对待婚姻

对待"裸婚"要理智,提出"物质婚姻"更要理智。结婚时我们不能一无所有,但我们也不能将婚姻物质化,而让它失去了美好的本质。有车有房固然好,但在经济能力无法承担的情况下还是不能强求,有一个小窝可以遮风挡雨,只要足够温馨,

便不在乎它是否豪华,有一个爱你的人始终在家等你,便无所谓归途中是坐公交还是开私家车。如今"有车有房"这个条件便将一场婚姻捆绑,这是极其不理智的,甚至是盲目的。优越的生活条件是每个人都希望拥有的,但它绝非是婚姻之中的必需品,我们必须摒弃婚姻的"物质化"和"利益化",不要在最纯粹的美好上涂抹丑陋的色彩。广大的未婚男女青年也要树立正确的婚姻观念,过高的要求可能会导致社会不良风气的盛行,同时也有可能耽误了自己的终生幸福。很多人把物质看得太重要,有的人则看得较轻,有的人能够保持适度、恰当的分寸,我们又属于哪种人呢?或许我们真该好好看清自己,反省自己,在许多人从大流的时候我们该勇敢地站出来发出宣言和挑战。我们拒绝物质对感情的骚扰,崇尚精神;我们鄙视虚荣,需要真实。我们需要一个充满爱的婚姻,同时也希望婚姻能够延续下去,给人以真正的幸福。

(二)婚礼不攀比

一些农村富裕家庭大办婚礼,其他村民便竞相效仿,打肿脸充胖子,导致负债累累。谁都没有规定结个婚要花多少钱,但风气就是这样带起来的。对于这种现象,我们建议必须整治农村婚礼中的不良风气,加强农村文化建设,开展新形势下的移风易俗,教育群众形成理性的婚嫁观。尽管在结婚这种人生大事上,父母为孩子提供了极大的物质支持,但慈溪农村的许多未婚男女青年们,不能抱着"啃老"的这种错误观念,而需要认清凡事还是得靠自己的事实。风华正茂的年轻人应该去努力打拼,尽自己所能减轻父母的经济压力,也要对自己的婚姻大事负责,贡献自己的力量。中央财经大学社会发展学院樊欢欢老师认为,婚礼之所以变成高消费,首先肯定是经济的发展,人们手头有钱了;其次是家庭结构的变化,现在大多是独生子女,父母都想热热闹闹为子女办一次婚礼;同时,当今的社会风尚,人们的从众心理、攀比心理也是重要的原因。

"他结婚时婚车一排奔驰,我结婚的时候婚车要搞一对宝马。"在农村常有这样的言论,农村人普遍好面子,攀比心理较重,婚礼极其排场,认为结婚这等大事亲戚朋友邻居们都看着,必须得大办一场,故此一家要比另一家办得更体面风光,结婚的基本花费便慢慢地提上来了。对此现象我们必须抵制,切不可盲目效仿。人们必须树立正确的婚姻观,结婚确实是大事,但也应在自己经济能力所能承受的范围下进行操办,攀比心理一旦形成,那么钱就如流水般花在了那些表面浮华实则无用的事物上头。不光村民们要改变观念,地方政府也要行动起来,教育群众树立正确的婚姻观念,积极倡导婚事新办、婚事俭办,形成文明、健康的婚礼风气。

(三)婚礼要理性消费

结婚对于两个相爱的人来说，无疑是件非常甜蜜的事情，但这份甜蜜却开始变得异常沉重。买房、买车、拍婚纱照等，每一项背后都需要大笔资金的支持。"结婚太贵"渐渐成为越来越多年轻人的共同感受。结婚奢侈风越刮越厉害，与社会经济的发展有很大关系。婚礼作为两个人爱情的象征值得纪念，但是说到底只是一个形式，婚姻生活是实实在在的。一味地追求婚礼的奢华，必然会影响到婚后的生活。青年男女应该理性地面对这一问题，不能盲目跟风。特别是农村婚礼也越来越趋于城市化，其中高档喜糖、高档香烟、高价红包正悄悄地潜入农村的婚礼。对此情况，我们需保持清醒的头脑，不盲目跟从。当地政府可成立一个专门操办喜事的社会组织，以其力量引导村民在婚礼中注重理性消费，增强村民节俭办婚礼的意识。

(四)文明办婚礼

如今的社会发展迅速，各式各样的婚礼形式花样百出，但在慈溪农村还是以基本的习俗婚礼为主。子女与父母在婚礼操办方面的想法可能存在着分歧，但"不忘本"这个说法是没错的，传统的地方习俗婚礼仍需进行，但也并不是全部原封不动地继承，要注意取其精华。同时，随着现代文明的发展，我们也不应抵制任何新事物，新式的文明的婚礼方式也应尝试。很多村民认为酒店婚礼属于城市人，而自家办婚礼更适合我们农村，这种说法还是存在一些误解。很多东西没有绝对的归属关系，酒店婚礼适合于城市人，自家办婚礼更适合于农村，这只不过是不同的选择而已。农村有很多传承下来的有特色的婚礼习俗，这为婚礼增添了别样的光彩。在笔者看来，这两者皆有利弊，何不如将两者的亮点结合起来，将婚礼适当简化，突出文明办婚礼的理念，但仍保留有意义的地方特色，同时，婚礼也要增加一些新的创意，让婚礼既有地方特色，又增添新的现代元素。

参考文献

[1] 徐克勤. 农村婚嫁 奢风当刹[J]. 农村农业农民，2004(3)：65.
[2] 王小蕾. 当代农村家庭结婚高消费的社会学分析[J]. 江西金融职工大学学报，2006，19(增刊)：114-115.

翰墨书香品自高
——关于浙江省平阳县萧江镇中小学书法推广情况的调查

彭瑶瑶[*]　指导教师：王翠翠

摘　要：书法是一门纵横历史千年的汉字书写艺术，书法教育是培养学生传统文化素养的重要途径之一，其重要意义不言而喻。本文通过对浙江省温州市平阳县萧江镇中小学书法教育情况的调查，摸清中小学书法推广情况的现状，分析中小学书法推广中存在的问题，并提出相应的建议。

关键词：中小学；书法；建议

在十多年的学生生活当中，笔者记得每次在面临"大考""小考"这些没有硝烟的"战争"之前，老师总是会反复强调，"保持卷面清晰、整洁，字迹书写要端正"。这样的深刻记忆，让笔者渐渐开始思考书法的重要性以及它在读书生涯中所占据的位置，这也是促使笔者选择以此作为社会实践主题的原因。古老的中国书法是一门纵横历史千年的汉字书写艺术，从殷商时期的甲骨文开始，经历了金文、大篆、小篆、隶书、草书、楷书，行书等各种字体的演变至今，书法一直散发着其独特的魅力，影响着世人。先人曾这样描述书法：无言的诗，无行的舞，无图的画，无声的乐。书法的魅力可见一斑。2011年，教育部印发了《教育部关于中小学开展书法教育的意见》，首次以文件的形式肯定了书法教育的重要性，并提出了中小学书法教育的总体要求。2013年2月，教育部颁布《中小学书法教育指导纲要》，进一步强调了中小学书法教育在基础教育中所处的重要地位。本次调研的方式是抽样调查，选择了浙江省温州市平阳县萧江镇第二小学以及萧江镇第一中学作为代表进行调查，共发放了90份问卷，收回89份问卷，回收率98.89%。在调研的基础上，通过对萧江镇中小学书法教育基本情况的统计分析，我们了解了中小学书法教育存在的问题，并提出改进中小学书法教育的建议。

一、萧江镇中小学书法教育的现状

萧江镇是浙江省温州市平阳县四大镇之一，下设10个社区，辖6个村级社区、95个行政村，总面积79.6平方千米，人口11.2万。萧江镇为浙江省教育强镇，萧江学区

---

[*] 作者简介：彭瑶瑶，女，浙江海洋大学东海科学技术学院2013级财务管理专业学生。

辖有5所中学、11所小学，在校中小学生11000多人。

1987年开始，萧江镇中小学全面铺开书法教育，萧江学区每年举办中小学生硬笔、软笔书法比赛，借以弘扬中华书法文化，展示书法的独特魅力，使校园文化更加丰富多彩，也让书法爱好者发挥自己的特长。

在将近30年的书法教育实践操作当中，萧江镇的各中小学也先后取得了不凡的成绩，大家共同为提高中小学书法教育的质量和水平出谋划策。萧江二小、萧江三小以及萧江一中的书法教育是萧江镇中小学书法教育当中比较成功的案例。2003年5月，萧江一中、萧江二中先后被命名为"浙江省书法教育研究实验基地"。2011年8月，萧江二小、萧江三小先后被中国书画教育研究中心评为"中国书画教育特色学校"。

萧江一中的书法教育，以写字教学和社团活动相结合的形式开展。学校开展书法教学活动，规定午间休息抽出30分钟为写字活动，组织学生开展书法临摹。书法社团活动学生自愿报名参加，分成兴趣班和提高班。兴趣班主要面向七年级学生，每周定期开展辅导活动；提高班通过组织书法比赛活动，选拔优秀学员，分别进行硬笔书法和软笔书法指导。萧江一中学生参加市、县书法比赛，也多次获得一等奖等奖项。学校多位教师被评为省、市县级优秀指导师。

萧江二小是全国写字教育实验学校，浙江省书法教育研究实验基地，温州市硬笔书法特色学校。学生的书法作品共有100多人次在市级以上比赛中获奖，班级中书法团体竞赛在县级以上获奖共有13次。萧江二小的书法教育，在萧江镇中小学中起着引领作用。该校有着重视书法教育的传统，每年举行教师书法比赛、学生书法比赛，教师写得一手好字，学生的字也写得漂漂亮亮。该校创办以来，就提出"工工整整写字，堂堂正正做人"的育人口号，配备专职书法教师，开辟了书法教室，设有书法课程，促使学生在书法学习的过程中感悟做人道理，充分发挥"以书启智，以书健体，以书养性"的育人功能。

萧江三小的书法教育，与乡村少年宫活动相结合，定期开展活动，不仅面向校内学生，还对校外热爱书法的孩子敞开大门，为广大书法爱好者提供了展示自我的空间和舞台。开设书法班，聘请书法教师对学生进行书法指导。每周开展两节课的书法练习活动，通过教师对学生的不倦指导、学生的自我练习、师生学习心得交流等三个环节，参与社团的学生不仅练得一手好字，还在县市荣获诸多奖项。

二、萧江镇中小学书法教育存在的问题

目前萧江镇的书法教育工作虽然取得了显著的成绩，但仍然存在许多需要改进的

地方。在这一次社会实践问卷调查中,通过对问卷调查结果的统计分析以及对被采访者的访谈,我们发现,萧江镇中小学的书法教育仍存在一些问题。

(一)缺少专业书法教师

因为萧江镇只是温州市平阳县的一个小镇,所以萧江镇中小学都是属于农村学校,这里的师资力量也十分的薄弱。据调查,可以清晰地看出,萧江二小的师资力量总体上较好,一共 50 个人填写问卷调查表,其中 39 人选择辅导他们书法的老师是专业的,只有寥寥几人选择语文老师或者其他课程老师指导书法。这些学校对书法教育的投入较大,书法教育一般从一年级抓起,并在 2003 年左右开始另外聘请专业书法老师辅导学生的书法。而大多数中小学校则像萧江一中一样,情况不容乐观。在萧江一中的书法教育情况调研中,共发放 39 份问卷,只有 3 个人选择专业的书法老师,更多的则是语文老师。从数据统计分析可以看出,在萧江镇中小学校中,虽然学校支持开展书法课堂教育,提高学生的书法水平,但是指导学生书法教育的专业老师较少,满足不了学生学习的需要。

(二)练习书法的目的不明确

大多数萧江镇中小学校将书法课完全等同于写字课,是书法课难以提高学生兴趣和书法水平的重要原因之一。从规范写字来说,只要学生将写字的笔画、笔顺、结构弄清楚,养成良好的书写习惯,规范写字的方法即达到基本要求。从书法教学来说,应当以艺术为出发点来培养。书法是一门艺术,学习书法不仅要学会简单的书写,还要学会欣赏书法名作,更要了解其发展的历史、文化背景以及与之相关的学科知识。而现实中,一些中小学书法课大都是以写规范字的标准来开展的,起不到传承优秀传统文化的作用。

(三)学校对书法教育的重视程度不够

在问卷调查中,主要涉及的问题是:你对书法的了解是通过哪些途径得知的?是否练习过书法?你们学校有开设书法课吗?据调查发现,无论是萧江镇的初中还是小学,学校开设的书法教育课程并没有深入人心,对书法教育的重视程度不够。在学生的心目中,他们所接受的有关书法方面的知识,只有 50% 的人认为是通过学校的书法宣传教育获得的,还有许多学生表示自己根本没有练习过书法。由此可见,书法教育在学生的心目中并不是那么根深蒂固,有的学生甚至表示学校根本没有开设书法课。这其中的原因可能是因为学生们对书法教育的重要程度不够,另外,学校并没有把书法教育完全渗入到学生实践活动中,使其成为学生课外实践活动中不可缺失的一部分。

三、对萧江镇中小学书法教育的建议

(一) 加强师资培训，提高学生书写能力

近几年，教师资格证书越来越难获取，在不断地强调学历，不断提高教师的门槛的同时，却忘了书写的问题，以至于现在许多中小学教师的书写能力越来越弱，造成学历越来越高，字写得越来越差。如果说教师自身的书写能力就很弱，怎么能够做到以身作则，为学生们做榜样，让学生们深刻认识到书法的重要性，进而激起学生们习得一手好字的兴趣呢？2001年教育部颁布的《基础教育课程改革纲要(试行)》明确指出："在义务教育阶段的语文、艺术、美术课中要加强写字教学。"所以，要提高中小学书法(写字)教育的质量和水平，教师是关键，而提高教师书写能力的途径就是专业培训。教师在教授学生学习如何练得一手好字之前，需要经过严格的培训，以达到能够满足学生学习书法的需要。注意语文老师每节课都要教学生识字、写字，小学语文老师的汉字书写水平对学生的汉字书写能力影响重大。因此，要特别强调小学语文教师在学生书法教育中要发挥主导作用，以提高学生的书写能力和水平。

(二) 营造良好的环境氛围，提高学生练习书法的积极性和主动性

良好的环境氛围是培养学生兴趣和习惯的基础，同样的，良好的书法教育环境有利于写字教学的开展。不仅仅是学校，家庭与社会都应该提高对书法教育的重视程度，教育主管部门要与社会、家庭、学校一起努力营造一个积极向上的书法环境，能够让学生自主自觉地意识到书法的重要意义，端正学习书法的动机，提高学生练习书法的积极性和主动性，从而提高自己的书写能力和水平。这其中学校书法教育的环境氛围尤为重要，学校要通过创建书法文化墙，举办书法艺术节等各种各样丰富的课余文化活动，让学生深入了解汉字的发展、变迁历史，增加学生对中国传统文化的了解，体会到书法中所蕴涵的中华民族传统文化的精髓以及深刻感受到中国书法独特的魅力，并深深地为其感到自豪，能够为习得一手好字而感到骄傲；同时也通过学校的一系列校园文化活动来培养学生的爱国主义情怀和实际动手能力、观察能力及注意力。

(三) 开展丰富多彩的活动，全面推广书法教育

学校需要不时地开展书法大赛或者书法作品展示等活动，评选出学生中优秀的作品并给予奖励或者展示。这些举动既能够为全面推广书法教育提供平台，又能够给学生们带来莫大的动力，满足了学生希望得到认同，得到家长赞许的心理需要，让他们更具有激情去写好每一个字，完成每一幅作品。同时，在中小学开展书法教育竞赛活动，为全面推广书法教育提供基础。如2013年，萧江二小从低年级开始就重视学生们的书写能力，从铅笔书法到钢笔书法再到毛笔书法，逐步强化书法教学，通过开展书法比赛，展示学生们的优秀作品。在平阳县中小学书法教育中，全面推广"我爱学习"项目，其中语文测试要求落实《中小学书法教育指导纲要》的汉字书写要求：小学低年级要求学习用铅笔写正楷字，掌握汉字的基本笔画、常用的偏旁部首和基本的笔顺规则；会借助习字格把握字的笔画和间架结构，书写力求规范、端正、整洁，初步感受汉字的形体美。另外，在书法教学活动中，加大书法教育的考核力度，增强师生对中小学书法教育重要性的认识。例如，在2009年温州市初中毕业生学业水平考试中，首次将汉字书写纳入语文试题，单独设置5分题，占总分的3.33%，这对书法教育起着重要的导向作用。这一做法彰显了书法教育在中小学教育中的重要地位，对于促进中小学书法教育的全面开展具有重要意义。

（四）注重学生兴趣培养，提高书法教育的教学效果

兴趣是指一个人力求认识某种事物或从事某种活动的心理倾向。例如，一些老京剧票友们，总喜欢谈京剧、看京剧，一遇京剧就来劲，这就是对京剧有兴趣。所谓"打锣卖糖，各爱各行"，就是说人们的兴趣是多种多样、各有特色的。在实践活动中，兴趣能使人们工作目标明确，积极主动，从而能自觉克服各种艰难困苦，获取工作的最大成就，并能在活动过程中不断体验成功的愉悦。因此，笔者认为，想要让学生们学好书法，关键的一点就是提高学生对练习书法的兴趣。在这个时候，怎样提高学生的兴趣就是一个值得研究的问题。据调查，在书法教学中，适当地进行小组竞赛活动，讲述历史上书法家们的小故事，给予学生们一个良好的安静的书写环境等，这都有利于提高学生对练习书法的兴趣。中小学的书法教学更要激发学生的学习兴趣，学生才会主动提笔想要学习书法，真心期待每一节的书法课，进而让书法成为一种爱好，把练习书法变成一种对艺术的追求。这样才能真正提高书法课的教学质量，促进学生身心的健康发展。

参考文献

[1] 刘磊磊. 中小学书法教育现状及对策[J]. 肇庆学院学报, 2016, 37(4): 97-100.
[2] 林东统. 网络环境条件下中小学书法教育的困境与对策[J]. 佳木斯职业学院学报, 2015(6): 157-158.

温州鼓词非物质文化遗产探析

谷芝杰[*] 指导教师：刘 煜

摘 要：温州鼓词作为温州特色的非物质文化遗产，她在中国的曲艺界大放异彩，也走向国际，被世界啧啧称赞，但在看似光辉的前程下却是面临着种种的危机。本文分析了温州鼓词面临的困境，并以此为基础提出相应的建议，以期温州鼓词能获得更好的发展。

关键词：温州鼓词；困境；建议

非物质文化遗产是民族智慧的体现，是民族文化的精髓，是中华五千年文化的重要组成部分。党的十八大报告指出，文化是民族的血脉，是人民的精神家园。温州鼓词作为温州特色的非物质文化遗产，以她的独特魅力区别于其他文化遗产。她以鼓板击节说唱为曲艺形式，以"折书儿""小说""部书"为曲本内容，她的传承，见证了温州地域文化的发展，也见证了温州人民的骄傲。但是，如今的她却给人"夕阳无限好，只是近黄昏"的感觉。对此，笔者通过对温州鼓词艺人的采访调研，深入了解了温州鼓词的现状，并提出了继承的相应建议，希望借此帮助温州鼓词保护工作更加有效地进行，同时也对其他非物质文化遗产的保护工作起到积极借鉴作用。

一、温州鼓词面临的困境

（一）在职艺人数目减少

尽管政府加大了对温州鼓词的保护力度，鼓词艺人在各种曲艺比赛中也频频获奖，但是温州鼓词仍然面临着艺人数目减少的问题。这主要表现在以下两方面。

（1）老艺人的退出。笔者首先采访了温州鼓词艺人叶海琴老师，在电话中笔者了解到，尽管叶老师获过不少奖项，也是温州电视台播出的公益广告——《百忙官》的原唱，但叶老师在几年前便不再进行温州鼓词的表演；同时，笔者从现在仍然从事鼓词演出的陈向明老师处得知，不止叶老师，还有很多其他的艺人现今已经不再进行鼓词的表演，其中，还包括许多原先十分有名的鼓词艺人。

（2）新艺人不能及时补充。温州鼓词的学习，仅仅有兴趣是远远不够的，还要求艺

---

[*] 作者简介：谷芝杰，男，浙江海洋大学东海科学技术学院2014级财务管理专业学生。

人有良好的语言天赋与音乐功底。有学者认为,在当代普及型义务教育体制下,中小学生大都不会讲地道的温州话。以瑞安话为标准的温州鼓词传承的语言环境条件受到了破坏。与此同时,学生们还缺少专门学习温州鼓词的平台,这种种原因都导致了鼓词艺人带的学生不多,新艺人不能得到及时补充。

(二)艺人合作意识薄弱

在一项非物质文化遗产的保护中,技艺传承者的团结一致起到不可忽视的作用。尽管在鹿城区文学艺术界联合会中成立了戏剧曲艺家协会,对温州鼓词艺人进行了整合,但艺人之间的合作意识并不强,主要表现在以下几个方面。

(1)艺人合作演出次数少。由于温州鼓词的分类中,除"对词""莲花"等表演形式是通过两人合作,其他的多为单人表演,并且单人表演的鼓词类型是鼓词演出的主流,由此造成了艺人之间合作演出的机会不多,多数艺人自成一派。

(2)市场资源没有分享。首先,各种活动举办方更偏向于邀请温州鼓词传承者中表演技艺较高的艺人,这在一定程度上导致了这类技艺较强者占据很大一部分的市场资源。其次,尽管其他艺人也有各自的演出渠道,但是演出报酬也与前者存在差异,不能像前者一样获得较高的经济收入。

(3)艺人经验交流不够。由于缺乏交流平台,鼓词艺人很少与其他艺人进行表演经验的交流以及创新灵感的分享。同时,鼓词艺人各成一家,也在一定程度上影响了艺人之间交流的进行。

(三)传播渠道效果不佳

近年来,科技的发展为信息快速流通提供了十分有利的条件,但温州鼓词的传播者却没有很好地把握这个机会。结合调研分析,温州鼓词传播渠道的缺乏主要表现在以下三方面。

(1)互联网传播效果不大。尽管也有通过日益发达的互联网,建立专门的温州鼓词网站,以其作为传播平台,但是由于网站的信息只更新到2012年,部分信息不是十分准确,以至于影响了互联传播取得的效果。

(2)唱片磁带被逐渐淘汰。唱片磁带虽然也是人们接触温州鼓词的一种渠道,但是随着手机、电脑使用的日益广泛,以收音机为播放媒介的唱片磁带显然已经被时代淘汰。

(3)电视传播力度下降。电视频道依旧是市民接触了解温州鼓词的主要渠道,然而近几年,温州鼓词在电视上表演的频率大不如前,主要原因在于如今观众更倾向于综艺娱乐类节目,温州鼓词不能给电视台带来足够的经济利益,这也在一定程度上减少了市民接触温州鼓词的机会。

(四)青少年兴趣缺失

听众太少,而且年龄大多集中在老年段,也是温州鼓词面临的问题之一。在采访陈向明老师的过程中,笔者了解到,温州鼓词虽然表面上看起来光鲜亮丽,但是给人以"亚健康"的状态,主要就体现在青少年兴趣的缺失,听众的年龄段大多集中在中老年。年轻一代兴趣缺失的主要原因有以下几个。

(1)青少年对流行音乐的偏好程度较高。温州鼓词曲目大多节奏舒缓,并且演唱内容多为历史故事,表演时间较长,而流行音乐则节奏感强、情感色彩丰富,因此,相比于鼓词的"奏一曲,唱一句",青少年更加愿意选择流行音乐。

(2)部分青少年对温州鼓词的了解程度较低。在笔者问卷调查的对象中,仅有5.17%的人表示对温州鼓词很了解,75%的人则表示知道一些,其余19.83%的人表示根本不了解,而原因在于青少年接触温州鼓词的途径不多,主动去了解鼓词的也少之又少。

(3)青少年对方言文化的接受程度较低。用方言演唱是温州鼓词的一大特色,但这也造成了听惯普通话的青少年在理解上的一定困难。正是如此,听众中没有注入新鲜的血液,而原先的听众慢慢变老,温州鼓词听众呈现出了"老龄化"的现象。

二、对温州鼓词传播传承的建议

(一)政府主导,缓解艺人减少趋势

政府在非物质文化遗产的保护过程中一向起主导作用,应对温州鼓词在职艺人数目减少的问题,政府应当深入了解艺人减少的原因,采取有针对性的措施来缓解艺人减少趋势。具体建议措施主要有以下几项。

(1)加大资金投入力度。以经济利益作为驱动力鼓励现有艺人,让更多的人献身于温州鼓词。对此,可以尝试借鉴韩国与日本通过政府补助来保护非物质文化遗产的方式。有学者认为,政府每年都会从国库中拿出一定数量的经费用以补贴这些杰出的文化遗产传承人,以保障他们衣食无忧。为达到提高鼓词艺人传承技艺积极性的目的,将经济利益作为驱动力不失为一种简单有效的方法。

(2)通过竞赛形式挖掘潜力艺人。例如,举办类似"温州话童谣比赛"的赛事,以年龄较小的少年儿童作为参赛对象,讲述温州话童谣作为比赛内容,通过媒体号召全市家庭参赛,从中选拔出表演能力强,且具有较高温州话语言天赋的,随后将其中有意学习温州鼓词的孩子引荐给鼓词艺人。

(3)开展温州鼓词教育培训。政府在文化馆举办"非遗"(即"非物质文化遗产")迎

春展之类活动的同时，开展温州鼓词教育培训，让广大群众能有一个学习的平台，鼓词艺人也可以从中挑选出符合要求的学生作为培养对象。

(二) 互利共赢，加强艺人合作

技艺传承者之间的凝聚力在非物质文化遗产传承中起到不可忽视的作用，鼓词艺人应当通过资源共享、交流经验等方式来促进彼此之间的合作，以达到互利共赢的目的。具体措施主要有以下几项。

(1) 加强合作演出能力。例如，在电视节目或者是文化展览会上，增加"对词""莲花"等形式的鼓词表演，组织多名鼓词艺人进行合作表演，以此来加强艺人之间的合作表演能力。艺人也可以在日常生活中进行鼓词对唱的排练，加强合作的同时也能有更多沟通的机会。

(2) 共享市场资源。为此可以尝试建立鼓词艺人协会组织，并以组织为平台，将市场资源共享给每一位艺人，让每一位艺人都能得到理想的演出次数，获利的同时也可以提高自身的技艺，而不是各个演出场所只有寥寥几位艺人的反复出演，出现技艺较强者"垄断"市场资源的现象。

(3) 交流表演经验以及分享创新灵感。对此，可以建立温州鼓词网络论坛，充分利用网络信息交互的便捷性，艺人在论坛上进行自身表演经验与创新灵感的分享，抑或是对遇到的难题进行互相交流。一方面，表演经验的交流能让一些新人表演者少走很多弯路；另一方面，艺人之间彼此分享自己的创新灵感，能让温州鼓词更好地满足时代的要求。

(三) 多方渠道，加强传承力度

在温州鼓词的传承和保护中，应当充分利用有利资源，通过多方渠道，加强温州鼓词的传播力度，而传播力度的加强，在很大程度上能解决温州鼓词被人们遗忘的窘境。具体建议措施主要有以下几项。

(1) 网站信息及时更新，确保爱好者能及时了解。网站负责人可以采用类似于"淘宝"网络摊位的形式，将信息栏"出租"给相关艺人，由艺人自行负责自己信息的更新，一方面分散更新大量数据的难度，另一方面缓解网站负责人独自负担相关费用的压力。

(2) 合理开发"非遗"旅游，保障传播渠道的长久可行。在温州鼓词发源地的旅游景点中，建立有关温州鼓词的非物质文化遗产展览馆。旅游作为人们节假日放松的一种形式，不会像唱片、磁带一样，随着科技的发展而被淘汰，同时，以地方特色文化作为吸引力，让文化特色和自然景点共同作用，能更好地带动当地旅游产业的发展，也能让温州鼓词深入往来游客的心。

(3) 电视传播继续维持，保留老年人的获取渠道。目前，老年人仍是温州鼓词听众的主要组成部分，电视台可以开设针对老年人的鼓词曲艺频道，在专门频道专门时间播放温州鼓词的演出。同时政府可以给予电视台适当的财政补贴，对其传播非物质文化遗产的行为进行奖励，保证电视台的经济利益。

（四）教育传播，培养学生兴趣

青少年对温州鼓词兴趣的缺失，很大程度上是因为对温州鼓词了解的缺乏。对此，可以尝试将鼓词传播融入学校教育，以教育的形式加强青少年对温州鼓词的了解，培养青少年对温州鼓词的兴趣。具体措施主要有以下几项。

（1）在音乐课程中引入温州鼓词。中小学音乐课程的要求包括欣赏具有地方特色的民族音乐，学校可以在音乐课程中额外增加温州鼓词模块，在学生完成义务教育的前提下，能有机会进行欣赏温州鼓词，也能加深对家乡文化特色的了解。

（2）在地方课程中介绍温州鼓词。通过调查，笔者了解到，温州市小学、初中的地方课程选用教材中包括《话说温州》一书，在九册书中向学生介绍了温州的名胜古迹、历史名人、地方戏剧等内容，但在地方戏剧曲艺一栏中并没有将温州鼓词列入其中，若在《话说温州》中加入温州鼓词一栏，向学生介绍温州鼓词所蕴涵的文化魅力，这样能有效地加强学生对鼓词的了解。

（3）在学校教育中保留方言文化。对此，学校可以开设温州方言课程，在不占用学生太多时间的情况下，让学生学习温州话民谣、谚语、俗语等，在课堂上提高学生温州话的使用频率，培养他们对地方方言的兴趣，也让他们能更好地了解温州鼓词中的方言特色。

参考文献

[1] 郭凤芝，王二杰. 浅谈温州鼓词的文化价值与保护[J]. 黑龙江史志，2012(13)：54-55.
[2] 苑利.《名录》时代的非物质文化遗产保护问题[J]. 江西社会科学，2006(3)：13-18.

（本文发表于《管理观察》2016年第19期第74-76页）

谁还记得我？
——关于杭州市萧山区三联村的传统习俗保留状况的调查报告

沈梦婷* 指导教师：张 伟

摘 要：本文通过对萧山区三联村传统习俗保留现状的调查，了解了不同年龄层的村民对待传统习俗的态度，研究了传统习俗在传承中存在的问题，针对这些问题开展可行性研究，并提出相应的建议。

关键词：传统习俗；保留状况；传承

一、现状分析

此次社会实践所调查的村庄是杭州市萧山区三联村，三联村是一个位于钱塘江边的小村，这一片地方也被称为围垦。虽然在过去的几十年间，随着城市化的推进，村里人的生活发生了质的改变，从没有土地，到围江开垦；从草屋变成平屋，再从平屋变成楼房；从食不果腹，到人人生活富足。人们的生活发生了巨大的变化，但其中最为明显的变化，就是许多习俗在不知不觉中淡出了我们的生活，其中有些现在甚至鲜为人知，像端午节喝雄黄酒、吃雄黄豆、煨笋、煨蛋、做青包蛋，这些老习俗若不是在实践走访中被告知，笔者可能永远都不知道原来家乡曾经有过这样的习俗。所以随着经济的发展，人们生活水平的提高，三联村的传统习俗保留状况不容乐观。

在调查中发现，人们对于三联村传统习俗的态度，主要可以分为三种。

（1）基本不了解状况，甚至觉得很无聊。他们大多是年龄在 30 岁以下的人群，采访他们之后笔者发现，他们知道每逢节日，父辈祖辈就要准备各种活动，但是他们并不清楚这些活动的意义，但凡遇到祭祀之类的传统活动时，也都只是按照传统习俗去做。对他们而言，这些传统活动不但无聊还会把家里弄得烟气熏天。传统习俗对他们没有什么影响。

（2）是一知半解，不知道细节。他们主要以 30～60 岁的成年人为主。他们每年在

---

* 作者简介：沈梦婷，女，浙江海洋大学东海科学技术学院 2013 级计算机科学与技术专业学生。

特定的时间都会举办传统活动，并不是因为有多了解，而更像是年复一年养成的习惯，他们知道传统习俗的大部分细节，例如什么节日要做什么，也知道要做哪些传统食物，要倒多少酒，做几碗菜，甚至小到菜品的摆放，都要一一考究清楚。毕竟这些都是有讲究的，但当被问及为什么要这样做、有哪些禁忌的时候，他们就显得懵懂茫然。他们是保留祭祀和传承传统习俗的中坚力量，对传统的保留有着重要的作用，然而面对他们这样一种一知半解的状况，让人对他们能否完整地传承习俗而感到担忧。

（3）基本了解，虔诚相信。传统习俗在一代代的传承中，总会不断地遗失，所以在世的人，即使年迈的也很难悉数了解。他们从小就在一个传统的环境中长大。在那个年代里什么都缺，但唯一不缺的或许就是对传统习俗的信仰吧！在笔者看来，传统习俗在一定程度上就是人们的一种信仰，它是现实、想象和文化的产物。它在平凡的年代里，给人们带来不平凡的希望。

据调查，人们所处的时代不同，对传统习俗的态度也就截然不同。然而，随着时代的变迁，我们真的不再需要那些传统习俗了吗？就让传统习俗慢慢地消失吗？笔者认为这不是理智的做法，传统习俗中的精华部分无疑应该被传承下来。

二、存在的问题

历经百年沧桑的传统习俗文化，是一个民族成熟和发展的缩影，它存在于民族发展的全过程中，它是先辈们留给每个人的宝贵遗产，然而当前它为什么会逐渐淡出我们的生活呢？谁又该为传统的遗失负责呢？在社会实践的调查中，笔者发现当前传统习俗在传承过程中还存在一些问题。

（一）人们对传统习俗的态度问题

一方面，在当代社会，人们生活节奏不断加快，就算是农村也不例外，所有人都在进步。或许你还没来得及看清前方的路，就已被熙熙攘攘的人群带到了一个新的地方。每个人都在不断地学习以努力适应新生活，所以，人们不可能像从前一样开展各种传统活动。另一方面，互联网行业的发达，更是为三联村带来了新的思想。过去，人们生活在自己的小圈子里，了解到的也不过是很有限的信息，而现在各种各样的信息朝着人们扑来，这些信息，就像一颗巨石扔进了一湖平静的池水，激起巨大的波澜，人们的思想观念被逐渐颠覆了。于是，人们对传统习俗不再抱着敬畏虔诚的态度，有人开始质疑，在许多年轻人眼里，传统习俗被拉下了神坛，毋庸置疑，人们需要有一种质疑的态度，让人得以突破自我，让社会得以不断发展，但是不该一味摒弃所有传统，正所谓存在即是合理的。

(二)传统习俗本身的问题

众所周知,传统习俗的产生多半与神话传说有关,且因为产生时间较为久远,所以难免复杂繁琐。过去的人们对自然有太多的不了解,他们无法解释种种异象,于是神话便应运而生,人们用神明、菩萨等超自然生物的存在来解释这些异象。人们敬畏神明,并且相信神明会给他们带来好的生活,所以出现了各种祭祀活动,比如祭祀灶王爷,以求得美言;祭祀土地神,以求得丰收;祭祀月亮,以求得团圆等。而随着科技的发展,那些曾经无法解释的异象都可以用科学解释,人们开始相信科学,既然传统习俗的来源被否定了,传统习俗也就变得毫无意义,于是传统习俗逐渐被淡忘的情况自然而然也就出现了。

(三)功利化的社会心理问题

一方面,传统习俗文化保留较为完整的地方,不少都较为封闭落后,他们有意愿将这些传统文化继续传承下去,而封闭的环境却难以成为传统文化传承的良好土壤。另一方面,在经济发展之后,人们受到经济利益的影响,较容易放弃对传统习俗的追求。经济发展是人民追求的目标之一,它对于人民生活的改善具有重要作用。但在功利化的社会心理驱使下,过于追求眼前的经济利益,却容易使人们迷失方向,对传统习俗的继承和发展带来消极影响。

三、有关对策与建议

传统习俗文化是一个地方发展的见证,凝聚了先人们的希望和智慧。我们都是历史的孩子,我们都将成为历史,所以我们在创造历史的同时,也该传承历史。针对存在的问题,笔者提出如下建议。

(一)正确认识传统习俗文化的当代价值

传统的淡忘消失,并不是三联村的个别现象,它存在于每个被人忽视的角落,传统在现代文明还未彻底覆盖的地方苦苦挣扎。现代人总喜欢去寻找充满传统的地方,但他们却不曾在意自己身边的传统,反而任其消失。现在人们所习以为常的事情,在多年以后或许只能在博物馆里隔着橱窗望上一眼,然后留张照片纪念,人们辗转在各个景点,缅怀瞻仰所谓的传统,再匆匆离去。此情此景,不觉得可笑又可悲吗?不要等到失去才懂得珍惜,不要等到消失之后才开始纪念,那些已经逝去的,我们无法挽留,但至少留在身边的,应该好好珍惜。要保留传统习俗文化,必须正确认识传统习俗文化的当代价值,明白传统习俗文化对我们的意义。尊重传统并不是思想落伍,更不是愚昧迷信。传统是贯穿于中华民族文化发展的始终，记录着一代又一代人生活的变迁，是值得我们每个人尊重敬畏的。所以，请停下来好好看看周围，别去追逐别人的传统，好好把握自己的。如果自己的传统文化都不在意，那么别人更不会在意。总而言之，每个人都应尽自己的力量保留传统习俗文化，任何人都不会帮你记录自己的历史，每个人都尽一点自己的力量，不要只留形式，要把传统习俗文化中所包含的精神一代代传承下去，不要给后人留下遗憾。

（二）加强传统习俗文化教育

一些流于形式的东西，更容易被遗忘。传统习俗在历史发展的过程中，可能逐渐湮没在现代化的潮流中。许多年轻人只觉得传统习俗文化既繁琐又落伍，与新时代格格不入，殊不知，一个民族文化之精髓，许多皆来源于传统习俗之中。传统习俗文化中的精髓是民族精神得以延续和发展的柱石。民进(我国民主党派之一全称"中国民主促进会")中央副主席、中国教育学会副会长朱永新曾说："一个国家、民族，要形成共同的语言、愿景和理想，建立共同的精神家园，必须要有一个共同的阅读和学习过程。优秀传统文化教育非常重要，走近才会尊敬，只有让青少年更多地去感知、实践和体验鲜活的优秀传统文化，他们才能从中汲取营养。"年轻人是传统文化的继承者，他们对传统的态度，将直接影响传统文化的继承与发展，所以要加强传统习俗文化教育，保护传统习俗文化。通过各种形式的教育，逐渐改变年轻人的看法，让年轻人走近它、了解它、尊敬它。

（三）充分发挥地方政府主导作用

正如调查所知，目前三联村虽然还保有不少传统，但是由于传统习俗本身的繁琐以及不变性，难免让人产生厌倦情绪，更影响了年轻人的态度。所以，为了传统习俗的继承和发展，必须充分发挥地方政府主导作用。地方政府的态度，往往会成为社会大众的态度。试想，如果地方政府在某一特定节日组织村民举行某种活动，势必可以带动村民的情绪，长此以往，这一活动甚至可能成为村里的一种文化特色。这样做不仅可以保留现有的习俗，还可以发展本村的特色文化。当然，这种活动，不是轻易可以举办成功的，需要有活动内容的策划，需要能吸引各个年龄层的村民前来观看，需要村民的配合。面对日渐被人淡忘的传统习俗文化，个人的力量总归是有限的，政府必须提供助力，否则，传统文化就会像飞鸟失去翅膀、泉水失去泉眼，其结局必然是令人惋惜的。因此，如果人人真心想要保留传统习俗文化，需要凝聚政府、社会、村民的力量，形成合力，共同推进传统习俗文化的继承与发展。

参考文献

[1] 王江英.增强文化自觉正视民族传统习俗的传承与发展[J].新疆社会科学,2014(6):66-68.
[2] 赵鹤.现代文化对民族传统习俗文化传承的影响[J].黑龙江教育(理论与实践),2015(3):42-43.
[3] 谭海涛,董兵锋,田彦强,等.浅析民族地区传统习俗的传承与保护——以恩施自治州为例[J].科技经济市场,2015(7):180-181.

第三部分
社会建设

舟山新渔(农)村建设发展状况及对策研究[①]

张佩菁* 指导教师：刘 煜

摘 要：随着舟山经济社会的发展，工业化、城镇化的不断推进以及渔业资源衰退后，渔民转产转业步伐加快，小岛大批人口向城镇迁移，渔村大量的人口外流，舟山新渔(农)村建设面临一系列的问题和挑战。为此，笔者通过调研走访，深入分析舟山新渔(农)村建设中存在的问题，在此基础上提出相应的建议，以促进舟山新渔(农)建设的健康发展。

关键词：舟山；新渔(农)村建设；建议

社会主义新农村建设是党的十六届五中全会提出来的我国现代化进程中的重大历史任务，按照"生产发展、乡风文明、村容整洁、管理民主"的要求，把发展农村生产力、建立现代化农业、增加农民收入，改善人民生活环境放在第一位，千方百计地让农民增加收入，提升生活质量，全面推进农村经济发展。舟山群岛地理环境特殊，在新渔(农)村建设的问题上需要研究海岛渔村的社会变迁，参考和研究全国各地新农村建设的经验，同时结合舟山群岛现有的资源，充分把握舟山群岛新区美丽海岛建设的机遇，深入研究新渔(农)村建设存在的问题并提出全面且科学的建议，以促进舟山新渔(农)建设的健康发展。

一、舟山新渔(农)村建设面临的困境

(一)经济基础薄弱

渔村的一切建设都离不开经济支出。笔者经调研发现，舟山普陀区渔村普遍经济基础薄弱，没有可以支撑起全村经济的产业。且半数渔村资源优势较小，既没有大型工业，风景特色也不明显，难以依靠第二、第三产业发展。以虾峙岛大岙村为例，该村不靠海，没有美丽的海域风光，渔业资源匮乏，船厂的效益也不高，加上劳动力的流失，村民老龄化情况日益严重。目前该村收入来源十分单一，土地租赁与国家补助是主要来源；村内薄弱的经济基础，不仅无法支撑起发展渔村所需要人才的花费，连

---

① 基金项目：2016年浙江省大学生科技创新活动计划暨新苗人才计划浙江海洋大学项目"生态文明背景下'沉寂渔村'保护性开发利用研究——以舟山为例"(2016R411002)。

* 作者简介：张佩菁，女，浙江海洋大学东海科学技术学院2015级汉语言文学专业学生。

村内日常开支都有些紧张。

(二) 基础设施不完备

基础设施建设是新渔(农)村建设的一项重要内容。然而普陀区渔(农)村的基础设施在多方面都存在问题。交通不便极大地影响居民的生活，如葫芦岛社区所在的葫芦岛两三天才有一班船往来。村内日常用品和设备的更换，还需要岛外工作的年轻人提供支持，且多数渔村村内并无公共交通工具，村民岛内出行只能依靠非机动车。此外，村内饮水安全工程建设滞后、不全面。笔者走访的多个村子的供水都没有污水处理器等设备，村民的饮用水得不到安全、卫生保障。渔村中老年人数量较多，但可供老年人健身、娱乐的器材较少，少数渔村甚至未设立老年活动中心。最严峻的情况是医疗设施落后，近半数渔村没有卫生站，这对老年人居多的渔村来说是个巨大的隐患。

(三) 环保意识不强

做好环境卫生保护工作是改善人居环境的重要内容，也是新渔村建设不可或缺的一部分。笔者所访的舟山各渔村在环保方面存在严重的问题，村民垃圾分类的意识非常薄弱，甚至连垃圾桶都很难找到，路面垃圾也时常可见。东极岛庙子湖海湾各种饮料瓶、泡沫箱等垃圾漂浮海面；鸡冠村内的登步菜场门口路面发黑；虾峙岛的公交车站找不到垃圾桶；大岙村的垃圾箱周边虫蚁丛生，臭气熏天，影响村容。这些现象并没有引起村民和村干部的重视。村里也没有做过垃圾分类的宣传，村民并不知道废弃电池对土地的危害。村民家里的生活污水也是直接排放，且村干部对此不以为意。

(四) 文化建设缺失

文化是民族生存和发展的重要力量。渔村文化建设也是新渔(农)村建设的重要内容之一。然而在舟山，只有靠近镇中心的渔村才有文化礼堂，远离镇中心的社区在文化建设方面确实严重欠缺。虾峙岛河泥漕、礁岙等三个自然村都没有文化礼堂。登步鸡冠村的登步战役红色纪念馆和虾峙岛大岙社区的文化大礼堂都是常年关闭，无人问津。各渔村文化礼堂千篇一律，缺乏本村特色，渔文明遗失严重。村民文化生活空白，东晓社区河泥漕村一年仅举办两次文化活动。文化活动缺失的问题几乎存在于普陀区的每一个渔村。

(五) 基层干部素质不高

农村经济发展滞后，人才外流严重。同时，主观上的一些地方放松了对接班人的培养，使渔(农)村基层领导干部总体素质不高，难以适应领导渔(农)村现代化建设的需要。笔者曾采访过十多位村干部，发现近八成村干部年近六旬，在身体上，他们精力有限，无法像青年人一样高强度工作；在思想上，也有一定局限性。有的农村基层领导思想观念陈旧，不能适应社会主义市场经济的要求，接受新事物的能力明显较弱，冲不破小农经济的思想牢笼，患得患失，"不敢越雷池半步"。有的想发展又不愿锐意进取，而是守株待兔，导致了村级领导班子工作能力明显不足，坐失了一次又一次的发展机遇。

二、对舟山新渔(农)村建设的对策建议

习近平同志曾说过："青山绿水就是金山银山。"舟山新渔(农)村普遍拥有其独特的自然风华，有的甚至能够利用特有的资源优势，发展特色产业。然而这些渔村却没有得到合理的开发，新渔(农)村建设也因此困难重重。笔者针对上述问题，为舟山新渔(农)村建设提出如下建议。

(一)与时俱进利用资源优势，网络集资打开经济渠道

渔村经济的腾飞需要有优势资源和外界大量的投资，但是却不是所有拥有资源优势的渔村都富裕，与时俱进的资源利用思想就显得尤为重要，好的集资方式更是提速渔村的发展。笔者认为以下主要措施十分必要。

(1)资源整合。为带动整个渔村的经济发展，必须充分利用渔村的优势资源，紧随全国旅游的大潮流，将旅游业资源和渔业资源整合，走渔村特色旅游的道路，大力推广休闲渔业，如海钓、潜水捕捞等。

(2)开发新资源。资源优势不明显的渔村想要发展，必须带着敏锐的触角积极去发现村里的资源。如东极的东福山，山顶日照强、空地多，山顶就设立了数亩太阳电池板；虾峙岛的礁岙村，人口少，远离镇中心，风力资源丰富，则可以考虑引进风力发电技术。

(3)注重互联网融资。随着互联网科技不断地发展，互联网融资应运而生。东极岛上的渔村因为电影《后会无期》而进入大众的视野，资金源源不断地通过互联网涌入渔村，村内经济一日千里。由此可见，互联网融资效应之强大。村干部不妨联合相邻各村把各自村内资源优势整理出来交给专业的互联网宣传团队，并向政府寻求一定帮助，打响渔村知名度，并借此融资。

(二)完善村内基础设施，提高村民生活水平

基础设施建设是经济发展的基础和必备条件之一，完备的基础设施可以为经济的高速发展积蓄能量，基础设施建设亦可以拉动内需，提供一定的工作岗位，为渔村带来一定的人流量、带动村内第三产业经济的发展。对此，笔者提出以下三点建议。

(1)提供高质量的公共健身器材。高质量的公共健身器材不仅可以为村里的孩子提供玩乐的场所，减少了他们去水库等危险地带游玩的风险，而且丰富了老年人的娱乐生活，提高了老年人的身体素质，减少医疗机构的压力，提高村民幸福感。

(2)确保供水质量。社区要积极发挥作用,多渠道申请、获取资金购置污水处理器,发展集中式供水,尽可能做到饮用水与生活用水分质供水;适时修整改造水库,让村内水储备能够满足村民的用水需求。

(3)完善公共交通基础设施。交通的便利与否直接关系到渔村的发展。社区可以向区政府提出申请,为岛上各村开通公交或者设立自行车租赁点,方便村民出行。村委会应在村内公交站牌边设立遮阳棚,方便村民等车;在村道外边酌情设立休息椅,方便老年人出行。

(三)提高村民环保意识,将环保工作落到实处

人类活动,包括经济对于环境的改变,必将反过来影响到经济发展和人类本身。环保作为一个永恒的主题,它不仅关系到村民的生活环境,更是关系到渔村能否持续发展的大计。在渔村的发展中做好村内环境的保护工作是新渔(农)村建设工作的重中之重。笔者就环保方面提出以下三点建议。

(1)提高环保意识。渔村村容的洁净美好需要每一个村民的共同努力。村干部应学会调动社会上的力量,加大对村民的环保教育。渔村村委会可以和当地大学生志愿服务活动对接,由大学生下乡入村宣传环境保护的重要性,培养村民保护环境卫生的意识和节水、垃圾分类的意识。

(2)注意垃圾分类回收。渔村内可多处设立废弃电池回收点。方便村民放置废弃电池,防止造成土地污染。在公共场所多处设立垃圾分类垃圾桶,并及时派人将垃圾送往垃圾场处理。社区可以定期组织废物回收巧利用比赛,减少垃圾的产生,节约资源。

(3)减少村内污染。村委会应从严监督村内工厂污水、废气的排放,设立超标污水排放举报有奖制度,并且定期安排人员清理河道垃圾,保持洁净的村容村貌。与此同时,村委会可给予村民一定的够买无磷洗衣液(粉)的补助,减少生活用水污染。

(四)做好文化传承,建设文明渔村

文化是民族的根,也是渔村发展的根本。文化的传承则是浩大、艰难但功德无量的工程。在老龄化日益严重、人口不丰的渔村,渔文化亡佚严重,做好渔文化的传承工作就显得尤其重要。为此,笔者提供了以下三个建议供渔村参考。

(1)编纂村史。每个渔村都该有自己独特的文化,如岱山鼠浪村曾召集村里有文化的老人合写了一本《鼠浪村志》。各渔村也可以仿照他们组织一批人去高龄老人家中采访并记录本村历史,为自己的渔村立传。

(2)加强特色文化建设。渔村的文化礼堂应将本村的照片资料进行收集和整理,还可以将思维清晰的老人回忆渔村往昔的话录音或者录像作为音频材料,放到文化礼堂播放。

(3)丰富文化活动。将村里的渔嫂组织起来定期举行补渔网大赛。村委会可以加强与当地大学的合作，邀请大学生来村里给老年人上课，做文艺汇演，举办说书大赛等活动，丰富老年人生活；与此同时，渔嫂教大学生织网，传承渔文化。

(五)提高基层干部素质，走向美好未来

领导班子建设，组织建设是基础，思想作风建设是根本。而村干部素质过低难以胜任村内事务，更有甚者难免尸位素餐，浪费村内资源。因此村干部必须坚持"精干高效，依法择优、兼职交叉"的原则，笔者对此提出了下列建议。

(1)加强思想教育培训。把思想教育与组织整顿结合起来，从根本上提高思想觉悟，为组织整顿打下坚实的思想基础。村干部每月至少参加高质量培训一次，为确保培训质量，应注意控制培训班的人数，做到小班精化培训，并加以培训后的工作成绩考察。

(2)注重年龄梯次配备。为了使村内领导班子更和谐先进，30岁、40岁、50岁上下的干部应各占三分之一。现任干部的年龄原则上控制在45周岁以下，新任干部的年龄原则上控制在40周岁以下，特别优秀的可适当放宽，但必须上报行政单位审批。

(3)注意引进人才。政府应鼓励大学生毕业下乡竞选村官，为渔村注入新血液、新动力。高学历的村干部，在眼界和思维上更能跟现代化渔(农)村经营理念接轨，能主动创新开拓，引进新技术，为新渔(农)村建设谋出路。

参考文献

[1] 陈胜,姜华帅. 岱山县社会主义新农村建设调查与分析[J]. 绿色科技,2011(10):188-190.
[2] 伍应燕,虞聪达. 我国现代和谐渔村构建模式研究[J]. 浙江海洋学院学报(人文科学版),2011,28(2):11-15.

(本文发表于《农村经济与科技》2017年第1期第222-224页)

舟山"沉寂渔村"面临的困境及对策

许王敏* 指导教师：刘 煜

摘 要：随着舟山经济社会的发展，工业化、城镇化的不断推进，渔业逐渐衰退，海岛上出现许多"沉寂渔村"。本文以舟山为例，分析了舟山"沉寂渔村"保护性开发面临的问题和挑战，并提出了有针对性的建议，以实现"沉寂渔村"的健康发展，让"沉寂渔村"焕发新的光彩。

关键词：沉寂渔村；困境；建议

随着近年来舟山海洋渔业经济的迅速发展，渔业产业链结构的拉长，工业化、城镇化的不断推进以及渔业资源衰退后，渔民转产转业步伐加快，小岛大批的渔农村人口向城镇迁移，出现了大量的空闲宅基地和空置房屋，渔农村地域功能退化，聚落空间形态发生异化，出现了"沉寂渔村"这一社会现象。古老陈旧的渔农村逐渐被遗忘，为了了解这些"沉寂渔村"现在渔业的发展状况，现存渔民的数量，年轻劳动力的流向情况等，笔者通过对舟山一些"沉寂渔村"进行实地调查了解现状，在此基础上分析"沉寂渔村"存在的问题，并提出解决这些问题的建议，以便能唤醒"沉寂渔村"，让"沉寂渔村"有新的健康的发展。

一、舟山"沉寂渔村"面临的困境

因为政府逐渐重视"沉寂渔村"的重新开发，出台了一些渔村开发政策。有一些"沉寂渔村"利用当地的自然资源已经开发了一部分，但因为"沉寂渔村"重新开发时间短，可开发资源少，在开发中渔村出现了许多问题。这些问题值得我们深究。

(一) 海洋渔业资源急剧减少

近年来，由于我国海洋渔业资源开发利用无序、无度，造成了海洋渔业资源的衰退，影响了海洋渔业资源的可持续发展能力。在实地调查中，接受采访的老渔民们皆表示以前祖祖辈辈都生活在海边，靠海吃海，以捕鱼为生。但是现在渔业资源明显减

---

① 基金项目：2016年浙江省大学生科技创新活动计划暨新苗人才计划浙江海洋大学项目"生态文明背景下'沉寂渔村'保护性开发利用研究——以舟山为例"（2016R411002）。

* 作者简介：许王敏，女，浙江海洋大学东海科学技术学院2014级财务管理专业学生。

少,光靠捕捞鱼为生,不足以维持生计。他们只能选择出去打工,空时捕鱼。所以现在渔村里纯渔民几乎没有。

而造成海洋渔业资源的急剧减少的原因,不仅仅是因为对渔业资源的过度捕捞,还有一个重要的原因是渔具的不恰当选择与使用。为了增加产量,获得更大的经济效益,许多渔民都会选择拖网,渔网的网眼不符合标准,大鱼、小鱼都捕捞上来,无法确保渔业资源再生,从而造成渔业资源萎缩,由此进入恶性循环。再者,海洋石油的开采、海上的交通运输、造船业的工业废水、生活污水、围海造田等一系列人类生产生活活动都对海洋的生态环境造成了一定的破坏。因此保护海洋渔业资源,改善海洋生态环境迫在眉睫!

(二) 年轻劳动力大量流失

随着舟山经济的快速发展,第二、第三产业的迅速扩大,海洋渔业资源的减少,政府政策的支持,开设免费新技能培训课程,越来越多的渔民不再捕鱼,而是转向了第二产业和一些较为轻松的第三产业,如服务业。还有一部分渔民因为年龄较大,接受新事物的能力不强,更乐意选择一些与渔业有关的工作,因此通过政府安排的水产养殖业课程的培训,进入了与渔业相关联的水产养殖业。在调查中,通过对镇政府各级领导干部的采访得知:目前岛上年轻劳动力流失严重,仅剩下四五百人,且大都是一些年龄在60岁以上的老年人和一些没有劳动能力的残疾人。由于老年人学习一样新的技能普通很难。因此岛上没有新的产业,渔村新的经济活力无法创造,财政多为赤字。没有新的产业,就吸引不了人才,导致大量年轻劳动力流出,从而经济很难再发展起来。

(三) 海岛旅游开发滞后

海岛渔村的经济想要发展起来,说易不易,说难不难。一些"沉寂渔村"所在小岛面积仅为1~2平方千米,面积较小,能开发出1~2个旅游景点。但由于景点数量过少,游客不会长时间停留,因此靠景点旅游给渔村创造财富有限。据岛上的渔民介绍,有些游客停留一段时间就离开小岛。据笔者实地调查了解,渔村景点留不住游客的原因还有岛上基础设施不完善,没有可供游客消费的餐厅、旅馆,没有娱乐设施,岛上交通也极其不方便,渔村的基础设施不能满足游客的需求。据了解,政府也出台一些政策,想要开发利用这些小岛,但由于改善小岛的基础设施投入实在太大,所需资金实在太多,招商引资,吸引一些中小企业的投资非常难,因此很多方案都停滞在那里。面对旅游开发这个项目,但收益太慢,所要承担的风险实在太大,场外资本望而却步。因此,发展小岛上"沉寂渔村"的旅游业十分不易。

(四)产业结构单一

只有产业结构多样化,经济才能又好又快地发展。只有加快舟山海洋产业结构多样化的步伐,才能带动"沉寂渔村"的发展。开发海洋,可以促进和带动其他产业的发展,会产生新的产业和产业群。产业与产业之间、产业群和产业群之间都密切相关,一个产业的兴旺发达往往会带动一系列产业。然而海岛渔村还有一个突出问题就是产业结构单一。海岛渔村由于岛屿面积较小,发展船舶制造业、港口物流业、近海及远洋渔业捕捞业、石油储运,水泥制造、水产养殖业等都需要一定的地理位置优势。因此在面积小的海岛上由于地理位置的制约,很难做到产业结构多样化。一个小岛渔村往往只有1~2个主要产业。在实地调查中,我们了解到渔村的产业有船舶制造业和石油储运海运业,但两个产业的规模都比较小,船舶制造业也有可能会停滞。渔村主要是发展海运业,产业结构较单一。"不要把鸡蛋放进一个篮子里",渔村的产业发展也是一样。一旦市场发生变化,整个海岛的经济就会遭到毁灭性的破坏。在实地调查中,被问及是否考虑发展其他的产业时,渔村领导表示:当然想要产业多元化发展,能促进经济发展,但关键是海岛可利用资源太少,缺少更多的发展方向。渔村想发展还缺乏资金。所以在唤醒"沉寂渔村"方面还存在着诸多问题。

二、对"沉寂渔村"保护性开发的对策建议

通过实地考察,我们了解了"沉寂渔村"的现状,也意识到它的发展对整个舟山的经济发展起着非常重要的作用。"沉寂渔村"要是能成功转型,获得发展,当地居民的生活质量将会提高,也会吸引人才,渔村的价值空间也能得到充分的发展。为了能让渔村转型成功,我们针对发现的问题,提出了如下相应的建议。

(一)严格实施休渔政策,保护渔业资源

面临着过度投资、种群枯竭、渔获物质量下降、资源利用冲突加剧、渔业资源的可持续利用严重受到制约等问题,为了能够更好地保护渔业资源,笔者提出建议如下。

(1)严格遵守休渔政策。伏季休渔政策由国家部门批准,由渔业行政主管部门实施,它规定在每年一定时段内,一定水域不得从事捕捞作业,因此被称为伏季休渔制度,是迄今为止影响范围最广、影响程度最深、执行最为彻底的的渔业资源保护和管理措施。我国自1995年开始在东海、黄渤海海域实行全面的伏季休渔制度,即为了让海洋中的鱼类有充足的繁衍及生长时间,每年在规定的时间内,禁止任何人在规定的海域内捕鱼,对鱼类的生长起了很好的保护作用。

(2)严禁使用违规渔网。《中华人民共和国渔业法》明确规定:禁止使用小于最小网

目尺寸的网具进行捕捞。而在行政执法过程中,发现仍有个别不法分子使用"绝户网"等违规捕捞网具破坏渔业资源。所以要想保护好渔业资源,执法部门要专项整治,做好平时工作,呼吁渔民保护渔业资源,护海护家,实现渔业的生态发展。

(3)控制近海水域捕捞。政府和渔业主管部门要重视近海渔业资源的保护和合理利用,要从实际出发,积极调整产业和作业结构,鼓励开发外海新渔场、新资源。对近海水域捕捞生产实行限制政策。对未经批准擅自建造的无船名号、无船籍港、无船舶证书的渔船,要坚决查处。加强捕捞许可证管理,严格制止非渔业生产者从事近海水域捕捞生产。要切实采取措施改善渔场环境,保护渔业资源。

(二)加大国家政策扶持,吸引劳动力回归

建设社会主义新农村的关键是农村的发展,劳动力是农村发展的首要因素。劳动力回归农村创业是实现农村繁荣、建设社会主义新农村的有效途径,随着国家政策向农村的倾斜,劳动力回归有了实现的可能性。要将这种可能性变为现实,笔者提出以下建议。

(1)增加就业机会。小岛大批的渔农村人口向城镇迁移,导致渔村劳动力大量丧失,村中只剩下一批老人,制约了渔村的发展。而劳动力的回流需要的是就业机会。当地政府要参与规划并给予各种优惠措施和补贴,吸引投资商,创造就业机会。同时要创造性地融入商业模式,合理开发旅游资源。

(2)健全社会保障机制。劳动者在劳动中可能发生工伤风险、疾病风险和失业风险,女职工又要生育子女,这将使部分职工丧失劳动能力和劳动岗位,失去和减少维持生活的收入来源。此外,劳动者也必然会由青年走向壮年,最后步入老年而最终丧失劳动能力。所以当地政府要通过建立和完善社会保障制度,为劳动者提供养老、医疗、失业等保障,使劳动者在暂时或永久丧失劳动能力时,可以获得社会给予的物质帮助和保障,能够维持基本生活水平。这就解除了劳动者的后顾之忧,有利于调动职工的劳动积极性。

(3)加大政府对本土企业的扶持力度。要进一步加大财政引导和扶持力度。充分发挥财政资金的引导作用,积极扶持中小企业发展。各级政府可根据本地的需要,设置"创业计划专项资金",用于扶持广大创业者。政府要加快建立健全中小企业融资担保体系,探索建立政策性中小企业信用担保机构代偿损失补偿机制、中小企业信用担保基金和中小企业创业投资引导基金,使更多的创业者享受政府财政政策的支持。

(三)加强海岛旅游开发,打造特色渔村

我国对于海岛的开发基本上是从旅游业的发展角度出发的,旅游业是一个经济产业,是国民经济的重要组成部分。随着经济发展、社会进步和人民生活水平的提高,

旅游业的发展前景是广阔的。舟山的海岛环境幽静，山林景观诱人，又有不少文化古迹，并且受到外界的影响较小，是观光、避暑、疗养、度假的好去处。但我国海岛旅游尚处于起步阶段，不仅旅游产品层次结构高低不平衡，而且海岛景观资源价值未能充分体现。故在海岛旅游开发方面笔者提出以下几条主要建议。

(1) 加大海岛旅游基础设施建设。农村基础设施建设是城乡协调发展的关键环节，是社会主义新农村建设的物质基础。舟山的这些"沉寂渔村"大多数地处偏僻海岛，跟外界的信息渠道不多，这对保持村落的原生态有很大的益处。而现在要想跟上经济社会的步伐，必须加强与外部的联系，解决交通基础设施问题和小岛知名度问题。政府应加强"沉寂渔村"的交通、能源、饮水、通信等基础设施建设，为海岛旅游开发奠定坚实的基础。

(2) 因地制宜开发海岛旅游。通过实地调研，我们认为"沉寂渔村"发展应因地制宜，从自身实际情况出发，开发自身独特的渔村文化，让文化创意产业在旅游领域拓展和延伸，成为旅游发展的新引擎。反过来，旅游的发展也为文化创意产业的繁荣创造了新机遇、新动力。在旅游产业集群化发展及文化创意产品特色化发展的背景下，文化创意旅游已经成为旅游景区、旅游企业及相关部门共同参与的新领域、新热点。要通过各种宣传方式，将渔村最美、最独特的一面得以展现在世人面前。

(3) 加大旅游开发投资力度。一般来说，资金短缺是制约"沉寂渔村"发展的主要因素。在"沉寂渔村"开发的过程中，最缺乏的是资金。在开发的初期，应该以财政投资和政策性金融贷款为主。但若只靠政府，无论是在初期开发还是后期运营方面都存在着不可回避的短板。所以，中后期应靠民间资金、外资等多方面资金投入，依靠资本市场的力量来推动景区的开发建设。

(四) 实现海岛多元化发展，推进渔村转型

单一的产业结构制约着渔村的发展，多元化格局才是渔(农)村发展方向。而在多元化的这条道路上，有着很多的困难，针对一系列的困难，我们提出了以下几点建议。

(1) 调整渔村当地产业结构。当地政府要结合当地实际情况，通过规划、开发、引进等方法，坚持市场调节和政府引导相结合。充分发挥市场配置资源的决定性作用，加强国家产业政策的合理引导，实现当地产业结构调整。例如旅游产品开发、加工、饮食、工艺品等领域。通过丰富产业结构，合理利用资源，提供劳动者充分就业的机会，获得最佳经济效益；并能在当地居民创业过程中给予政策上的帮助与支持。

(2) 大力鼓励休闲渔业的发展。与其鼓励渔民大兴造船织网，政府不如把更多资金投在发展休闲渔业上，完善其产业链，为渔民前期投入减少负担，对建造休闲渔业设施提供补贴，相比捕捞渔船的柴油补贴，此举更具有"授人以渔"的前瞻性。比如对无

人岛屿的开发，将其变为垂钓基地，同时也可以进行旅游观光，不断另辟蹊径，这样才能加大渔业产业多样性，从侧面减少了商业捕捞对渔业的伤害。基于渔村、海岛的特殊资源优势，沿海渔村发展以旅游观光和游钓为主的休闲渔业，并以此带动相关产业，是一条振兴渔村经济的重要出路。

（3）促进渔村文化旅游的发展。对外，当地政府通过网络、新闻等渠道宣传渔村文化与特色，增加渔村知名度，并与旅游局合作，开发特色渔村路线，为渔村带来游客和收入。对内，加强文化保护——古遗址保护、民俗传承等，同时应不断加强环境保护，提高渔村渔民的环保意识。

参考文献

[1] 韩玲冰. 江苏海洋经济发展支柱产业选择[D]. 开封：河南大学，2001.

[2] 毛玮茜. 我国伏季休渔政策对渔业资源的保护效果探究[J]. 合作经济与科技，2014（13）：34-36.

[3] 任淑华，蔡克勤. 舟山海岛旅游资源开发评价与旅游业可持续发展研究[M]. 北京：海洋出版社，2010.

（本文发表于《管理观察》2017年第2期第159-162页）

关于嘉兴市秀洲区新农村集居点建设的调研报告

朱锦云[*]　指导教师：刘　煜

摘　要：建设社会主义新农村，是构建社会主义和谐社会的重要基础。社会和谐离不开广阔农村的社会和谐。当前，我国农村社会关系总体是健康、稳定的，但也存在一些不容忽视的矛盾和问题。本文通过调查，分析嘉兴市秀洲区新塍镇沙家浜村新农村集居点建设存在的主要问题，针对这些问题，提出解决这些问题的建议，为新农村建设提供一些参考。

关键词：新农村建设；集居点；建议

社会主义新农村建设是指在社会主义制度下，按照新时代的要求，对农村进行经济、政治、文化和社会等方面的建设，最终实现把农村建设成为经济繁荣、设施完善、环境优美、文明和谐的社会主义新农村的目标。为了实现对土地的集约利用和对农业的规模经营，政府在对社会主义新农村建设中包含了建设农村集居点的内容。课题组以嘉兴市秀洲区新塍镇沙家浜村为例，分析新农村集居点建设的状况，收集到一些集居点建设的数据，通过对这些数据的整理和分析，得出一些规律性的结论。课题组总共面向沙家浜村村民发出50份问卷，收回50份，其中有效问卷为47份，问卷回收率为94%。通过对调查情况的统计分析，找出存在的问题，在此基础上，提出解决这些问题的建议。

一、现状分析

嘉兴市秀洲区新塍镇沙家浜村位于新塍镇东，南有嘉兴塘，北有新农港，嘉塍公路、嘉桐公路穿越于全村东西南北，水陆交通十分便捷，面积5.76平方千米，全村耕地面积4873亩(1亩=666.67平方米)，有35个村民小组，743户村户。近年来，随着沙家浜村的经济不断发展，农村的建设规模不断扩大，广袤的农村大地上逐渐被星星点点的洋楼和厂房所覆盖，许多农户的耕地所剩无几。因此，如何提高土地利用率，既能解决村民建房和民营企业厂房问题，又能使农业生产成规模经营，成了沙家浜村新农村建设的重要内容。新塍镇政府已经下达《新塍镇农民建房管理工作实施方案》来规范农民建房问题，沙家浜村新农村集居点建设也按照镇人民政府的建设规划实施，

---

[*] 作者简介：朱锦云，女，浙江海洋大学东海科学技术学院2013级经济学专业学生。

建设较高标准的集中居住区。

目前，沙家浜村已有10个生产小组，228户农户通过征迁方式入住新小区。在这之后，沙家浜村对于集居点建设采取了新的措施。本次集居点建设计划涉及120户农户（其中包括无房户、缺房户），每户占地面积110平方米。政府总投资1亿元人民币，用于本小区约3800万元，资金较为缺乏。新小区位于嘉塍公路和嘉桐公路交接处。小区建设重点在水、电、路等便民措施。计划水、电、气、电视、电信线路等线（管）路安装到户，主干公路和主要通道两侧每间隔50m安装一盏路灯，供电、供水设施满足新农村集居点需要；排水、排污系统完善、通畅。小区绿化面积计划达到30%以上。沙家浜村总人口为2460多人，其中通过培训有300多人分别到不锈钢制品、家政服务、羊毛衫制品、喷水织机等企业找到合适的工作。

二、新农村集居点建设存在的问题

以"乡村风情浓郁、镇村结构合理、功能配套完整、交通便捷畅达、生产生活便利"为蓝图的新农村建设即将展开。这一打破千百年来传统村镇格局的举措，事关新形势下农村经济社会的发展，在实施的过程中，难免碰到各种矛盾和问题，如何正确认识和妥善处理这些矛盾和问题就成了新农村建设的重心。

（一）在集居点建设过程中，政府工作的透明度不高

据调查，对于新农村集居点建设这一政策，15%的人认为"政策非常好"，32%的人认为"政策非常好，但是下属部门没有完全按照好的政策实施"，47%的人认为"比较好"，只有6%的人认为"非常不好"。可见新农村集居点建设的政策没有太大问题，但有人认为政府的透明度不高。从问卷分析来看，17%的人认为政府工作"很多环节不透明"，62%的人认为"有一些环节不透明"，也有21%的人认为"没有不透明"。总的来说，大部分人对于集居点建设还是有需要政府公开的地方。政府工作不透明，没有保障村民的知情权，会导致村民积极性不高，不愿主动配合。因为村民心中无数，对集居点建设模棱两可，影响了集居点建设的进程。

（二）政府资金缺乏

在对村长的采访中发现，政府资金投入不足。新农村集居点建设需要大量的资金，而镇、村根本不具备这样的财力。当前新农村集居点建设的经济来源基本上是上级拨款。由于上级投入资金有限，县级财政配套能力较弱，村镇资金投入很难满足新农村集居点建设的需要。镇村的财力首先要投入到土地和房屋的拆迁当中去，所以不具备建设集居点这样的实力。

(三)赔偿或补偿标准不合理

如果在补偿问题上发生纠纷,85%的村民认为愿意"接受相关部门调解",可见绝大部分村民愿意通过调解解决问题。从问卷主观题来看,村民们普遍反映的问题主要是补偿太低。另外,赔偿标准问题也有争议。从问卷调查结果来看,关于新农村集居点建设,71%的人最想了解"赔偿及安置"情况,77%的人认为"只要赔偿合理,愿意配合";74%的人认为当前新农村集居点建设存在的主要问题是"补偿标准低";74%的人认为拆迁户拆迁后的情况是"一般,新环境导致了生活不便,补偿不是很充裕"。另一方面,政府对于村民的所有房子,补偿均为300元/平方米,这一补偿标准并不合理。可见,村民普遍希望提高赔偿或补偿标准。

(四)基础设施不完善

在调研中,我们注意到关系到新农村集居点建设相配套的基础设施不完善。集居点虽然建成了,但是与其配套的基础设施,如出行的道路、桥梁、绿化等问题也亟待解决,否则会影响村民生产生活的正常进行。从调查问卷来看,对拆迁户拆迁后情况如何?有74%的人回答是,"一般,新环境导致了生活不便,补偿不是很充裕"。可见,由于基础设施不完善,搬入新小区对村民生活带来了不便。新农村集居点基础设施不到位,衣食住行以及子女教育等问题突出,将影响村民入住的积极性、主动性。

(五)管理机制不完善

由于资金短缺,新农村集居点没有建立起真正有效的长效管理机制,后续管理难度较大。而且,集居点建成后,不能按原来自然村落的管理方式来进行管理。新农村集居点的格局与城市社区类似,能否像城市社区那样采取居委会的管理方式?种植区、工业区又如何管理?对于有些老人来说,他们在农村生活了一辈子,不适应集居点的生活方式,也许会延续原本在农村的生活方式,也许会在集居点养鸡、种菜,随意搭建、杂物乱堆乱放等,有碍集居点的环境管理。这些都是前所未有的、急需探索与解决的难题。

三、对新农村集居点建设的建议

新农村集居点建设总的指导思想必须以科学发展观为指导,以统筹城乡发展为目标,以加强村镇规划的编制和实施为手段,围绕"两个率先"和服务"三农",大力推进"工业向园区集中、农民向城镇集中、住宅向社区集中"的进程。针对以上分析的问题,我们提出以下建议。

(一)提高政府工作透明度,保障社会公平正义

政务公开、透明,满足公众的知情权,是公民社会的政治道义;公开政务信息,实现公众对政府的监督,是建设廉洁、高效、法治政府的必由之路。沙家浜村政府应定期将政策文件在政府网站和公示栏公之于众;出台正式文件,要通过互联网、广播媒体等渠道进行宣传,从而保障村民的知情权,使得村民心中有数,更好地推进新农村集居点建设。村委还要向村民负责宣传建造私房的政策及法规,讲清楚违法建造私房的危害性。同时,要杜绝暗箱操作,不能只为少数人谋取不正当利益,从而损害广大村民的合法权益。

(二)吸引多元投资,保障新农村集居点的正常发展

沙家浜村在推进新农村集居点建设的过程中,需要积极探索招商建区的新机制,吸引多元资本投入新农村集居点建设,解决新农村集居点建设的资金问题。当然也可以更好地解决新农村集居点建设中相关的基础设施配套问题。同时,各级政府要逐步建立起新农村集居点建设长效投入机制,设立新农村集居点建设基金,不断加大对新农村集居点建设的投入;要探索建立新的融资机制,进一步拓宽新农村集居点建设的资金来源,避免因新农村集居点建设而增加农民负担。另外,政府在新农村集居点建设上要统筹规划,重点投入,持续渐进,提高资金的使用效益,从而缓解资金紧张问题。

(三)完善赔偿或补偿标准,保障村民利益

对于赔偿或补偿标准低这一问题,政府应该修订并完善村民搬迁赔偿或补偿、奖励政策,适当提高赔偿或补偿、奖励标准。对有关部门在新农村集居点建设中收取的各项规费,要进行清理并核定标准,以实行最大程度的优惠减免,对进入集居点建房的村民,要减免相关费用,并采取一定的奖励措施,对因集居点建设而调整土地的村民,在社会保障方面要给予适当统筹,如购买养老保险等。另外,沙家浜村应该立足长远利益,解决赔偿或补偿标准中的不公平问题,让老百姓对新农村集居点建设都满意。镇、村政府应该以村民利益为重,切实解决村民生产社会过程中的突出问题,提高村民的幸福感与获得感。

(四)完善基础设施,提高村民入住积极性

建设社会主义新农村建设具有一个科学完整的体系,农村基础设施建设既是其目标,又是其实现的手段。目前村民担心入住集居点后会产生种种问题,而且沙家浜村农村集居点的基础设施还不完善,因此有必要完善公共设施,提高村民入住的积极性,农民的意愿也成了集居点建设成功与否的重要因素。基础设施建设要便民、利民,要

围绕村民生产生活最关心的问题。在集居点建设的过程中，及时了解民意、体察民情，不断完善基础设施，以满足村民的需要。加强农村基础设施建设，尤其是公路建设，这是社会主义新农村建设的坚实基础。农村公路是支撑农业和农村经济发展的基础设施，是农村地区最主要的运输通道。加快农村公路建设，改善农村生产、生活条件，是发展农村经济、解决"三农"问题的基础和前提。沙家浜村应该在集居点周围设置公交站点，完善小区道路，改善村民出行条件。在集居点建成后出现的一些环境问题，如绿化、亮化、河道清理、垃圾处理等，也亟待解决。另外，关系到村民的医疗、教育等问题的基础设施建设也需完善。沙家浜村还有必要在集居点中心建设一个村民活动中心，包括健身场、篮球场、文体活动室等，并且全天候向村民开放，以丰富村民的文化生活。

（五）探索管理新体制，提高管理效率

在新农村集居点管理的体制上，需要进一步探索创新与城市化相适应的农村社区的组织形式、管理体制。沙家浜村应该在实践中探索新的管理体制，并且在实践中不断完善。目前，沙家浜村集居点由于新居住模式的现实条件限制，许多传统的习惯、民族风俗在新环境中失去了生存的土壤。因此，沙家浜村在集居点管理方面应注重引导传统民俗活动的正常进行，丰富村民的日常娱乐生活。在集居点的公共卫生问题上，应加强对村民的教育与引导，对私自焚烧秸秆、垃圾，随意搭建、杂物乱堆乱放等陋习应给予适当的惩罚与教育，加强村民的公共卫生意识。有条件的集居点，应逐步实现垃圾分类处理，生活污水净化等现代化环保措施。在新农村集居点附近，政府应该配套安置相应的医疗卫生、公共交通、体育器材等公共服务，方便集居点人民的生活，这有助于新农村集居点更好地发展，提高新农村集居点村民的生活幸福感。

参考文献

[1] 冯肃伟. 新农村环境建设[M]. 上海：上海人民出版社，2007.
[2] 程必定. 从"三农"到"四就"再造的新农村建设思路[J]. 发展研究，2016(6)：58-64.

对浙江省宁海县张辽村留守老人生活状况的调研

王佳丽[*]　指导教师：张发平

摘　要：农村留守老人是我国在由传统的农业社会向现代化的工业社会转变过程中急剧扩大的群体。随着社会的发展，城市改革的步伐日益加快，大量青壮年农民进城务工，导致越来越多的农村老人独守空巢。本文分析了浙江省宁海县张辽村留守老人的生活状况以及存在的问题，在此基础上，提出解决这些问题的建议，为构建和谐社会作贡献。

关键词：农村；留守老人；建议

人的一生中，父母的关怀和爱护是最真挚、最无私的、最伟大的，不单单因为他们给了我们生命，她们的爱还像一盏明灯，照亮了我们成长、生活，让我们学会如何爱自己，如何爱别人。但是在农村，我们无法随处看到子女对父母的关怀，甚至连最基本的回家看看都是一种奢望。随着社会的发展、生活节奏的加快，大量的青壮年农民为了生活选择了外出打工，随之出现了越来越多的留守老人。在此次实践中笔者发现，虽然留守老人们的生活水平有一定程度提高，但是由于长期缺乏子女的照料与陪伴，老人们的生活与精神也发生了很大的改变。如何让留守老人老有所养、老有所乐，是应该引起全社会重视和采取措施予以解决的问题。

一、留守老人的生活现状

浙江省宁海县张辽村是一个非常小的村庄。全村有一百多户人家，由于大多数年轻人都选择外出打工，村子里面剩下的几乎都是老人。农村的生活非常简单，有劳动能力的人每天日出而作，日落而息。上了年纪的留守老人却不同了，他们的生活节奏是一般人难以想象的。他们的生活充满了无边的荒凉和寂寞，每天天一黑就倒头睡觉，天一亮就起床，白天大部分时间只能坐在门口守着空荡荡的房子。

留守老人们的生活困难，原因是多方面的。

(1) 家庭生活状况的影响。主要包括两个方面，即居住条件和家庭关系。从居住条件来看，大部分留守老人居住的房子已经相当陈旧，年久失修，外加子女常年在外务

---

[*] 作者简介：王佳丽，女，浙江海洋大学东海科学技术学院2013级经济学专业学生。张发平，男，浙江海洋大学东海科学技术学院讲师。

工,老人自己因年纪大无法对房屋进行修缮,只有少部分留守老人住上了子女为他们重新建造的新房子,大多数留守老人还是住在陈旧的老房子里。从家庭关系来看,毫无疑问,与子女关系的亲密程度对留守老人的晚年生活质量有直接影响。一般来讲,与子女关系好的留守老人,生活来源有一定的保障,精神上也能得到应有的慰藉。相反地,子女不孝顺的或者与老人之间存在矛盾的,老人们不仅生活来源上存在困难,而且精神生活也是空白。有些子女在外地打工,不太愿意照顾父母,平时也很少给老人生活费,使老人生活困难,迫不得已只有强迫自己去劳动以赚取生活费用。像这类家庭不和睦、子女不孝顺、子女不愿管老人的事例在农村也不在少数。有些老人甚至好几年都没有见过自己的子女。

(2)缺少精神关爱。由于子女在外工作,老人身边的人员减少,家中的欢乐也随之减少,老人经常会感到孤独,会出现焦躁、压抑等情绪。尤其是在老人生病的时候,心理压力会明显增大。老人经常说,我们不怕一个人,就怕身边没有家人的陪伴。

根据本次调查,笔者发现大部分留守老人白天都会外出劳作,也许是不肯服老,希望在自己有能力的时候,还可以分担家中的重担。有部分老人无力劳作,就在家中带带孩子,做一些力所能及的家务。由于年龄的差距,不同年龄的老人都有不同的生活方式,不过越是年龄大的老人,内心感到越发的孤独和寂寞。对于年轻人来说,也许目前最重要的是为自己的梦想和生活而奋斗,但是他们却忽略了自己的父母。人们都说父母之恩大于天,父母的养育之恩是永远也诉说不完的。而在父母临近暮年时,他们最需要的是享受子女承欢膝下,即便是一刻的温暖也是最大的安慰。所以说,如何让留守老人过上一个真正幸福的晚年生活是一个值得深思的问题。

二、留守老人面临的问题

(一)留守老人缺乏精神上的关爱

由于子女常年在外打工,只有在节假日的时候才能够回家住上两天,有些甚至是因为工作无法脱身,所以空巢老人居多。有老伴的还好,失去老伴的只能靠左邻右舍的照顾,老人难免会感到孤寂,尤其是夜深人静的时候更是如此。通过对张辽村留守老人的调查分析,笔者发现有60%左右的老人的子女没有固定时间点给父母打电话,5%的老人的子女甚至好几年都没有回家。因此,电话也就成了老人与子女最主要的沟通方式。而有些老人由于年龄过大,可能已经看不清东西,甚至听不清了,他们也无法使用电话来与子女交流,所以这些老人连最基本的精神关爱都没有了,每天只活在自己孤独的世界里。尤其是在老人生病需要子女陪伴的时候,精神上的关爱就显得更为重要。

(二) 留守老人负担过重

随着老人的年龄越来越大，劳动能力逐渐丧失，生活也就越来越困难。以前子女在家的时候总会帮忙干一些农活，但子女外出工作后，家里的一切只能靠老人自己，老人不但要承担家中的农活，还要帮忙照顾留在家中的小孩。子女不在家，家中的田地无人耕种，竹林无人打理，老人不忍心看着自家的田地和竹林就此荒废。即便是能力有限，仍然坚持自己劳作，因为在老人的眼里，这些田地是他们的根，是老祖宗一代一代传下来的，他们有责任、有义务去守护好。除此之外，有些老人为了减轻子女的负担，会选择靠自身劳动来赚取一些报酬，如有的老人去田间帮人干一些相对轻松一点的农活，有的会在家里通过养一些牲畜来获取收入，贴补家用等。因此，由于各种各样的原因，当前留守老人的负担还是有些过重。

(三) 留守老人体弱多病

随着年龄的增长，老人身体的各项指标都呈下降趋势，健康状况不容乐观。根据问卷调查显示，有49%的老人有健康问题，而那些身体极差的老人一般都是常年卧床，需要老伴和左邻右舍的照顾。老人不像年轻人那样，身体健康状况恢复较快，一旦生病就需要长期服药。因此，留守老人最担心的就是自身的健康状况，就怕自己生病。老人如果身体出现问题，一来需要花钱治疗，二来还需要子女放弃工作来照顾自己，这不但给子女造成经济上的压力，还给子女带来精神压力。

(四) 留守老人就医困难

农村留守老人就医困难的原因很多。主要原因有以下几点。

(1) 地理位置偏远。由于张辽村是一个比较偏僻的农村，离城市很远，去县城差不多需要两个小时的车程，而且班次有限，这对留守老人们外出就医是极其不方便的。此外，村中也没有小型的医疗机构，留守老人患个感冒都无法得到及时的救助，所以在这种环境下老人就医情况是非常严峻的。

(2) 经济困难。由于农村医疗保障制度存在缺陷，医院的医疗费用过高，虽然农村医疗保险报销范围有所扩大，包括住院补偿、辅助检查、手术费等，但对于经济困难的农村留守老人来说还是远远不够的，所以大多数老人仍然会选择"小病扛、大病挨"的生活方式。

三、解决留守老人问题的对策措施

子女外出工作导致留守老人的经济拮据和情感缺失，同时也加重了留守老人的劳动与生活负担,因此,针对这些问题,我们应该探索切实可行的措施去解决留守老人的生活问题。

(一)加强人文关怀,改善留守老人的精神生活

从调查可知,留守老人的精神贫困问题是比较突出的,而这一点往往就是地方政府和子女所忽视的。在老人看来,物质生活质量并不是最重要的事情,缺乏亲人的关怀才最可悲。对此,当地政府可以以乡镇为单位设立心理咨询机构专门为留守老人服务,定期下乡主动了解留守老人的内心世界,发现问题就地及时解决。同时,当地政府可以组织相关人员经常下乡慰问留守老人,多组织娱乐活动,例如,组织戏班子唱戏,集中看电影等,以便丰富老人的精神生活。此外,当地政府可以开展教育宣传活动,唤醒人们关爱身边留守老人的意识,让外出打工的子女时常与老人保持联系,从而改善留守老人的精神生活。

(二)发展农村经济,减轻留守老人经济负担

留守老人家中缺乏劳动力,这对老人来说是一个困难的事情。如何在生活上对老人进行照顾,是一个需要我们去帮助解决的问题。地方政府在经济布局上,应尽可能考虑农村剩余劳动力的就业问题,如留守老人的再就业问题,大力发展本地经济,充分发挥本地非农产业务工成本低以及打工和务农可以兼顾的优势,吸引农村剩余劳动力就地转移,给予剩余劳动力一定的补贴,从而帮助解决留守老人的就业问题。这样不仅可以帮助留守老人减缓就业压力,还可以给留守老人带来了一定的经济效应,减轻留守老人的经济负担。

(三)加强体育锻炼,提高留守老人的身体素质

健康是生命的本钱,对留守老人而言,最让人担心的就是老人们的健康。在农村我们需要做的是,对留守老人普及卫生安全知识,大力开展老人健康知识教育培训,告别不良的生活卫生习惯,做好疾病预防工作。政府可以成立一个专门的农村医疗小组,对留守老人进行定期的身体检查,做到早发现早治疗。除此之外,还可以建立农村老人志愿服务队,为留守老人提供物质上及精神上的帮扶工作,例如,在节假日,到留守老人家中陪他们聊天谈心,带领他们做做运动,锻炼身体,与他们经常保持联系,了解他们的身体健康状况。留守老人的问题较多,全社会都应该关注他们。如果留守老人的健康问题得不到解决,将会影响他们的晚年生活。要想真正解决留守老人面临的健康问题,需要社会各界共同努力,让更多的人来关心留守老人,让他们老有所养、病有所医、安享晚年。

(四)完善农村合作医疗制度,解决留守老人的就医困难

积极引导农民参与以大病统筹为主的新型农村合作医疗保险,为农村的留守老人

提供一定的医疗救助。同时，对家庭困难的留守老人给予适当的补贴，真正保障留守老人的健康。医院方面也可以采取一些措施，例如减免门诊费或部分医疗费，提供免费的医疗服务。还需加强医院的监管，打破医疗机构对药品价格的垄断，引进医疗机构的竞争，对留守老人给予药品价格上的优惠。还可以改革医院的考核评价制度，以就诊率和满意率作为评价定点医院的标准，整顿医院服务质量差、药价偏高的问题。除此之外，还可以在当地建立小型的医疗诊所，方便留守老人就近就医。

参考文献

[1] 山国艳. 我国留守老人的养老保障问题分析[J]. 学术界，2015(10)：227-235.
[2] 胡月婷. 我国农村留守老人存在的问题及其对策研究[J]. 重庆电子工程职业学院学报，2011，20(1)：70-71.

关爱老年人　幸福全家人
——关于浙江省上虞市崧厦镇联海村养老问题的调研报告

郑丹妮*　指导教师：方志华

摘　要：人口老龄化带来的中国式养老难题，正日益成为我们必须认真对待的重大问题。养老问题冲击着中国的经济、社会、文化、家庭。如何破解这一难题？关系着经济社会发展的大局。本文分析了浙江省上虞市崧厦镇联海村养老问题的状况以及面临的困境，在此基础上，提出解决这些困境的建议，为养老问题的解决提供参考。

关键词：农村；养老；建议

人总是要老的，这是谁都无法改变的自然规律。随着人口老龄化越来越严重，农村的养老问题直接关系到中国农村秩序的稳定与农业的可持续发展。因此，深入了解和分析农村养老所面临的问题，探讨现阶段农村养老的可行途径，是理论和现实都需要解决的问题。人口老龄化的现象越来越严重，农村养老的问题与城市养老问题相比较而言更加严峻，社会各界对农村的养老问题也越来越关注，就目前的现状而言，解决农村养老问题更加刻不容缓。为此，笔者在浙江省上虞市崧厦镇联海村进行了一次养老情况的调研，通过对农村养老问题的问卷调查和访谈，笔者收集到一些有关农村养老问题的信息，通过对信息的整理和分析，得出了一些结论。笔者共发出了40份问卷，收回40份，回收率100%。通过对问卷情况的统计分析，笔者把农村养老的情况总结为以下几个方面。

一、现状分析

联海村是一个位于上虞北部的一个小村庄，是一个沿海的村庄，人口2300左右，其中60岁以上的老人约有500人。随着新农村建设的发展，联海村建成一个老年活动中心，老年活动中心的娱乐设施相对健全，基本上能够满足老人的生活需要。老年活动中心里面设有大屏幕的电视机，供老人们收看节目；还有棋牌室，供上了年纪的老人打打麻将，下下棋；里面还有专门的服务人员，为老人们烧水做饭，让老人们在晚年也生活得很开心。联海村的村委干部也会在逢年过节时慰问老人，给老人发放一些

---

*　作者简介：郑丹妮，女，浙江海洋大学东海科学技术学院2013级电气工程及自动化专业学生。

小礼品。

　　家庭养老具有很强的生命力，在农村，老年人基本上都要由子女赡养。但随着计划生育政策的贯彻落实和农村经济的发展，一对中年夫妇差不多要供养4位老人，当然还有自己的子女，经济上也会有很大的压力。然而家庭养老对于农村的老人来说仍然具有一定的现实意义，家庭是一个基本的社会单位，是老年人晚年生活的大本营。家庭养老方式是符合当前我国国情的，在联海村，一户人家里基本上都有2个以上的老人，而农村地区经济发展较为落后，农民的经济能力有限，所以大多数家庭都只能选择在家中养老。

　　当地政府注意加大对农村养老政策的宣传，但是仍然没有真正地贯彻落实下来。村民们对国家的养老政策没有深入了解，政策落实仍只是停留在表面。同时，农村实行了低保困难救助和新型合作医疗制度，进而解决农村五保，低保户的养老问题。联海村解决农民养老问题的方式主要有：对于生活有困难的或是身体带有残疾的老人，村里对他们实行低保制度；对一些退伍的年满60岁的老人，每个月也有100元的生活补助；对只有一个子女且年满60岁的老人，每月也会有一定的生活补助金；70~89周岁的老人，属于非农户籍的，每人每月发放70元生活补助金，属于农业户籍的，每人每月发放50元；凡90周岁以上的老人，每人每月100元生活补助金。

　　在农村，养儿防老观念正在发生逆转。养儿防老，这是广大农村地区长期以来传承的养老观点，但随着社会的发展，这一传统的观念正逐步淡化。通过问卷调查发现，在大多数农民的内心深处，男孩女孩都能够承担养老责任。对他们来说选择何种方式养老其实都差不多，但最重要的就是尽量不给子女增添经济上的负担。同时，许多60岁以上的老人都还在工作，这些老人希望自己解决养老问题。

二、存在的问题

（一）农村养老费用的标准偏低

　　农村老年人收入低，积累少，养老仍然困难重重。农村老人到了一定的年龄还要继续工作，还要给儿女补贴家用。农村的空巢老人生活来源主要靠自己的劳动所得，子女的经济帮助作为补充。笔者通过对空巢老人的采访调查中显示，空巢老人的年均收入本来就比一般的农民低，有的子女每年只给父母口粮，逢年过节送点钱物。有些子女外出打工，不仅没有寄钱回家，有些甚至是父母还要用自己的生活费来维持整个家庭的基本生活，这让原本几乎完全丧失劳动能力的老人生活更加辛苦。而且农村里的人养老意识本来就不高，养老金的数量跟城市里的老人比起来少之又少。这些问题的存在，制约着农村养老问题的顺利解决。据调查，农村养老金的数量相对较低，养老金低于200元/月的占20%，200~399元/月的占20%，400~599元/月的占32.5%，超过600元/月的占27.5%（图1）。

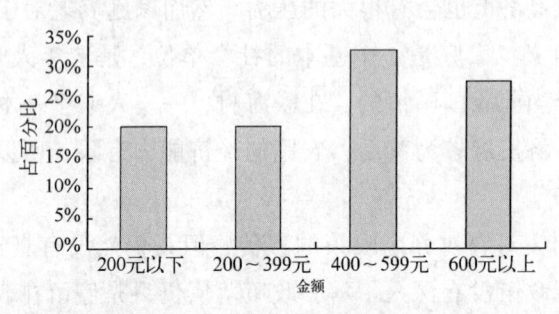

图1 村养老金的数量

(二) 老人医药费负担相对较重

老人年纪大了，身体机能自然而然就变差了，体弱多病属于自然现象。农村里有些空巢老人生病时，面对昂贵的医药费，他们都是一拖再拖，往往错过最佳治疗时机，造成多病缠身。同时，身患重大疾病的老人，面对高额医药费用，使不少家庭都陷入了困境，最后都是顶不住压力放弃治疗。另外，老人身边有子女照顾的，他们的晚年生活还有一定保障。但独居老人的情况不容乐观，为了不给子女添麻烦或者不给子女造成经济压力，他们往往都舍不得去看医生，因此，一些小病也得不到及时的治疗而拖成大病，最后导致身体越来越差，影响了老人的晚年生活。

(三) 村民对养老保险政策的认识模糊

养老保险是社会保障制度的重要组成部分，是社会保险五大险种中最重要的险种之一。但据调查，人们对于国家的养老保险政策认识模糊，只有少数人了解。这充分反映了村民对国家养老保险政策的了解程度。例如，在回答"村民对国家养老政策的了解程度"时，"很了解"的占10%，"了解不多"的占45%，"只知一二"的占30%，"不

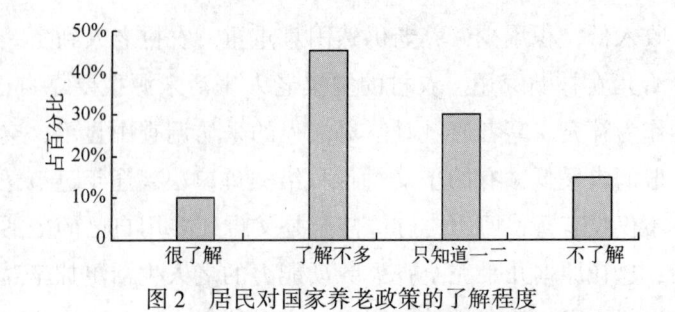

图2 居民对国家养老政策的了解程度

了解"的占15%(图2)。这很大程度上还是与农村养老保险的覆盖范围小,宣传力度不够有很大的关系。另外,有些村民甚至对农村养老保险不信任,导致退保的现象时有发生,有些村民根本就不愿意投保,他们认为自己无法负担养老保险的资金,有些甚至担心以后拿不到投保所缴的本金。

(四)农村养老公共服务水平不高

公共服务强调政府的服务性,强调公民的权利,包括加强城乡公共设施建设,发展教育、科技、文化、卫生、体育等公共事业,为社会公众参与社会经济、政治、文化活动等提供保障。当前我国的城乡差距及地区差距,很大程度上也与公共服务不平等相关。随着经济的发展,人们也越来越重视农村养老公共服务的水平。公共服务必须要向农村倾斜。如果农村还是缺少基本公共服务的话,城乡的差距会越来越大。目前城市建设在公共基础设施方面,如机场、公路等有很大的发展,但与城市公共服务的水平相比,农村的公共服务水平差距较大,如基础设施及人员配备不足;老年人的生活面对诸多困难,尤其是休闲娱乐方面,所以基本公共服务要向农村倾斜,以改善农村老人的生活状况。

三、对农村养老问题的对策

党和政府乃至整个社会历来都比较重视"三农"问题,因为中国社会是一个农业大国,农业是国民经济的基础,农业社会是构成中国社会的最重要的部分。随着经济的发展,人口老龄化的出现,国家对农村的养老问题越来越重视。通过对联海村农村养老的调查,笔者对解决农村养老问题提出以下的建议。

(一)发展农村经济,为解决农村养老问题提供基础

大力发展农村经济建设是解决农村养老问题的根本所在。一个国家,只有经济建设搞上去了,人民才没有后顾之忧,才会有基础解决养老问题。调查显示,农村养老问题突出,还是跟农村经济发展水平较低有很大的缘故。现在的一对普通的夫妇差不多要养4个老人,跟二三十年前相比发生了很大的变化。目前我国已经进入老龄化社会,这对农村经济的发展也是一种考验。只有农村经济得到一定的发展,农民自己有了一定的资金来源,养老问题随着农村经济实力的提高也就迎刃而解了。因此,当地政府要大力发展农村乡镇经济,让农民都有自己稳定的经济收入,为解决农村养老问题提供基础。

(二)加大农村合作医疗制度的改革,保障村民的健康水平

我国农村地域广大,人口众多,实施新型农村合作医疗制度的工程量很大。同时,我国各地区农村经济社会发展很不均衡,实施新型农村合作医疗制度应因地制宜,采取多种多样的模式,以满足不同发展程度地区农民对医疗保障的需求。当地政府要帮助农民正确认识新型农村合作医疗制度的性质和发展方向。新型农村合作医疗制度由于增加了政府筹资责任,突破了原有村级社区限制,提高了社会化程度。新型农村合作医疗制度是原有社区型医疗保障与社会医疗保障制度之间的过渡形式,是农村社会医疗保障制度的初级形式。这种制度以保障农民健康为根本宗旨,通过合作医疗制度共同筹集、合理分配和使用合作医疗基金,为农民提供基本的医疗预防保健服务,满足农民的基本医疗服务需求,减少因病致贫,能够达到保障和增进农民健康的目的。

(三)大力宣传养老保险,扩大养老保险覆盖面

由于我国区域经济发展不平衡,建立农村基本养老保险制度要因地制宜、分步实施,逐步建立以个人缴费为主、集体补贴和国家扶持为辅、自助互济的农村养老保险制度。同时国家也可以适当降低养老保险的费用,让更多的人可以负担得起养老保险的费用。同时,要加大对农村养老保险的宣传,提高农村养老保险的认知度,可以通过网络媒体进行大力宣传,让村民正确理解农村养老保险的重要性,特别是当地政府要重视农村养老保险。随着改革开放进程的加快,虽然农村经济有了一定的发展,但是农村经济跟城市经济相比较还是有一定的差距。村民对农村养老问题可以说是基本上都不懂,因此,解决农村养老保险问题需要的是全面落实,贯彻农村基本养老保险的有关政策,一级一级抓,贯彻落实下去。

(四)加快养老保障体系建设,让老人安享晚年生活

建立多层次的养老保障体系,形成农村养老的有效机制。政府要不断推进农村养老保障制度的实施,大力通过媒体及互联网宣传养老保障体系建设的重要意义,让每一位村民在年老时,也能像企事业单位里的退休老人一样领取养老金,使得每个农村老人能够没有后顾之忧的享受晚年生活,这是从根本上解决农村养老问题的主要的途径。同时,政府可以通过提高低保标准,加强农村医疗保险制度,进一步扩大农村医保的范围,让生活困难,丧失劳动能力的老人都很好地享受到国家低保和医保带来的福利,让体弱多病的老年人能够安心看病,没有经济上的压力。另外,地方政府也可以对没有人照顾的老人、丧失劳动能力的老人、没有固定生活来源的老人,加大对他们日常生活补助的力度,让这些老人也能够安享晚年生活。

参考文献

［1］李振堂. 养老社区模式解决农村留守老人问题的思考［J］. 教育教学论坛，2012(17)：17-18.
［2］李春艳，贺聪志. 农村留守老人的政府支持研究［J］. 中国农业大学学报(社会科学版)，2010，27(1)：113-120.

缤纷老年
——关于宁波市小港街道红联村老年人生活状况的调查报告

严文雅*　指导教师：张　伟

摘　要：中国已逐步进入老龄化社会的阶段，并呈现出加速的状况，老年人的生活状况自然就引起了全社会的重点关注。本文先对宁波市小港街道红联村老年人的基本生活状况进行调查，在此基础上总结出老年人生活状况中普遍存在的问题，并提出相应的建议。

关键词：老龄化；养老；建议

一、基本情况分析

据统计，截至2014年6月底，宁波市小港街道红联村总人口为1500人左右，60岁以上人口达到450人左右，占总人口的30%以上，与去年同期相比，上升了2.86个百分点。按照国际最新标准，红联村已进入老龄化状态。与10年前相比，60岁以上老龄人口数同比增加了100%以上。预计到2020年，红联村老年人口将超过600人，将占总人口的40%以上。老龄化问题已成为红联村摆在眼前需要解决的迫切问题，而且解决老龄化问题是迫在眉睫、刻不容缓的。

随着经济的发展、医疗卫生水平的提高和人均寿命的相对延长，截至2014年5月底，红联村老年人口中80岁以上高龄老人及百岁老人已达150人，占老龄人口的33.3%，百岁以上老人有14位。高龄老人的身体健康状况已经成为困扰子女、甚至社会的一大难题。一般高龄老人会存在智力退化、不具备生活自理能力等问题。对于老年人，尤其是高龄老人，照顾其晚年生活需要给予其更多的关心。

调查显示，目前红联村独生子女对养老问题过于乐观。据对该村615名青年学生（其中562位为独生子女）的调查来看，在回答"对父母养老方式选择意向的调查"时，独生子女家庭对此项调查关注程度较高。有65%的调查对象表示考虑过父母的养老问题；53.6%的调查对象曾谈论过这个问题；70.3%的调查对象认为此项调查有意义或很有意义。另外，据统计，在562位独生子女中，选择将来与父母同住，由自己负责养

---

* 作者简介：严文雅，女，浙江海洋大学东海科学技术学院2013级汉语言文学专业学生。

老问题的有 401 人，占独生子女的 71.4%。从这些调查可以发现，一方面，我们应该继续重视家庭养老，另一方面，独生子女对成家立业后，自身的赡养能力估计过高，对未来"4-2-1"家庭模式下，如何同时解决四位老人养老问题的困难估计不足。

面对来势迅猛的人口老龄化问题，老有所养、老有所乐、老有所医，仍是当前养老工作的首要问题。近些年，红联村在老年协会的领导、热心人士的支持下，在养老院基础设施建设方面，虽然做了大量工作，取得了一定的成效，但由于自身基础条件不足，现有的基础设施仍然不完善，使得养老院无论在开办数量、建设规模、区域分布、管理质量、综合功能等方面，还是在收费标准、服务项目的开发方面，还不能满足老年人的需求，滞后于人民生活水平的提高和老龄人口的持续增长。

二、存在的问题

（一）对老年活动缺乏兴趣

红联村大多数年轻人外出务工，老年人要肩负起照顾孙子孙女的责任。除此之外，家务活、农活等也占用了老人的时间，甚至老伴生病时还要承担着照顾对方的责任。这些生活琐事往往占用了老年人许多时间，导致老人参加各类活动的时间、精力都受限。还有老年人集体观念、组织观念淡薄，存有患得患失、斤斤计较的小农意识。许多老年人对精神文化需求较低，他们不仅不太热心参与老年文化活动，即或是参加了各类老年活动，也是顾虑重重，没有充分发挥主动性与积极性。

（二）活动场地受限

红联村老年人由于年龄的制约，往往较难选择合适的活动场地。有时老年人更愿意走出家门与其他老年人一起参加活动。由于活动经费的限制，导致活动场所缺乏，老年人活动需求往往得不到满足。现有的老年活动室大多与会议室、党员电教室等场所共用，而且活动室面积过小，设施简陋，很多设备也无法使用，造成老年人无法就近参加文体活动，精神文化生活单调贫乏。

（三）基础设施不完善

老年人对于基础设施的需求还是较大的，但因基础设施发展的滞后性，基础设施仍然不满足老年人活动的需求。调查中，有老人反映红联村一些地方还没有专门的老年活动场所，有组织的老年文化活动较少，难以满足他们参加文体活动的需求。同时，该村基础设施的规划布局也有问题，还存在生活区与生产区域难以区分的现状，一些老年活动设施难以做到共享，导致老年人基于行动不便或活动场地难以到达等原因，部分老人不得不放弃日常活动的机会。另外,目前红联村敬老院因各种原因,如位置偏僻、交通不便、基础设施规模小、服务人员素质低下等硬性条件制约,导致基础设施出现闲置状况,使一些基础设施的利用率不高。

(四)老年活动形式单一

红联村老年活动中心因设施陈旧,受损严重,有的甚至已不能使用,使得老年人日常活动需求完全不能得到满足,再加上缺少大型的活动场地供老人们使用,使得老年人的活动内容单一,活动缺乏吸引力。以目前状况来说,老年人的活动仅限于扭秧歌、广场舞等活动以及诸如乒乓球、羽毛球之类的小型球类活动,对身体状况及兴趣爱好不同的老年人来说,实在是乏味单调,因此开拓新的老年活动领域、增加老年活动项目也是村镇干部们的当务之急。

(五)老人缺乏关心

随着现代社会生活、工作节奏的加快,外出务工及出国留学人员的增加,工作压力加大、闲暇时间减少等原因,使子女们无暇照顾年迈的父母,与他们疏于生活上的照料和精神上的沟通,更难以完全解决父母的养老问题,许多老人也因此而不得不进入养老院颐养天年。2009年,北京"空巢老人"家庭比例为34%,高于全国25.8%的水平。据调查,相较于全国的平均水平,红联村"空巢老人"家庭比例有过之而无不及。"空巢老人"家庭作为人口老龄化进程中的一个特殊群体,在城市化进程中,其数目仍在不断上升。希望"空巢老人"能够得到社会各界更多的关心和照顾。

三、有关建议

在老龄化问题日益严重的今天,老年人的晚年生活也必将成为其子女以及社会各界所需解决问题的重中之重。老年群体的稳定是建设社会主义和谐社会的重要组成部分,社会各界和各级政府机关的参与能为其提供更为有效的保障机制。

为此,针对目前存在的问题,提出如下建议。

(一)加强地方政府的主导作用

红联村政府要站在稳定大局、建设和谐社会的高度,坚持以人为本,切实做到从政治上尊重老年人、思想上关心老年人、生活上照顾老年人,紧紧围绕老有所养、老有所医、老有所教、老有所学、老有所乐、老有所为的工作目标,立足于整合全社会的资源优势和老年活动中心的功能,从人力、物力及财力上对老年人的生活给予支持,让老年人安度晚年,让老年人真正体会到社会主义制度的优越性。地方政府的老年工作强调以乡村为介入点，强调发掘老年人的潜能，丰富老年人生活，鼓励老年人参与乡村事务，改善乡村生活。

（二）加大资金投入

红联村政府要多角度、多层面筹集资金，加大对社区和农村文化建设的投资力度，开办老年俱乐部，丰富老年人文化生活，鼓励老年人参与社会活动，活跃老年人生活氛围，定期举办演出、比赛、展览等活动，使老年人更多地融入社会，增加生活幸福感。主要措施有：红联村政府将老年活动经费列入财政预算，为老年活动提供基本的资金保障；红联村政府制定各项扶持政策，鼓励支持民间组织、企业和个人采取独资、合资、合作、联营、参股、租赁等多种形式，创办养老机构、老年活动中心、老年人保健服务中心，使老年人更多地融入社会，让老年人老有所乐，增加生活幸福感。

（三）完善基础设施

老年活动设施建设的规范化管理是保证老年活动设施建立、健全以及更新的根本途径。真正要使老年活动场所成为老年人"老有所乐"的重要舞台，我们要从以下几方面出发解决这些问题。

（1）提高认识。红联村政府必须提高对老年活动设施建设的重视程度，要将老年活动设施的管理纳入工作规划，突出这一问题在基层工作的重要性，将老年活动设施的管理当成是基层建设工作的重点来做。

（2）完善管理制度。红联村政府要制定自己相应的老年活动设施、老年活动场所管理条例。老年活动设施应属于公共财物，需要完善相关管理规定，安排专人负责管理，实行责任追究制度，对于老年刊物、书籍、健身器材等都需要保证其受损程度在可阅读、可使用的范围之内。

（3）提高管理人员的素质。对于老年活动场所管理负责人员要进行专门的业务培训，确保管理负责人员能真正地为红联村老年人服务。同时，对参与老年活动的老年人也要进行培训，提高其自身的素质，加强自我管理的能力。

（四）开展丰富多彩的活动

党的十八大以来，红联村政府紧紧围绕报告中提出的构建养老、孝老、敬老政策体系，加快老龄事业和产业发展这条主线，不断创新服务理念，完善活动设施，开展丰富多彩的各类文化活动，使得越来越多的老年人愿意走出家门，参与其中，活跃身心，享受着和谐幸福的晚年生活。据调查，红联村老年人活动的场所越来越多了，老年人参加活动的项目也越来越丰富了，如打牌、看电影、学舞蹈、学唱歌、学书法、雕刻、制作手工艺品等，让老年人感到生活越来越幸福、美满。

参考文献

[1] 邬沧萍. 提高对老年人生活质量的科学认识[J]. 人口研究, 2002, 26(5): 1-5.
[2] 张园, 高飞, 张红, 等. 宁波市老年人社会参与及生活质量[J]. 中国老年学杂志, 2016(16): 4085-4087.
[3] 穆光宗. 家庭空巢化过程中的养老问题[J]. 南方人口, 2002, 17(1): 33-36.

老有所养 享其天年
——关于浙江省绍兴县冯浦村养老状况的调研报告

王琼霞*　指导教师：张　伟

摘　要：随着我国老龄化规模越来越大，养老问题日益突出。本文通过对绍兴县冯浦村居民养老状况的调查，分析养老中存在的问题，并总结出关于养老问题的建议措施。

关键词：养老；问题；建议

中国社会保障基金理事会的李克平说过："中国的老龄化在我们还没准备好的情况下提前到来了！中国已经进入了老龄化社会。"据专家预测，到21世纪中叶，每4个中国人中就有1个老年人，老年人口将高达4亿。人生中存在两件事情是无法避免的，一是纳税，二是死亡。如果不考虑夭折等特殊情况，年老就是人生不可回避的自然规律，那么退休了怎么办？怎么样才能让老而无忧呢？随着我国老年人口的规模越来越大，养老成为我们不可回避的问题。特别是在农村，由于目前中国农村老龄化程度加重，经济水平相对较低、年轻群体赡养意识弱、社会保障覆盖面窄且保障水平低等诸多问题，导致农村老人的养老问题没有得到妥善解决。本次社会实践主要是对浙江绍兴县冯浦村的养老问题进行调查，共发放60份问卷，回收问卷60份，回收率100%。通过对这些问卷数据的整理和分析，具体了解了冯浦村的养老现状，同时从中发现存在的一些问题，面对这些问题，提出一些可行的建议。

一、养老现状分析

根据调查，冯浦村现有人口2005人，60岁以上的老年人比例占到30%以上。根据国际的标准，60岁以上人群，占总人口比例达到10%以上开始进入"老龄时代"。由此看来，冯浦村的老人比例高于国际标准，也就是说冯浦村老龄化现象较严重。在基础设施方面，冯浦村目前并未建有养老院等机构，只有两个老年活动中心，而且根据本次走访，我们发现老年活动中心设施陈旧且活动方式单一。

从在冯浦村老年活动中心的老人来看：首先，他们的年龄偏大，许多老人在80岁

---

* 作者简介：王琼霞，女，浙江海洋大学东海科学技术学院2013级物联网工程专业学生。

以上，日常饮食较丰富，不存在温饱问题；其次，基于访谈发现，多数老人是独居生活，主要原因在于儿女在外打工且相隔较远，来往不便，所以探望老人的次数相对较少；第三，关于老人的经济来源问题，大部分老人没有稳定的经济来源，但少数老人也有他们自己的工作收入和退休金，除此之外，子女也给予老人一定的生活补助。另外，据本次调查得知，当地政府也给予老人一定的生活补助，只是金额偏少，逢年过节村里也会发放一点生活补助金，有时候遇到家里特别困难的，会根据情况给予一定的慰问金；第四，大部分老人的身体状况尚佳，但是也存在部分老人身体状况欠佳，如有的老人患有气管炎、糖尿病等老年人常见疾病。

目前冯浦村里中青年人的职业种类多样化，有上班族，有自由职业者，有外出打工者。这些中青年人，一方面要工作，一方面又要赡养老人，所以难免会存在一些生活压力。例如，有些家庭可能存在收入方面的压力，既要抚养子女和维持日常生活，又要赡养老人。但大部分中青年人都表示赡养长辈都是自己的义务。据调查显示，冯浦村在养老方面存在一些不足，例如，部分中青年人的养老意识薄弱，老人的精神生活贫乏。

据调查，近年来，冯浦村政府在解决养老问题方面所做的工作还是值得肯定的。面对养老问题的严峻形势，村政府积极主动，群策群力，在人力、物力、财力等方面都做出了较大的努力，例如，经常组织人员去探望一些家中有困难的老人，给予老人一定的补助金，注意加强基础设施建设等。

在调查中了解到，冯浦村大多以"居家养老，自行料理"为主，少数以"居家养老，由家人照顾"方式为主，这从中也体现出了农村的养老观念，即"子女孝顺，安享天年"和"健康养生，生活滋润"。另外，村里存在"空巢老人"问题，这也反映了农村的养老形势不容乐观。

二、养老中存在的问题

(一) 老人精神生活匮乏

根据问卷调查和访谈，我们了解到冯浦村老人平日的精神生活比较匮乏。比如，对80岁以上的老人来说，平时基本没有文娱活动，最多在家里看看电视，很明显这些老人的精神生活单调。对于那些在老年活动中心的老人们来讲，他们最多也只是围坐在一起聊聊天、唠唠嗑、打打麻将，活动中心也没有开展适合老人的丰富多彩的活动。由此可见，冯浦村老年人的精神生活令人担忧。

(二)老龄化问题严重

按照国际规定，一个国家或地区60岁以上老人占到总人口10%以上时，该国家或地区就已经开始进入老龄化社会。冯浦村60岁以上的老人人口占比超过30%，这充分说明冯浦村老龄化现象已较为严重。根据本次调查，我们发现村每户家庭基本上都有一个需要赡养的老人，有的甚至有两三个老人。另外，由于城市化进程的加快，"空巢老人"现象愈演愈烈。根据本次采访发现，冯浦村老人平日里大多是单独居住，很少有老人和儿女同住。老人们大都表示：他们的子女大多数在外打工，而且工作的地方离家比较远，所以回家的次数较少。

(三)村民养老意识不高

农村养老主要问题还是提高养老意识，注意加大相关法律的普及宣传，与养老服务精神的培育，使得人们意识到养老问题不仅仅是老年人的问题，还是每一个人都要面临的问题。据调查，无论是中青年人，还是青少年，他们的养老意识都有待提高，这说明农村的养老问题令人担忧。由此可见，增强村民的养老意识、提高大家对养老问题的关注度已迫在眉睫。

(四)村里养老资金缺乏

经济是基础，因此因地制宜地发展经济应该是村里首要关注的问题。只有经济发展了，村里的养老问题才能得到更好的解决。养老资金缺乏是本次调查中村民普遍反映的问题。因为养老资金严重不足，使得村政府无法改善养老的基础设施，例如养老院、健身设备等，也无法给予老人一定的生活补助。同时，也正是因为村里没有足够资金来改善老人的生活，所以大多数中青年人都要出去打工赚钱，这样就使得更多的老人成了"空巢老人"。

三、解决养老问题的措施

(一)满足老年人的精神文化需求

丰富老年人的精神生活，满足和发展其精神需求是助力老人安度晚年的根本要求，更是解决冯浦村养老问题的必要手段。因此，我们要不断健全和完善相关体制机制，让老人们"老有所托""老有所乐"，这是满足老年人精神文化需求的必要前提和重要手段。主要措施包括以下几项。

(1)要加强硬件建设。例如，村里应该增加老人活动的场地，逐步完善各项基础设施，在此基础上，还应考虑是否要建立一个养老院，以满足老人们的生活需要。

(2)要加强软件建设。比如，村里可以成立一个老年人协会，积极组建各类文体团队，组织广大老年人参加门球、排球、健身球等各项球类活动，丰富老年人的日常生活，增强老年人的身体素质。同时，村里还可以经常组织开展一些文体活动，如举办老年人运动会、老年人医疗保健操展示以及老人步行健身走活动等，让更多的老人参与到丰富多彩的活动中来，以丰富老年人的精神生活。

(二)提高对老龄化问题的认识

解决人口老龄化问题，根本在于加快经济发展，壮大经济实力。但是老龄化问题又有其自身的特殊性，处理得好，会成为经济社会发展的积极因素；处理不好，则可能成为制约因素。为此，解决这类问题的主要措施有以下几项。

(1)提高对老龄化问题的认识。村委会要加强舆论宣传和引导，强调乡村老龄化问题的严峻性，注意老龄化问题给乡村经济发展所带的不利影响，提高基层领导的思想认识水平，增强全社会的养老意识。

(2)强化家庭养老功能，探索新型养老模式。一方面，要从以德治家入手，建立冯浦村基层老年协会，督促儿女们细心周到地照顾好老人，积极营造以家庭养老、敬老为荣的良好风尚。另一方面，村里要进一步推行协议养老制度，对子女不及时与父母签订养老协议书的，或不及时履行赡养老人义务的，村老年协会要及时督促和帮助落实。必要时可以帮助老人采取法律手段，为老人提供有效的法律保障。通过这些措施，希望能让老龄化问题和"空巢老人"问题能够得到较为妥善的解决。

(三)增强村民的养老意识

农村养老问题是一个社会问题，是关系到社会稳定和谐的问题。如何做好农村养老工作，加强农村养老保障，努力构建和谐社会，是各级党委、政府应当关注的问题。解决养老问题的关键是需要村民具有较强的养老意识。冯浦村政府必须把宣传落实《中华人民共和国老年人权益保障法》列为工作的重点，使之家喻户晓、深入人心。通过广泛开展的创建文明家庭、争当文明村民活动，增强全民的敬老养老意识，让村民真正树立起尊重、关爱、帮助老人的良好社会风尚。同时，冯浦村政府要深入基层调查研究，不徇私情，对应该享受"五保"或者"低保"的特困户，要按相关规定给予及时办理。另外，冯浦村可以定期开展一些有关养老的知识讲座，帮助村民提高养老的责任感和使命感。

(四)大力发展农村经济

大力发展农村经济既是解决农村养老问题的物质基础，也是解决农村养老问题的先决条件。经济发达，村里富裕，老人们的物质文化生活才能丰富，各项基础设施才能完善，养老问题也才能得到更好地解决，所以发展农村经济是解决农村养老问题最根本的措施。在这方面，村干部应该发挥积极的作用，群策群力，集思广益，以期能够找到让农村致富的有力措施。为此，笔者提出如下建议。

(1)发展农村旅游经济。对于农村，我们可以考虑走旅游发展之路。例如：冯浦村有个石井水库，在春秋季节，经常能看到有游人驱车前来钓鱼或者野炊。我们可以牢牢抓住这一点，改善石井水库的周边环境，提高吸纳旅客的数量，并且采取农家乐的营业方式，如此有望促进农村经济的发展。

(2)走多样化经营之路。比如，我们可以利用村镇经济的特色和优势，大力发展猪、牛、羊、兔、果、菜等多种养殖(种植)经营，注意联合起来形成农牧业规模经济，使冯浦村的村镇经济在市场上有一定的知名度。

(3)走庭院经济开发之路。村民可以利用自己家里的庭院，开展小菜园、小果园、小鱼池、小禽场、小作坊等"五小"建设，大力发展庭院经济，提高经济收入。总之，发展经济，增强经济承受能力，实现老年人共享经济社会发展成果的目标。

参考文献

[1] 张川川，陈斌开."社会养老"能否替代"家庭养老"？——来自中国新型农村社会养老保险的证据[J]. 经济研究，2014(11)：102-115.
[2] 丁志宏. 我国农村中年独生子女父母养老意愿研究[J]. 人口研究，2014，38(4)：101-111.
[3] 穆怀中，陈曦. 人口老龄化背景下农村家庭子女养老向社会养老转变路径及过程研究[J]. 人口与发展，2015，21(1)：2-11.

舟山市养老机构面临的困境与对策

王佳媚*　指导教师：刘　煜

摘　要：随着人口老龄化的加速，养老机构这种养老方式为大多数人所接受，并成为社会大众的一种需要。然而目前我国的养老机构仍存在一系列的问题。本文将以浙江省舟山市的养老机构为例，对现存的养老机构进行剖析，研究其存在的问题并提出具体的建议。

关键词：舟山市；养老机构；困境

养老事业是随着社会需求的增长而发展起来的，原有的养老方式已不能满足人们日益增长的物质与精神文化的需求。根据美国人口普查局的统计和预测，65岁及以上人口比例从7%上升到14%需要经历的时间：法国为115年，瑞典为85年，美国为66年，英国为45年，中国却只用了25年。整体社会老龄化的加重使得中国养老机构的改革刻不容缓。养老机构养老因其自身的优点而被很多人接受并逐渐推广。完善养老机构是实现社会化养老必不可少的环节，因此我们小组以舟山为例，通过对舟山各大养老机构的调查，发现其还存在一定的问题。我们给予相关的解决措施建议，希望能有助于解决养老问题，促进社会和谐发展。

一、舟山市养老机构存在的问题

（一）养老机构床位空置率高

我国发布的首部养老机构发展专题研究报告——《中国养老机构发展研究报告》认为，当前我国养老机构在档次上分布不均，呈现"哑铃形"，即高、低档数量较多而中档数量相对最少，且高档、收费高昂的养老机构数量较多，但是入住率极低，从而出现床位空置率高的极端情况。

（二）养老机构设施建设比较滞后

由于舟山市的养老事业处于逐步兴起阶段，养老机构在建设上一时无法满足老龄化带来的新需求模式。国家示范的养老机构要求房间入住率和集中供养率要达到85%以上，生产用地人均面积不少于133.4平方米，院区绿化不低于可绿化面积的

---

* 作者简介：王佳媚，女，浙江海洋大学东海科学技术学院2013级经济学专业学生。

50%。其中配套设施要求为"十六个一"的建设：一片绿地、一片果林、一片菜地、一口鱼塘、一群鸡鸭、一圈肉猪、一间娱乐活动室、一间阅览室、一间理发室、一间医务室、一间室内洗衣房、一个小卖部、一座太阳能浴室、一个沼气池、一处室外活动场地、一项院办支柱经济项目。而这些要求舟山市的养老机构远不能达到。除定海社会福利院、白泉镇敬老院等少数的几个养老机构能够满足上述要求外，其他很多农村、街道办的养老机构占地面积十分有限。入住老人虽然生活上有保障，但是一些生活设施和娱乐设施却不到位，存在住宿条件陈旧简陋、设施配备不够齐全等诸多问题。

（三）养老机构专业人员的素质不高

由民政部门制定的《养老护理员国家职业标准》对养老护理员的职业定义为"对老年人生活进行照料、护理的服务人员"，分为初级、中级、高级、技师四个等级，对养老护理员的工作从生活照料、技术护理、康复护理、心理护理等方面的工作内容以及相关知识和技能要求均提出了具体标准。然而，无证上岗的现象在养老服务行业却极为普遍。舟山市海晶福利院的副院长叶安平表示"就现在而言，养老护理员几乎是零门槛行业，只要愿意，身体吃得消，经过基础的培训，就可以上岗。"在所调查的舟山养老机构中，绝大部分养老机构的专业人员队伍建设严重落后，特别是中高级养老护理员、心理咨询师、康复人员和社会工作者等岗位上的专业人才队伍基本上是空白。养老护理员也大多数缺乏专业的管理和服务技能，且年龄偏大，文化水平低下，多是无证上岗。无法从根本上满足老人的精神和物质上的多元化需求。

（四）内部管理存在缺陷

根据舟山养老机构的调查显示，养老机构内部管理存在明显的缺陷。老年人护理没有明确界定和分类。在较好的星级养老机构中对加护病房和普通病房进行区分，虽然可以对生活不能自理的老人进行重点看护，但是其他老年人就只能在普通房间被无差别对待，没有明确的养老护理等级分类。这种情况在普通的乡、村级养老机构中则更是严重。在乡、村级养老机构中，大批身体健康程度不同的老人混住在一起，重点加护病房也没有，需要迁就彼此的生活习惯，则更容易造成老人生活和身体等方面的不适。另外，养老机构的内部管理与现实存在偏差。在舟山现有的养老机构中，有着明确的管理实施办法的养老机构少之又少，甚至有些养老机构就没有管理这一说法，只是凭着历史经验维持着养老机构的生存，有管理人员还认为，"管理"就是满足入住老人的温饱和住宿等最基础的生活保障。

（五）社会大众养老意识薄弱

根据舟山市养老机构的调查显示，社会大众对养老机构的关注度较低。首先，老年人及其家属自身的养老观念传统陈旧。大部分老年人和家庭成员"养儿防老"的观念根深蒂固,思想比较陈旧。对社会化养老的优越性认识不到位,认为养老机构是收住失能、孤寡和贫困老人的场所。对老年人而言,去养老院、福利院等养老机构中生活是"不光彩"的;对子女而言,送父母入住养老机构是一种不孝顺的表现。因此,不管是子女还是老人自身都对养老机构有抵触和排斥。其次,养老机构宣传不到位。有些媒体对养老机构的负面报道,也在一定程度上影响了社会对养老机构的接受度甚至是机构的发展。此外,部分老年人消费观念相对保守,重积蓄轻消费,服务购买意识不强,一直延续着家庭养老的传统模式,还没有形成社区养老和社会养老的新观念。

二、对舟山养老机构的建议

(一)优化养老机构的规划布局,缓减适龄老人入住压力

解决养老机构空床率高的问题,这就需要舟山市政府及相关部门结合本地的实际需求情况进行合理的规划布局,以缓减适龄老人的入住压力。具体建议主要有以下几项。

(1)适当降低适龄老人入住费用。高昂的费用是产生养老机构床位空置率高的最主要原因,毕竟老年人自身的收入水平低下,且国家养老补贴费用远远不足于弥补养老机构的入住费用,导致适龄老人负担不起高昂的入住费。

(2)合理规划养老机构的数量。公办与民办养老机构存在各自的优缺点,根据当地消费者的实际需求,合理安排公办与民营养老机构的比例。民营养老机构具有收费高的特点,而相较于民营养老机构的高额收费,公办养老机构的设立与运行将会大大缓解老年人的入住压力。

(3)加快养老机构"公建民营"模式的推进。政府使用纳税人的钱来建造养老机构,再雇请民营养老机构中的专业人员进行经营管理,可以从一定程度上降低民营养老机构的运营成本,使之与公办养老机构处于一个较为公平的竞争环境中。

(二)优化资源配置,加大对养老机构的扶持力度

政府需加强对社会养老事业的扶持力度,全面提高养老服务的质量。具体建议主要有以下几项。

(1)加大政府对养老机构的优惠补助。各级政府需要在了解本地区养老机构设施的真实情况后,再给予一定程度上的优惠补助,以帮助较为困难的养老机构置办设施设备。例如,对于需要购进相应设备的养老机构给予税收减免或者购后补贴的帮助,降低养老机构购买设备时的资金压力。

(2)统筹规划，优化资源配置。舟山市各级政府应结合本地实际，统筹规划，优化资源配置，鼓励发展综合性养老机构，鼓励有条件的企业针对本单位的需求建立相关的养老类机构，以从根本上解决养老机构设施落后的情况。

(3)政府注意扶持社会力量兴办养老机构。注意调动社会各界的力量，鼓励企业、组织和个人投资养老设施建设，大规模新建现代化养老院、福利院等，不断更新养老机构的基础设施。

(三)加强养老护理人员培训力度，不断提高护理人员的业务能力

适龄老人的长期照料不同于一般老龄社会服务，它的专业性较强，需要国家与政府的支持，构建完善的长期照料服务支持体系，注意加强养老护理人员的培训，不断提高护理人员的业务能力。具体建议措施主要有以下几项。

(1)加强政府和高校合作模式的改革。市民政部门应同教育、人力社保部门组织本市各院校和培训机构，开设与养老服务相关的课程。国家可在综合性大学中设立"敬老院管理"专业，在医学类院校中设立"老年医学系""老年护理系"或在各地建立一定数量的护理培训学校。为培养专业养老服务型人才提供保障。

(2)加强在职养老护理人员的培训。对于在职养老护理人员注重继续教育，对在职护理人员进行免费养老职业培训，且进行定期的考核，实时评估，以提高在职人员的专业服务能力和水平，从而改善养老机构护理人员整体的专业素质。

(3)提高养老机构管理人员的准入标准。应当重视引进机构管理者尤其是高级管理的专业型人才，从业人员的引进应着眼于高等院校的社会学和中等职业技校的相关专业，参加招聘的工作人员也应根据统一的筛选标准来进行考核，严格对待。

(四)强化养老机构的内部管理，提高养老机构服务的质量与水平

针对养老机构内部存在的相关问题，政府或者有关部门需制定相适应的规章制度来完善现存的养老机构，以改善养老机构内部存在的管理不健全的情况。具体建议主要有以下几项。

(1)加强制度建设。建立和完善目标明确、体系完整、有针对性的养老机构内部管理制度是加强养老机构内部管理力度最基本的目标。各级政府以现存的法律为基础，结合本地的实际需求加强养老机构内部管理制度的建设，使养老机构内部管理有法可依、有章可循。

(2)注重养老机构内部管理机制的创新。针对目前舟山养老机构存在的内部护理等级分类不明确的现象，有关部门可以在原来特殊护理规则之下分出不同等级的护理级别，即一级至三级，以明确养老机构内部的真正需求，协调内部人员，从而实现内部机制的可持续发展。

(3)完善内部管理监督机制。养老机构应加强内部监督管理,防止内部运行管理过程出现漏洞而造成与现实相偏离,保障养老机构在管理过程中有序化与合理化,不断提高养老机构服务的质量与水平。

(五)加强养老宣传教育,培养社会大众养老意识

加大对养老的教育宣传力度,逐步改变社会大众传统的养老观念,增强老年人的社会养老意识,从根本上消除人们对养老机构的偏见,形成一个社会化养老的新观念。具体建议主要有以下几项。

(1)重视家庭养老教育。家庭教育一直都是一种最为原始又易被人们所接受的传播方式,长辈的行为可以影响晚辈的认知,同样随着时代的发展,晚辈在家庭里的话语权愈加重要,重视家庭养老教育可以在很大程度上改变家庭成员的养老观念,甚至可以彻底改变传统的养老观念。

(2)加强社会大众养老意识的培养。通过政府对养老机构的扶持和肯定,全社会养老意识的教育与培养以及政府本身的威慑力,使养老机构的优越性得到社会的认可,逐渐形成家庭、政府、社会养老协同发展的格局。

(3)拓宽养老教育宣传的渠道。随着互联网事业的发展,养老机构的教育宣传渠道也应该被拓宽,使之与如今的社会发展相适应。例如通过微信、QQ、微博等网络社交平台,展示和宣传养老的目的意义,养老机构的作用与优势等,从而培养社会大众的养老意识。

参考文献

[1] 熊必俊. 老龄经济学[M]. 北京:中国社会出版社,2009.
[2] 陈雪萍. 以社区为基础的老年人长期照护体系构建——基于杭州市的实证分析[M]. 杭州:浙江大学出版社,2011.

(本文发表于《农村经济与科技》2016年第13期第194-196页)

让爱起航
——关于浙江省台州市椒江区社会福利院生存状况的调查

方亚琪* 指导教师：随付国

摘　要：近年来我国老龄化速度加快，已步入老龄化社会，特别是无子女老人和失独老人数量不断增加，另外被遗弃儿童的成长问题也备受关注，社会福利院作为一种公益机构将在这部分老人养老、儿童成长的过程中发挥重要作用。本次调查以浙江省台州市椒江区社会福利院为对象，调查福利院老人和儿童的生活现状，分析福利院老人和儿童生活存在的困难和问题，阐述问题产生的原因，提出改善福利院老人和儿童生活质量的建议。

关键词：老年人；生存状况；建议

随着社会老龄化趋势的不断加快，高龄化趋势日益明显，无子女或失去子女的老人数量不断增加。另一方面，因患有先天性疾病而被抛弃的儿童的成长问题也引起社会各界的关注，社会福利院是这些老人和儿童赖以生存的重要场所。为有效地给"三无"老人（即无劳动能力、无生活来源、无赡养人和抚养人）、孤残儿童及社会上有托养需求的老人提供生活照顾等多方面的服务，浙江省台州市椒江区社会福利院于2012年正式启用。它的投入使用充分体现了党和政府对社会福利事业的高度重视。

一、福利院老人和儿童生活状况分析

椒江区社会福利院是椒江区唯一一家国有的福利机构，共占地30亩，建筑面积14500平方米，总投资4500余万元，核定养老床位500张，儿童床位56张，由老人生活区、儿童生活区、娱乐区、医疗区等四个主要功能区构成，分为7个建筑单体，为台州市目前最大的集生活、健身、娱乐、医疗康复为一体的现代化标准综合社会福利院，主要面向椒江区"三无"老人、孤残儿童及社会上有托养需求的老人提供专业服务。

（一）福利院老人的生活状况

通过实践调查，笔者了解到目前入住椒江区福利院的老人有150名，其中绝大部分老人的年龄在70~79岁。生活能自理的老人占80%左右，半自理的占16%，只有少

---

* 作者简介：方亚琪，女，浙江海洋大学东海科学技术学院2013级财务管理专业学生。随付国，男，浙江海洋大学东海科学技术学院副教授。

数老人瘫痪在床，生活不能自理(图1)。

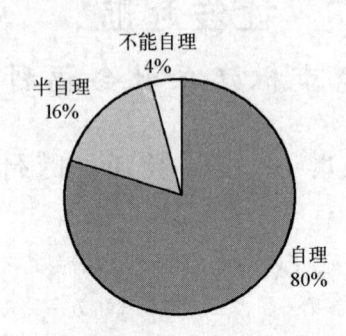

图1　福利院老人自理生活状况统计

椒江区福利院瘫痪老人平时只能卧病在床，每两位这样的老人由一个护理人员照顾，她们要负责老人的一日三餐、个人卫生整理等问题，平常还会给老人按摩四肢，据了解，这样的按摩大概两天进行一次。这些瘫痪老人很多都是身体瘫痪、大小便失禁，但意识是清醒的。他们几乎不说话、不交流，唯一的娱乐方式便是看电视、收听广播。

椒江区福利院生活能自理、腿脚方便、能够走动的老人生活就方便得多。据调查，除了室外的健身器材可供老人锻炼外，福利院还有活动室和阅览室可以提供给老人使用。因此，老人的生活比较丰富，识字的老人可以去读书看报，喜欢热闹的老人可以围坐在一起打麻将，还有些身体硬朗的老人可以结伴打乒乓球。据调查，福利院里46%的老人喜欢读书看报等，24%的老人会选择打麻将，16%的老人喜爱打乒乓球，这些活动对老人的脑力和体力都十分有益(图2)。除此之外，福利院很多老人也选择散步这种锻炼方式。

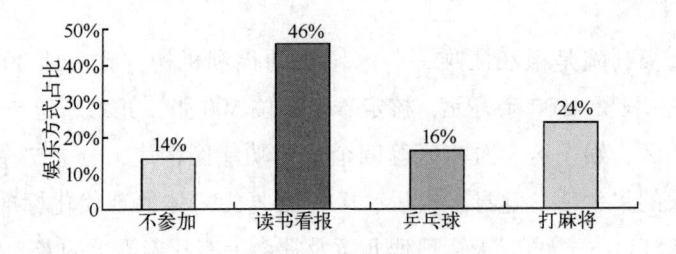

图2　福利院老人娱乐方式统计

椒江区福利院老人统一在食堂就餐，一日三餐，统一配餐，每餐保证一荤两素。不能自理的瘫痪老人则由护工照料，他们的膳食也根据个人体质因人而异。考虑到一些瘫痪老人的口味特点，他们的饮食大多以羹和糊为主，并且吃得都比较清淡。

(二) 福利院儿童的生活状况

目前椒江区福利院里生活的儿童只有 37 名，这些孤儿的残疾率高达 98%，也就是说他们绝大部分是因为患有先天性疾病而被抛弃的。根据与护理人员的访谈得知，留在这里的儿童基本上都有一定的缺陷，比如肢体上的障碍、智力上的障碍，而稍微健全的儿童都陆陆续续被领养走了。剩余的儿童的年龄大部分都在 7~12 岁，年龄最大的一个儿童身高达 170 cm，听护理人员说他已经 16 岁，但由于智力存在缺陷，他与同龄人的智力相差很大。笔者与他打招呼，并没有回应，看得出他眼里的茫然和胆怯。福利院里像他这样的儿童还有好几个，他们的成长和未来都让人感到担忧。

椒江区福利院的住宿条件一般，儿童部的宿舍都是 6 人一间，每人都有独立床位，宿舍设有独立的卫生间，生活环境也比较干净整洁。护理人员分工负责，每一个护理人员要负责照顾 6 个儿童，具体工作是负责他们寝室安全、卫生等事务。饮食方面，儿童一日三餐，就餐都由护理人员为他们安排，一餐一荤两素，统一配餐。学习方面，福利院为这些儿童开设一些小学阶段的课程，根据年龄的不同，大都分为 3 个班。如果身体状况允许，智力正常的儿童会被送到福利院外面的学校，继续完成他们的学业。在时间安排上，这些儿童每天四节文化课和一节活动课。在自由活动的时间里都有老师陪伴，以保障他们的人身安全。

二、福利院老人和儿童存在的问题

(一) 医疗康复设施不完善

椒江区社会福利院是集生活、健身、娱乐、医疗康复为一体的现代化标准综合社会福利院，然而在调查期间，笔者发现该院的医疗康复设施并不完善。福利院设有一栋护理楼，护理楼急救室配备了一辆救护车，是为了保证病情危急的老人或儿童能被及时送去医院救治。但护理楼的医疗康复设备还不够完善，床位也并不充足。通过与护理医生的访谈得知，很多设备都还欠缺，比如尿分析仪、心电图机、生化分析仪等都还没有配备。另外，护理楼的相关配套设施也还在建设当中。目前，残疾儿童需要的医疗康复设备都是直接根据儿童身体的具体情况定量购入。如果老人或者儿童身体状况一旦出现紧急症状的，都会直接送去医院治疗。

(二) 饮食营养搭配不尽合理

福利院的老人中有瘫痪的患者，他们的一日三餐都由护理人员负责。据调查，瘫痪老人绝大部分年纪是 80 岁以上，对于这样的老人来说，已经无法正常食用米饭和肉类食品，他们的饮食多以糊状为主。其他身体相对健康的老人一日三餐都到福利院的食堂就餐，但食堂里的饭菜都是按菜谱统一配置，每餐一荤两素，没有自由选择的余地，这其实并不合理。对于有些糖尿病或"三高"的老人来说，他们的合理膳食不能得到保证。特别是对自控能力不高的老人来说，他们的饮食可能就成了一种负担，还要不断地靠药物来降血糖血脂，这样的生活方式还是有一些问题。

儿童的饮食也存在一些问题，福利院儿童大部分处于小学到初中的年龄段，正值儿童身体发育旺盛时期，食堂的统一配餐其实并不能满足该阶段儿童的健康需求。他们的早餐大多是包子、馒头、炒饭、牛奶或豆浆。午饭和晚餐则是由食堂统一安排，每餐都是一荤两素。从量上来看，对于7~10岁的儿童来说还是足够的，但从质上看，菜的种类稍显单调。对于11岁以上的儿童来说，他们的饭量正渐渐增大，饭菜的分量也不能满足他们对食物的需求。

（三）教育资源不够丰富

儿童部是福利院儿童学习成长的地方，他们因身体上先天性的缺陷，与其他儿童不同，不免要面对异样的目光。因此，针对这些儿童，福利院设有不同的通识教育课程，为这些儿童的健康成长营造了适合的学习环境。但他们每天的课程安排较少，课程的要求也并不高，而且笔者发现儿童部的专业教师比较少，师资力量还是欠缺的。另外，与其他小学教育相比，福利院教学器材也不足，如投影仪、计算机、多媒体教室的数量也不多。笔者认为，福利院儿童的教育除了通识教育外，心理健康教育也是十分重要的，而目前福利院还没有设置有关儿童心理健康教育的课程。

（四）福利院的人际关系有待改善

福利院老人和护理人员之间的矛盾历来一直存在，而且近些年出现一些矛盾激化的事件。椒江区福利院也是存在这种现象。由于一些老人年纪比较大，存在老年痴呆的症状，常常会乱砸东西，或是不配合护理人员的工作，这常常引起老人和护理人员之间的争吵。另外，护理人员的工作不够仔细，也会引起一些老人的不满。据调查，椒江区福利院老人在回答"老人对护理人员满意度如何"时，50%的老人的满意程度是"不错"，16%的老人认为"非常好"，26%的老人认为"一般"，8%的老人认为"差"（图3）。

福利院儿童与护理人员间关系也存在一些问题。护理人员既要照顾这些儿童的生活，还要教他们学习文化知识和做人的道理。由于福利院的儿童其情况都很特殊，智力发展水平参差不齐，教学和管理的难度较大，如果没有足够的耐心，是很难教好这些儿童的。而从调查结果来看，福利院的一些儿童对护理人员常常抱着敬畏之心，但彼此之间缺少情感的交流与沟通。护理人员有时候也不能及时了解儿童的状况和需求，其教学方法或管理方式也有待改进。

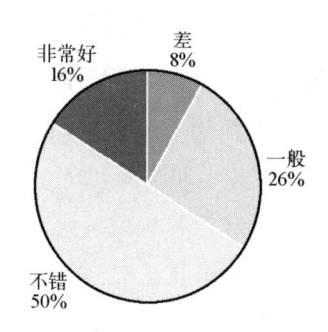

图 3　老人对护理人员满意度调查表

三、改善福利院老人和儿童生活质量的建议

这次社会实践活动令笔者印象非常深刻，同时也了解到了社会福利院老人和儿童的生活状况和存在的问题。福利院老人的晚年是孤独的，他们少了亲情的温暖，福利院儿童的童年是存在阴影的，他们少了父母的关爱。他们都是这个社会的弱势群体，他们非常需要人们的关心和帮助。我们应伸出援助之手，给予他们更多的温暖和关怀。在此，笔者呼吁社会大众能对福利院有所关注，多献出自己的一份爱心，让爱心常驻福利院。

(一) 完善医疗设施，为老人和儿童的身体健康提供保障

福利院的护理楼不能形同虚设，虽然老人和儿童在身患重病时必须送至医院治疗，但平时的应急医疗设备也应当配备。同时，针对老人的体检设备也应当不断完善，定期对老人的身体状况进行检查，如量血压、测血糖，这些基本检查都是十分必要的。除此之外，引进新的康复设备，可以对那些残疾儿童进行康复训练，不单单解决他们当下的生活困难，更有助于他们将来也能像其他健康的人一样，进行正常的学习、生活和工作。同时，也可以发挥"爱心基金"的作用，让儿童的生活条件得到进一步的改善，为儿童早日恢复健康提供保障。

(二) 保证饮食的质量，提高福利院的吸引力

对福利院老人而言，应该考虑不同老人的生理条件、生活习惯及宗教信仰等方面的情况，增加饮食蔬菜的种类，供老人自主选择，这样有利于老人的身体健康。同时，在确保饮食质量的前提下，适当降低饮食价格标准。因为很多老人是自费入住的，经济收入不高，特别是对"三无"老人而言，除了领取低保金外，几乎没有其他经济来源。建议福利院能够争取政府支持，在生活上能够给这些老人一定的生活补贴。另外，对于福利院的儿童来说，他们正值发育期，建议福利院适当增加菜的种类和质量，满足

这些儿童对食物的多样化需求，让他们身心能够健康成长。

(三)提高教育教学质量，促进儿童身心健康成长

福利院的儿童虽然身体上存在着缺陷，但他们同样享有受教育的权利。目前福利院师资力量薄弱，通常是一位老师身兼多职，既要负责语文教学，又要负责数学教学，有的老师还要负责儿童的管理工作。建议福利院注意加强师资队伍建设，注意引进相关专业教师，改善教学条件，注意因材施教，提高教育教学质量，为儿童将来的发展奠定基础。同时，要注意加强儿童的心理健康教育。福利院的儿童从一开始便和其他儿童不同，他们没有父母，身体的缺陷使他们缺乏安全感，常常遭受别人的嘲笑和忍受别人眼中的同情，久而久之，对他们的心灵往往造成一定的心理伤害。还有一些儿童不愿多说话甚至有些自闭，主要是因为他们害怕遭受别人不公正的对待，而将自己封闭起来。建议福利院能给予这些儿童更多的帮助和支持，尤其要重视他们的心理健康教育，给予这些儿童更多的关爱，让他们能打开心扉，乐观面对生活，正视自己的缺陷，以积极的态度面对人生，注意培养他们坚强的性格，促进他们身心健康成长。

(四)加强护理技能培训 提高护理人员的业务素质

为了提高福利院服务人员护理技巧和护理质量，也为了更好地适应新形势下对护理人员的高标准、严要求，福利院要对护理人员进行护理操作培训。培训集老人护理理论知识和实际护理操作为一体，有效提升了护理人员综合服务意识，为更好地服务老人奠定了基础。养老爱老敬老是中华民族的传统美德，现代养老模式更注重"医养结合"。在养老市场竞争日趋激烈背景下，护理员只有具备科学有效的护理技术，才能支持养老机构更好的发展，才更利于老人的健康和安全。护理人员除必要的护理技能培训外，还要注意正确处理与老人儿童的关系。护理人员要有耐心去真诚对待每一位老人和儿童，尤其是那些患上了老年痴呆症的老人、智力存在缺陷的儿童和性格偏激的儿童。在护理工作过程中，注意加强与老人儿童的情感交流和沟通，这有利于化解护理人员和老人之间可能存在的紧张关系。例如，护理人员平时可以坐下来多和老人聊聊天，多关心他们的生活和需求，相信老人也会有所感动，从而达到双方相互理解的目的。

参考文献

[1] 郑兆云, 2016. 温州市社会福利院老年人生存状况研究[J]. 中国社会医学杂志, 2016, 33(5): 449-452.

[2] 李文管，邓旭杰. 我国人口老龄化背景下的养老困境及解决对策[J]. 山西高等学校社会科学学报，2016, 28(1): 22-25.

梦想与现实的交锋

——关于浙江省乐清市柳市镇外来务工人员生活状况的调查

潘爱静[*]　指导教师：王翠翠

摘　要：外来务工人员是推动我国工业化、城市化建设的重要力量，为改革开放以来我国的现代化建设做出了巨大贡献，但数量庞大的外来务工人员的生存状况却不容乐观。这也是社会关注的热点问题之一。本文选择浙江省乐清市柳市镇为样本，通过深入调研外来务工人员的生存状况，归纳存在问题，分析多方面原因，并提出相应的对策和建议。

关键词：外来务工人员；生存状况；建议

随着我国经济社会的发展，不同地区的农村人口大量地进入城市。进城的外来务工人员逐渐成为我国工业化、城市化进程中出现的一个特殊的劳动群体。一方面，他们为城市建设、工业发展作出了贡献，为改革开放的推进增添了动力，是中国现代化建设的一支重要力量；但另一方面，外来务工人员主要来自农村，文化素质不高，流动性大，生活和工作没有相对稳定的保障。大多数城市的外来务工人员还是没能得到良好的生活，特别在就业、工资待遇、子女上学等方面存在许多需要解决的社会问题。外来务工人员已成为城市生活中不可或缺的一个群体。加强对他们的管理，做好他们的工作，对促进经济的进一步发展，构建和谐社会具有重要的意义。而笔者通过这次寒假社会实践的机会，对浙江省乐清市柳市镇外来人员的生活状况进行实践调查，进一步了解柳市镇进城外来务工人员生活的情况，为解决相关问题提出建议，帮助他们能够更好地融入城市，为构建和谐社会贡献自己的一份力量。

一、外来务工人员生活现状分析

自改革开放以来，我国私营企业如雨后春笋般地发展起来，特别是东部沿海地区。私营企业的发展给我国劳动力就业提供了广阔的市场，使农村许多剩余劳动力有幸进城就业。进城的外来务工人员也不断增加，为城市建设与发展增添了不少的能量与活力。

柳市镇位于浙江省东南沿海，被誉为"中国电器之都"，镇域总面积49.88平方千

---

[*] 作者简介：潘爱静，女，浙江海洋大学东海科学技术学院2013级护理学专业学生。

米，全镇户籍人口约21.6万，外来人口约20万，是全国城乡一体化发展试验区、国家级小城镇综合改革试点镇。早在20世纪70年代初，柳市镇就冲破计划经济体制的束缚，开始涉足于低压电器。在接下来的几年里，随着党的十一届三中全会的召开和改革开放政策的实施，低压电器企业在柳市镇逐渐增多，大大小小的企业不断兴起，镇上不少居民也自发地兴办起个体经营的工厂，而这些工厂都需要很多劳动力，所以这里也就吸引了不少的外来务工人员前来务工与生活。久而久之，外来务工人员已成为柳市镇现代化建设与发展的一支必不可少的队伍。随着我国经济水平的提高，外来务工人员的生活质量有所提高，但一些普遍的问题仍然存在。

在年龄结构上，柳市镇的外来务工人员以青壮年为主。据调查，大多数外来务工人员多为三四十岁，且在镇上打工超过5年，还有的人甚至更久。在文化素质方面，外来务工人员的文化程度普遍不高。在笔者采访的对象中，大多数外来务工人员只有初中学历，其中原因则是家庭情况不好、父母负担大，其子女也没有兴趣再读下去。因此，这在某种程度上文化素质的高低决定了外来务工人员的就业方向，大多人只能从事文化和技能要求不高、以体力劳动为主的行业。在从事工作的种类上，柳市镇外来务工人员主要从事以电器零件搭配、零件焊接、零件生产、搬运货物等为主的行业，他们都要通过付出艰苦的体力劳动来获取相应的报酬，以改善自己的经济状况。在工资待遇上，外来务工人员的工资待遇都普遍较低，大多数人的工资为2000~3500元，虽然少数人的工资在3500元以上，但从事的工作比较累、劳动强度比较大。在住房条件上，随着大量外来务工人员的进城，住房问题成了一个严峻的问题，大多数外来务工人员都居住在简陋的出租房里，一般居住条件都比较艰苦。通过走访，笔者发现大多数的外来务工人员居住条件一般，有的人甚至平常睡觉和烧菜做饭都挤在一个房间里；条件稍好的也不会超过两间房。在子女的教育上，镇上外来务工人员中有不少子女在镇上就学。自九年义务教育在全国顺利实施后，不少有困难的外来务工人员其子女可以在城里享受均等的九年义务教育。

二、外来务工人员存在的相关问题

(一) 就业范围有限，劳动强度大

大多数外来务工人员主要从事劳动密集型产业的劳作，而这些岗位一般都是技术含量比较低、劳动强度却很大的工作。一些人由于文化程度比较低，又缺乏相应专业技能，导致自己只能从事有限的一些工作。由于从事的是一些以体力劳动为主的工作，外来务工人员的工作时间一般都比较长。例如，镇上那些从事零件搭配的工人，一般

都是按照多劳多得、少劳少得的方式来获取报酬。因此，有些工人平时的正常休息时间很少，有的人甚至周末时间都加班加点，希望能够赚更多的钱。在访谈中，有些工人也谈到，他们外出务工十余年，能做的也只有零件组装这样简单的手工活，这样的工作基本上没有休息时间可言，工资与零件组装数量成正比，所以他们宁愿牺牲休息时间来获取格外的工资。

(二) 收入水平较低，工作满意度不高

由于外来务工人员从事的工作大多是以体力劳动为主的工作，因而他们对自己的工作性质及收入水平不太满意，与他们的期望值相差较大。在与戚某的访谈中，他也指出：在外打工8年，换了几份工作，自己都记不清了，对于现在从事的冲压工作还是不够满意。冲压工作危险性较大，一旦操作失误，身体就极有可能受到损伤。同时，他也认为工资水平不高，每月3500元左右。所以自己希望从事工资水平高的工作，但因文化水平低而难于找到。正因为工资水平不高，外来务工人员工作流动性较大，在未找到理想的工作之前，他们往往不得不从事收入水平不高的工作，一旦时机成熟，他们都会跳槽，重新换一份工资水平高一些的工作。

(三) 居住条件相对较差，生活质量不高

一般而言，外来务工人员的居住条件与他们的工作性质、收入状况有很大的关系。外来务工人员大多租赁当地居民手中相对便宜的住房或是老房子。一般来说，他们的住房条件都比较简陋，大多都是低矮陈旧的房屋。在基础设施上，虽然房东都会配备自来水、电、电灯等一些最基础的设施，但一般都不会包括独立的厨房、厕所、空调、电视等一些设施。笔者调查了一些务工人员的居住环境，其中印象最深刻的是来自江西江某的住房情况：在一间不大的房间里，摆放着一张容纳三个人的小床，有一张由桌子搭起的煤气灶台，还有一张不大却"实用"的餐桌，剩余空间就被一些杂物所挤满。可见，外来务工人员的居住条件相对较差，生活质量不高。

(四) 基本生活开支高，文化娱乐生活单调

镇上外来务工人员的日常生活一般都非常节俭，在衣食住行方面的开支能省就省，其他方面的消费也不高。由于城镇的平均生活水平高于农村，城镇物价水平与农村相比相对较高，所以在衣食住行方面，外来务工人员的基本生活开支高，生活压力较大。另外，在文化娱乐上，因工作繁重，大多数外来务工人员的业余生活比较单调。在访谈中，笔者发现大多数外来务工人员的时间大都花在工作上，几乎没有什么文化娱乐生活，工作之余的活动就仅局限于看电视、散步或者与老乡聊天。

(五) 生活压力较大，无法兼顾家庭

因生计所迫，外来务工人员常常无法兼顾家庭。父母俩都在外工作，孩子若还小，

就只能放在老家,由爷爷奶奶照看。若孩子稍大些,就带在自己身边,在打工的地方上学,但由于工作繁忙,平时也无暇关注到孩子的学业。在访谈中,笔者了解到戚某也有这样的困扰。去年,他和妻子把一对儿女带在身边,生活了半年多,迫于工作压力还是无法很好地照顾他们,最终还是把孩子送回到老家上学,让祖父母照看。但老人因年龄偏大,有时也无法很好地照顾孩子。这样的情况在外来务工人员当中还较普遍,他们往往一心挂两头,左右为难。

三、关于改善外来务工人员生活状况的建议

(一) 拓宽就业范围,增加就业岗位

当地政府和有关部门应利用各种渠道为外来务工人员提供各种就业信息,减少外来务工人员外出务工的盲目性,使其外出能够更容易找到一份适合自己的工作。同时,相关部门要让外来务工人员有机会接受专业的培训,拓宽就业门路。另外,当地政府和有关部门也要落实外来务工人员就业优惠政策,切实解决外来务工人员的就业难题,为外来务工人员的就业提供优质的服务,并注意维护外来务工人员的合法权益。企业或工厂也应对外来务工人员进行职业培训,提高工人的职业技能和职业能力,使他们可以从事一些技术性要求较高的工作。同时,企业或工厂也要以人为本,诚心待职工,相信职工也愿意为企业或工厂贡献力量。外来务工人员也要珍惜工作机会,不要盲目变换工作,注意在工作中积累工作经验,提高工作能力。

(二) 提高自身的职业技能

工人技术水平的改进是提高我国生产力的重要途径,也是城市化建设和市场经济发展的需要,更是建设社会主义和谐社会的需要。外来务工者改变自身状况最重要的途径是要知道如何去努力地提高自身的能力。现如今的社会,并不是绝对的学历时代。更多的用人单位已经将目光渐渐地转移到了人员的工作能力上来,更加青睐有工作能力的人。这样,企业或工厂的生产力和生产质量能够得到保障,从而更好地提高企业或工厂的市场竞争力,提升企业或工厂的综合实力,增加企业和工厂的收入。在访谈中,我们了解到受访的务工人员确实认识到由于自己职业技能的缺乏而导致了自己的生活质量不高。因为技能不够,受访者方某在外十余年,都只是从事零件组装的手工活。各方面的待遇都受到了影响。因此,外来务工人员应该积极参加职业技能培训,注意培训内容也要与市场就业信息相结合,注意培养实用性强、形式多样、切实有用的职业技能。这样,让自己更好地适应社会,实现自身的人生价值。

(三) 落实外来务工人员创业扶持政策

外来务工人员的创业不仅可以改善外来务工人员自身的生活状况，也可以促进当地经济社会的发展。政府相关部门要积极落实外来务工人员的创业扶持政策，对符合条件的外来务工人员给予税收减免，创业贷款等政策支持，确保有创业意愿的外来务工人员成功创业。在访谈中得知，包某在外务工几十年，积累了丰富的工作经验。目前，他不再为别人打工，而是选择自主创业。他建立了一个属于自己的零件焊接工厂，当前工厂运转状况良好，生产效率也较高，产品深受顾客欢迎。从这个案例可以看出，一部分外来务工人员，他们在多年的打拼中，积累了一定的文化知识和工作经验，经过实践的磨炼，他们也会产生创业的意识和创业的渴望。我们应该支持外来务工人员的创业，让他们走出去，创造属于自己的一片天地。

(四) 保障外来务工人员的合法权益

针对外来务工人员人数多、流动性大的特点，相关部门要建立工伤保险、医疗保险、养老保险、最低生活保障等制度体系，使外来务工人员在工伤、医保、子女上学等方面享有平等权利。例如，当地政府要妥善解决外来务工人员子女就学等问题，使每一位外来务工人员的子女都能够接受良好的教育。在住房条件上，政府和用人单位应给予帮助，解决外来务工人员住房困难。据调查，戚某因工作而受伤，却得不到用人单位或相关部门的合理补偿，在工伤的认定上无法得到与用人单位正式员工平等的对待，最后只能自赔医药费，不了了之。不难看出，目前一些外来务工人员的合法权益被侵害的现象时有发生。因此，当地政府对侵害外来务工人员合法权益的案件要依法处理，注意完善相关法律援助制度，为外来务工人员提供法律救助，保障外来务工人员的合法权益。

(五) 营造关爱外来务工人员的良好氛围

外来务工人员是地方经济社会发展的重要推动力量。当地政府要加强对外来务工人员的关心和照顾，充分发挥正确的舆论导向作用，唤起全社会对外来务工群体的关注，并能正确认识和客观评价他们，在全社会形成一种平等相待、友好相处、共建家园的良好氛围。例如，新春佳节临近，为推动营造全社会关爱外来务工人员的良好氛围，当地政府可以组织开展春运期间关爱外来务工人员的志愿行动。暖暖新年，关爱陪伴，志愿者把浓浓的年味和新春的祝福带给外来务工人员，让外来务工人员感受到家的温暖。在"文明使者"志愿服务站，志愿者为春节期间仍坚守在各个岗位上的外来务工人员送上了馒头、食用油等节日慰问品，送上真情的祝福和亲切的问候，让外来务工人员充分感受到幸福的节日氛围，这能够激励广大外来务工人员继续为城市的建设和发展贡献力量。开展这样的活动,它不是一种形式,而是我们真心希望能用爱心送给外来务工人员温暖的祝福,让身在异乡的他们感受到社会的关怀和家的温暖,同时也营造了全社会尊重外来务工人员、关爱外来务工人员的良好氛围。

参考文献

[1] 李宝元,仇勇. 中国进城务工人员群体生存状况调查总报告[J]. 经济研究参考,2014(19):4-9.
[2] 李晓文. 进城务工人员随迁子女学校适应状态与发展研究[J]. 安徽师范大学学报(人文社会科学版),2013,41(3):315-321.

汗水铸就的生活
——关于浙江省德清县新市镇草塘村农民工生存状况的调查报告

韩雪萍[*]　指导教师：王翠翠

摘　要：广大农民工背井离乡，进入城镇务工，为美丽城市的建设做出了无可置疑的贡献，长期以来，广大农民工的生存状况令人担忧，本次调查以浙江省德清县新市镇为例，深入调查该镇农民工的生活状况，分析存在的问题，并提出有关建议。

关键词：农民工；生存状况；建议

有那么一群人，他们背井离乡，蜗居异地，穿梭于各大城镇；有那么一群人，他们风尘仆仆，马不停蹄，奔波于劳动一线；有那么一群人，他们干着最苦、最累的活，却住着最拥挤、最破旧的房子。就是这么一群人，他们用汗水铸就着自己的生活，用血肉建造着美丽的城市。但也是这么一群人，他们在生活、工作、子女教育等方面存在着种种问题，引人关注，发人深省。

一、现状分析

浙江省德清县新市镇草塘村的农民工众多，他们大多是20岁左右的年轻人，且一些人的文化程度不高。他们刚来到草塘村时并不好找工作，即或是找到一份工作，也大多是重体力的或毫无技术含量的工作。目前农民工的工作条件有所改善，工资一般为每月2000~3500元，属于中等水平或中等偏下水平，工资拖欠的情况较少。据调查显示，大多数农民工都在草塘村的砖瓦厂工作，其中有些人在建筑工地负责开挖掘机，有些人在运输公司负责开小货车(拖拉机)。有些人在砖瓦厂内负责搬砖及装车等工作。几年前砖瓦厂因排污太严重而停产整改，后砖瓦厂又改建为浙江广能耐火有限公司，其中有一些农民工不得不重新找工作。现在大多数农民工都分布在草塘村附近的浙江杭翔玻璃厂(德清县杭翔玻璃制品有限公司，当地人简称"玻璃厂")、制笔厂(制作水笔芯的工厂)、塑料厂和广能耐火有限公司等地方，有些农民工做点小生意，例如卖凉粉、酸辣粉、垃圾回收等。

草塘村农民工的居住条件较差，有些农民工就住在工厂的公共宿舍中，大多数农

---

[*] 作者简介：韩雪萍，女，浙江海洋大学东海科学技术学院2013级护理学专业学生。

民工租住当地居民的房子，有的房屋较小，一家几口挤在一间很小的房间里。随着经济条件的改善，农民工的居住条件也有所改善。少数农民工还打算在本地赚钱买房，准备在本地定居，不过他们要付出极大的努力。

现在，草塘村的农民工一般都有养老保险、医疗保险、工伤保险、失业保险和生育保险，即"五险"。保险金一般都是由工作单位为其购买，与当地人没有太大的区别。但也有一部分农民工是没有"五险"的，如果要投保的话，则需要自己付费，相对来说参保率不是很高。

草塘村农民工子女的教育问题还没有完全解决。在幼儿园阶段，农民工子女需要交借读费才能上学。在小学阶段，有些农民工子女和当地人的孩子就读相同的学校，有些农民工子女就读于农民工子弟学校。在中学阶段，一些农民工的子女要回到他们的家乡读半年左右，然后在自己的家乡参加高考。

二、存在的问题

(一)农民工就业难

根据调查，大多数来草塘村打工的农民工文化程度都不高，对打工的地方不太熟悉，地方政府给予的就业帮助较少，找工作大多由朋友介绍，所以当前农民工存在就业难的现象。同时，大多数就业的农民工，其工作环境差，工作待遇较低，工作不稳定。他们就业的岗位大都以重体力劳动为主，不仅工作量大，而且工作时间长，例如，搬砖、挖泥以及做泥瓦匠等。目前一些企业或工厂在逐步改善工作条件，提高农民工的工作待遇，但还不能满足农民工的需要。

(二)农民工居住条件较差

调查发现，大多数来草塘村的农民工住宿条件较差。刚来打工时，多数人很难找到居住的地方。部分农民工进入工厂后会由工厂提供住宿，还有一部分农民工租当地人的房子住。由于农民工本身经济问题等原因，他们只能租到很小的房间，然后一家几口人都挤在一起住，厨房、客厅、卧室等功能区划不明显，居住环境不容乐观。经过几年的打拼以后，大多数来草塘村的农民工逐渐融入当地人的生活，随着经济条件的好转，他们的生活条件也有所改善，如可以租住面积较大的房屋，居住环境、卫生条件也好了许多。但总体来说，农民工的居住条件还是不太理想。

(三)农民工参保率低

据调查，草塘村居住5年以上的农民工基本都有包括医疗保险在内的"五险"。但刚出来打工农民工基本上没有"五险"。这主要是由于这些农民工的文化程度不高,对社会保险(可简称"社保")的有关知识了解不多,对社保的重要性认识不够,导致参加社保的愿望不是很强烈。国家和地方政府对社保的宣传和教育的力度也不是很大,医疗保险制度不是很完善。加上一些农民工的流动性强,一些人并不打算在本地长住,参加社保的农民工不是很多。

(四)农民工子女入学困难

据调查,草塘村的农民工子女要交借读费才能到当地较好的学校上学,这对于收入并不高且刚来本地的农民工来说也是一笔较大的负担,并且农民工一般都有至少两个子女,所以经济负担相对来说就更重一些。经济条件不太好的农民工子女只有选择农民工子弟学校就读。农民工子弟学校的教学设备较差、师资力量薄弱、学校管理松散、教学质量较差,对农民工子女的学习教育会产生不良影响。还有一些农民工子女还要回到户籍所在地参加高考,这给他们的学习和生活都带来了困难。而且农民工因为自身文化程度较低,工作繁忙,无法给自己的孩子提供学习上的指导,导致其子女对学习没有兴趣,学习成绩不理想。

(五)农民工难于融入当地人的生活

在调查和访谈的过程中发现,由于农民工与当地人之间在文化传统、风俗习惯甚至于宗教信仰等方面的差异,使农民工与当地人之间往往存在一些矛盾,造成农民工难以融入当地人的生活。例如,有些当地人看不起农民工,在言语和一些行为上都流露出对农民工的不满;在人际交往中当地人对农民工存在不信任现象;农民工子女往往受到当地学生的歧视和孤立;当地人享受的社会福利也比农民工要多等。这些问题的存在容易使农民工与当地人之间产生矛盾,如果处理不当将会使矛盾升级,引起双方的冲突。

三、有关建议

(一)转变农民工的就业观念,提高农民工的就业能力

针对农民工就业难这一问题,笔者提出以下几点建议。

(1)加强就业引导。就业是一项长期、艰巨的任务,也是一项紧迫、细致的工作;既有有利条件,也存在一些困难。要针对城镇农民工等不同群体进行正确的就业观念引导。只有深入实施就业优先战略和更加积极的就业政策,根据不同群体的优势和特点,进行精准引导,调动社会各界力量共同努力,才能不断化解矛盾、创造就业机会,

推动农民工就业工作的顺利开展。

(2)加强就业培训。要对农民工提供就业培训的机会,普及一些就业的基本知识,提高农民工的文化水平,使他们能有一技之长,便于他们找到一份自己满意的工作。

(3)发挥地方政府的作用。地方政府应给予一定的就业帮助,保证市场信息通畅,使农民工能及时有效地收到招聘信息,得到更多的就业机会。对就业难的农民工,地方政府应给予一定的贫困补助,帮助农民工渡过难关。

(4)鼓励农民工自主创业。政府还可以制定一系列政策支持并鼓励农民工自主创业。落实农民工自主创业的优惠政策,帮助他们改善工作环境,调动农民工自主创业的积极性和主动性。

(二)加强政府协调,改善农民工的居住条件

关于农民工居住环境差,居住面积小等问题,笔者提出以下建议。

(1)政府提供一定的帮助。当地政府要关注农民工的居住问题,采取切实可行的措施,协调各方力量,共同解决农民工的居住问题。政府可以建造一些救助站,专门收留那些刚来本地的农民工,让他们可以安心工作,这在一定程度上能够减轻农民工的经济负担和心理负担。

(2)协调人际关系。政府采取各种措施,加强应农民工和当地人之间的交流与沟通,让他们和谐相处,尽量减轻农民工和当地人的隔阂,使当地人乐意将房子出租给农民工。

(3)企业或工厂要主动作为。企业或工厂要优先考虑农民工的居住问题,例如,企业或工厂可以临时修建简易住房,让农民工尽快入住,以解燃眉之急。企业或工厂也可向给农民工提供住房补贴,减轻农民工租房的经济压力。

(三)加强宣传力度,提高农民工参与保险的积极性

对于农民工参保率低的问题,笔者提出以下建议。

(1)要认识到保险工作的重要性。通过广泛、深入的宣传,让农民工充分认识到参加保险("五险")不仅使自己的生活有可靠的保障而且有利于家庭和睦、幸福,有利于社会稳定发展。从而使农民工在思想上认同保险,在行动上积极参保。

(2)宣传的方式尽可能通俗易懂。在向农民工宣传社保政策的过程当中,当地政府可以通过电视、报纸、广播、网络等途径加大对农民工投保的宣传,提高农民工的投保率。也可以采用快板,顺口溜等群众喜闻乐见易于理解的方式讲解社保的方针、政策、目标及其为农民工带来的益处。或者通过介绍典型案例的方式来宣传政策,把参保条件、缴费标准、缴费方式、缴费年限等政策渗透到案例中,帮助农民工理解社保的意义,掌握社保的政策。

(3)工作态度要热情。特别要理解农民工由于受教育程度的限制而不能很快理解接受社保的重要性。对于农民工存在的疑惑和不明事宜应积极主动予以耐心讲解,要有引导农民工由思想上的"要我投保"变为行动上"我要投保"的决心。

(四)加强教育改革,给农民工子女提供良好的学习环境

关于农民工子女教育方面的问题,笔者提出以下建议。

(1)加强户籍制度改革,促进教育均衡发展。必须尽快改变城乡子女入学的不同待遇,使农民工子女能够和城市居民子女一样享受城市教育。在教育领域,正是因为城乡户籍的限制,导致城乡子女在教育上的不平等对待,解决这一问题需要破除城乡人口流动的户籍限制,消除与户口紧密相连的社会附加功能,即户口与住房、入学、医疗、就业、社会保障等方面挂钩的现象,让农民工子女能够和本地的孩子接受相同的教育。

(2)改善办学条件。针对农民工子弟学校存在教学设备差、师资力量薄弱、学校管理松散、教学质量差等问题,笔者认为政府和有关部门应该加强对农民工子弟学校的管理,适时维修学校老旧设备、添置新设备、购置新教材、合理配备师资,让农民工子弟受到良好的教育,促进学生身心健康发展。

(3)加强农民工子女的家庭教育。政府应该逐步提高农民工的教育水平,加大对农民工群体的教育投资,对农民工进行教育和培训工作,使其能够拥有更好的生活质量。随着农民工自身教育水平的提高,他们会逐步重视子女的教育问题,增强对子女的教育监督意识,使他们主动了解与关心自己儿女平时的学习状态,预防子女厌学、弃学现象的发生,为农民工子女的教育提供一个良好的家庭环境。

(五)加强交流与沟通,让农民工尽快融入当地人的生活

农民工中的大多数人虽然户籍在农村,但长期在城市就业,在社区生活,既是社区建设的参与者,也是社区建设的受益者,有融入城市生活的愿望,希望能够像当地居民一样参与社区管理,享有社区服务。针对农民工与当地居民之间的矛盾,笔者提出以下建议。

(1)发挥政府的作用。政府应加强农民工与当地人之间的交流与沟通,让农民工尽快了解当地的经济文化水平、习俗习惯及文化传统,并做好当地居民的思想工作,让当地居民能真心地接纳农民工。

(2)农民工要主动交往。从农民工角度来说,要认真提高自身的政治、道德、文化、技术水平,积极适应城市各方面工作的需要,成为推动城市发展的不可缺少的一支重要力量。同时,突破既定的生活小圈子,主动走出去,与当地居民交朋友,扩大人际交往的范围。

(3)村委会要发挥基层组织的优势。鼓励农民工参与乡村自治与管理,增加他们与当地人交流的机会,增进彼此互相了解,提高他们对乡村的归属感,让农民工脱离"边缘人"状态,较快地融入乡村。本地居民也应积极帮助外来农民工,在生活、工作和学习上与农民工和谐共处,相互理解,相互关心,共同发展。

参考文献

[1] 廖传景,陈向东,余如英.城市农民工生存与发展状况调查研究——以浙江省温州市为例[J].浙江工贸职业技术学院学报,2016,16(2):51-55.

[2] 朱晓,段成荣."生存-发展-风险"视角下离土又离乡农民工贫困状况研究[J].人口研究,2016,40(3):30-44.

小城故事邻里爱
——关于浙江省海盐县百步镇五丰村邻里关系问题的调查

徐喆霞[*] 指导教师：随付国

摘 要：邻里关系是社会重要的公共关系之一，也是人的素质和道德水平重要的体现形式。随着经济社会的快速发展，在居住形式变化等因素的综合作用下，邻里关系却显得越来越淡漠。本次调查选择浙江省海盐县百步镇五丰村为对象，深入调查邻里关系的现状，分析邻里关系淡漠的原因，提出改善邻里关系的有效措施。

关键词：邻里关系；淡漠；措施

"邻居"这个词曾经让人一听到就感到很温馨。邻居——是我们家庭生活与社会生活之间的重要纽带，古语有云："远亲不如近邻"。邻里关系是社会中的重要公共关系之一，如果运转良好将对人的素质和道德水平的提高产生深远影响。随着经济的发展和人们生活水平的不断提高，新型居住小区正在不断地加快形成，居住区里的住宅密度越来越大，随之而来的却是邻里关系越来越淡漠。我们不禁发出感慨："在现代城市生活中'邻居'是否温暖依旧？"对此，笔者对浙江省海盐县百步镇五丰村的邻里关系问题进行了调查，并提出了改善邻里关系的措施。

一、邻里关系的现状

近几年五丰村积极响应党的号召，全面地开展新农村建设，五丰村也在党的召唤下跟随时代的步伐进行了大规模的新农村建设。村里每户人家的条件也越来越好，所以很多人都开始建新房，但是为了响应新农村建设，他们的房子不是建在原来的地方，而是搬到了政府规划并建设的集中住宅区。虽然居住环境改善了，但邻里关系发生了变化，原本的一些邻居都搬走了，现在都是一些新的邻居。虽然说是新邻居，但是总归是一个村的，说到底其实彼此都是认识的，只是不太熟悉而已。然而，就因为居住环境的变化，加上现代生活节奏的加快、社会竞争压力的加剧，现代的邻里关系较以往有所疏远，邻里之间越来越冷漠。

在新村子里，出现了这样的一些现象，比如，"躲进小楼成一统""猫眼洞里的世

---

[*] 作者简介：徐喆霞，女，浙江海洋大学东海科学技术学院2013级财务管理专业学生。

界"等，邻里之间不相识甚至老死不相往来现象时有发生。由此，我们也越来越感受到了人与人之间隔阂的不断加大，人们总是喜欢躲在自己家的那块小地方，人与人之间的交流逐渐减少。原来那种"远亲不如近邻"的感觉已经渐渐地消失殆尽，总的感觉是"各家自扫门前雪，哪管他人瓦上霜"。当前五丰村的这种现象已经被视为邻里关系的"病态"了，而且表现得十分严重。

在几天的走访中，笔者实地采访了部分村民，了解到村里邻里关系的实际情况；同时还发放了调查问卷。在采访过程中发现，"你认识你的邻居吗？"有30%的人说不认识，这里的邻居好像都没见过。当被问到"你对你的邻居了解吗？"，有20%的人说不了解。当被问到"遇到问题时是否向邻居求助？"，只有一小部分人表示一遇到问题就会向邻居求助。当被问到"与邻居之间会不会发生矛盾？"，有50%的人说不会，因为基本就没有交流怎么会有矛盾。可见，五丰村邻里关系的现状不容乐观。

另外，在调查中还发现了一个比较严重的现象，那就是青少年对于邻居之间关系的冷漠程度更严重。他们基本不与邻居交往，在日常生活中遇到邻居也几乎是不打招呼，他们也表示从来不会主动去串门。所以，邻里关系的冷漠很大程度上在于我们这一代对于邻里关系的不重视，在这一点上笔者认为加强邻里关系重要性的宣传教育很重要。

总之，在这次五丰村邻里关系现状的实践调查过程中，笔者看到了五丰村邻里关系存在着很大的问题。总体可以概括为：邻里关系由友好变为冷漠，由动态积极到静态消极等。老一辈和睦的邻里关系正在消失，这些都需要我们去关注、去重视、去解决。

二、邻里关系淡漠产生的原因分析

在走访五丰村的过程中笔者发现，"同住一小区，相逢不相识"的现象并非个案，即使两家仅一墙之隔也不认识。村民反映这主要是因为大家都是新搬过来的，也都是为适应新农村建设的需要而成为邻居的，但由于个人职业、家庭背景、兴趣爱好、文化传统等方面的差异，导致邻里之间的交往日益地减少。据调查，笔者发现有一部分人认为社区的活动少，没有合适的机会与左邻右舍交往，久而久之很多人表示都已经习惯了"关起门来过日子"的生活。具体分析，邻里关系淡漠的原因主要有以下几个方面。

（一）小区居民来源较广

据调查，为响应五丰村新农村建设的需要，从四面八方而来的村民们彼此成为了邻居。在采访中他们透露，本来以前也不认识，现在白天大家都上班，晚上回来也各自生活，基本没有交流，所以到目前为止也不是很清楚邻居的状况。类似的回答还有很多，村民表示对新邻居都没有太多的关注，所以邻里关系比较冷漠。笔者认为邻里关系较冷漠的原因可能是职业、经历、价值观念和生活习惯等方面的差异，最终使新邻居之间的交往淡化，造成邻里之间的关系逐渐冷漠。

（二）现代生活节奏较快

在采访中有村民认为，"随着现代经济的快速发展，大家都将更多地把时间用到了工作上，减少了人际交往；再者，双职工家庭增多，工作繁忙，生活压力大，也没有时间到邻居家串门"。随着这种快节奏的生活，家庭生活越来越成为社会生活的组成部分，大家在家庭生活方面的时间就越来越多，其生活方式在悄悄地发生着变化，也就是大家都将自己封闭起来。同时，紧张的工作和学习，忙忙碌碌的生活，挤掉了人们之间许多交流感情的时间，人与人之间的正常交往几乎没有了，邻里关系关系也就逐渐冷漠了。访谈时有村民认为，"生活节奏加快了，劳累了一天，想安静地休息都很难，哪有心情和邻居交流"，所有这些都说明了现代生活的快节奏是邻里关系冷漠的原因之一。

（三）现代科技的影响

随着现代科技的进步，维持邻里关系的生活、安全、休闲、信息四大因素都有了不同程度的变化。在采访中，笔者听到最多的就是科技因素对邻里关系的影响。村民们无不感慨："现在真是好啊，电话、电视、计算机等，现在交往工具都科技化啦，足不出户就可以知道天下事。"事实就是这样：基于现代互联网媒体的发展，大家真正可以做到不出门就能知天下事，每个人在家就可以和人交流，根本就不需要像20世纪七八十年代那样，大家搬一个凳子坐一起，在村口听那个唯一的大喇叭播新闻。但科技是一把双刃剑，一方面，科技的进步使人们之间的交往快捷迅速；另一方面，我们感到人与人之间的交往减少了，造成人际关系出现紧张与淡漠的现象。互联网虽然连通了全球，但是却限制了邻里关系的发展，使其趋于冷漠。

（四）邻里互助需求减弱

据调查，现在邻里互助需求减弱的现象很明显。据村民反映，当年左邻右舍经常串门，谁家要缺少柴米油盐的话，向邻居敲个门就可以解决，但现在谁还会因为这些小事而去麻烦邻居呢，他们还是很怀念过去的时光。当然，如今的物资供应跟二三十年前不可同日而语，买什么东西都非常方便。但我们也同时看到，现在邻里关系不再像以前那样，大家以互相帮助为乐了，近70%的受访者表示如果遇到什么麻烦，他们更愿意打电话向亲戚朋友或通过其他途径寻求帮助，除非万不得已是不会向邻居求助的，现在邻居之间毕竟不是很熟。

三、改善邻里关系的建议

邻里和睦是中华民族的传统美德,和睦的邻里关系是构建和谐社会的基础,建立新型邻里关系不是说要回到过去,而是要提倡一种符合现代社会人际关系的新准则。邻里和睦是建设社会主义和谐社会的重要组成部分。

(一) 组织各项活动,创造邻里交流的新机会

现在五丰村重组后,各式各样的房子已经像城市中的小区一样了,自家门前不是像以前一样是农田而是变成了现在的新邻居,但房子的周边都是钢筋混凝土,活动的范围都变得有限了。为改善邻里关系,笔者建议五丰村可以在一定的邻里范围内开展各种文体活动,通过活动促进邻里间的交往。村委会可以根据村民的年龄、兴趣爱好、作息时间等,开展不同形式的文体活动,让村民感受到大家庭的温暖,做到小孩开心、老人欢心、青年人放心。另外,村委会也可以组织村民开展广场舞比赛。通过广场舞比赛,我们可以将村民聚集在一起,加强人们之间的交流与沟通。在访谈中,有村民反映,广场上,大妈们都着装靓丽、舞姿优美,在聚光灯下并不比明星们差,广场上聚满人,大家都热情洋溢。可见,广场舞比赛不仅锻炼了身体,而且还增进了村民之间的感情,缩短了人与人之间的距离。

(二) 注重运用网络,促进邻里关系的改善

现在,我们已经置身于互联网时代。互联网是把双刃剑,在带来弊端的同时也有积极的方面。如果利用好互联网,将会为我们创造一个全新的交流平台。在如今的五丰村中,我们可以充分利用互联网来重建邻里关系,村民可以建立一个QQ群,将村民组织起来。村子里发生的事都传到QQ群上去,让大家在一起谈论,这将会有助于不断改善邻里之间原本的冷漠关系。通过QQ群,村民之间可以互相认识,互相交流,增进彼此之间的感情。当然,在当今的社会,改善邻里关系的方式有很多,在互联网日益普及的今天,人们在紧张而忙碌的生活中,用互联网来作为改善邻里关系的催化剂,这未尝不是一个好的办法。

(三) 加强精神文明建设,营造团结和睦的邻里氛围

"远亲不如近邻"。邻里关系是最基本的社会关系,邻里和睦是实现社区和谐、社会和谐的重要基础。为进一步做大做强邻里互助品牌,营造团结、互助、文明、和谐的社区氛围,引导五丰村形成以德为邻、与邻为善、以邻为亲、以邻为乐的良好邻里关系,地方政府要加强精神文明建设,按照"生产发展、生活宽裕、乡风文明、村容整

洁、管理民主"的社会主义新农村建设要求，既要发展农村生产力，又要调整完善农村生产关系；既要促进社会全面进步，又要实现人的全面发展；既要推进农村物质文明建设，又要加强农村政治文明、精神文明与和谐社会建设。农村精神文明建设是社会主义新农村建设的重要内容，也是社会主义新农村建设的重要保证，具有不可替代的特殊地位和作用。为了加强精神文明建设，可以开展一些活动，营造团结和睦的邻里氛围。

(1)宣传活动。村委会可以开展一些经常性的宣传工作，例如开展板报宣传、分发和张贴宣传教育材料，张贴一些有利于建立良好邻里关系的标语，提倡使用文明用语的习惯。

(2)评优活动。开展"建设文明住户、文明居民、五好家庭"评选活动，加强宣传和表扬的力度。

(3)教育活动。领导机关、执法部门、新闻机构等也要重视对居民的教育引导，为邻里关系的健康发展提供一个良好的外部环境。

(四) 遵守村规民约，正确处理邻里关系

和睦的邻里关系是现代文明的一种表现，也是每个居民的基本素质要求。笔者认为五丰村的每个村民都应该从自身做起，真诚待人，尽职尽责，正确处理好邻里关系。只有真诚待人，才能给人以好感。诚实是一种力量，显示了一个人的尊严和自信；而虚伪是一种泡沫，经不起风吹雨打。所以说，要正确处理好邻里关系，首先是做人，这是基础。做好人，做好事，良好的邻里关系就会水到渠成。真诚待人，虚心待人，特别能够给别人以好感。因此，做人千万别虚伪。一个人心术不正，其行为必定邪恶，那么给别人的印象肯定是负面的。真诚是灵魂的面孔，虚伪则是假面具。真诚能增添美德，虚伪会损害品德。另外，要正确处理邻里关系，村民也必须自觉遵守村规民约。村规民约是社区居民讨论制定出来的共同约定。五丰村的村规民约主要内容如下：一要爱国守法，不要违法乱纪；二要爱惜市容，不要乱设摊棚；三要讲究卫生，不要乱贴乱扔；四要维护交通，不要乱行乱停；五要爱护花木，不要毁草伤林；六要移风易俗，不要铺张迷信；七要言行有利，不要好勇斗狠；八要敬业守信，不要失职失诚；九要团结互助，不要冷漠无情。对村规民约要进行广泛宣传，深入人心，大家共同遵守，充分发挥村规民约在处理邻里关系中的重要作用。

参考文献

[1] 景志铮. 邻里关系的消解与重构——包头市北梁棚户区改造的社区发展视角[J]. 兰州文理学院学报(社会科学版), 2014, 30(4): 34-37.

[2] 吴圣苓, 胡申生. 邻里关系：衡量社区精神状态的一把标尺[J]. 社会, 1997(6): 28-29.

舟山群岛新区母婴室设置情况及对策研究

谷芝杰[*] 指导教师：巢虹玉

摘 要：摘要："二孩政策"的全面实施，加之经济社会的发展和人民生活水平的提高，中国城乡居民的生育意愿发生了明显的变化，未来几年将面临新生人口急剧增加的情况。而公共场所设置母婴室，可以体现舟山市政府的人文关怀，同时也能作为舟山群岛新区的一个亮点。本文分析了舟山群岛新区母婴室的设置情况，并根据分析结果提出了相应的建议，以期建设和普及规范化母婴室。

关键词：舟山群岛新区；二孩政策；母婴室；规范化；建议

一、母婴室建设的作用

公共场所设立母婴室，体现了社会对妇女权益的尊重，也反映了对婴儿健康成长的关注。中国共产党第十八届中央委员会第五次全体会议提出，坚持计划生育的基本国策，完善人口发展战略，"全面实施一对夫妇可生育两个孩子政策"。"二孩政策"的目的是提升育龄女性的生育积极性，以应对即将到来的中国人口老龄化高峰。而城市建设标准化母婴室，不仅仅事关"新生母亲"这一数量庞大的群体的利益，也是检验一个城市文明程度的标尺。但是，人们似乎忽视了母婴室的建设。对此，笔者通过对舟山群岛新区公共场所母婴室设置的调研，深入了解了新区母婴室的建设情况，并提出了相应建议，希望能以此帮助舟山群岛新区建设和普及规范化母婴室，同时也对其他城市公共场所的建设起到积极作用。

二、母婴室设置情况

（一）设置数量不足

母婴室作为一种公共设施，首先保证的就是在数量上满足适用人群的需求。在统计调研舟山群岛新区母婴室设置情况的过程中，笔者了解到，已设置的母婴室并不能很好地满足哺乳期女性及孕产妇的需求，表现在以下三方面。

---

[*] 作者简介：谷芝杰，男，浙江海洋大学东海科学技术学院2014级财务管理专业学生。

(1) 在商城、广场内设置母婴室的不多。公共设施的完备是商城、广场吸引人流的保证，此时母婴室的建设就显得不可或缺，而笔者在走访舟山市定海区、普陀区各个大型商城广场的过程中发现，仅寥寥几家商城设置了母婴室。

(2) 设置母婴室的单位机构较少。为哺乳期或孕产期的女职员提供专门的房间进行哺乳，不仅能体现该单位对女性权益的尊重，也能表现出其对婴幼儿健康成长的关怀。而母婴室在单位的建设情况也并不是十分理想，以学校为例，怀孕的女教师并没有可以用来专门休息的母婴室。

(3) 旅游景点的设置情况差强人意。旅游业作为舟山群岛新区的主要产业之一，吸引了大量本地以及外地游客的前来，景区设置母婴室，能很好地体现景区公共设施的周到性，也能使游客感到温馨，从而加强游客的满意度，然而舟山市大多旅游景点还没有建设母婴室。

(二) 条件设施不完善

母婴室环境条件不理想，而且内部设施不完善，也是舟山群岛新区母婴室设置过程中存在的问题。笔者在调研过程中，从一些使用过母婴室的调查对象处了解到，部分母婴室并不令人十分满意，但为了避免哺乳暴露带来的尴尬，只能选择将就。不满意之处主要体现在以下几项。

(1) 未与公厕分离，卫生条件差。许多公共场所在建立母婴室时，会选择将母婴室设置在女性洗手间内部或旁边，目的在于节省空间与方便寻找，但也导致了卫生间的气味影响妈妈在母婴室内的哺乳与休息。同时也存在缺少专人打理、母婴室内卫生情况不理想的情况。

(2) 条件过于简陋，设施不完善。母婴室既然是为了给妈妈们提供便利，就需要有完善的设施，而舟山市现存的母婴室大多只有简单的桌椅或洗手台，也没有温馨的布置，以至于这类母婴室并不能很好地满足使用者的要求。

(3) 未与茶水间分开，私密度不够。首先，与茶水间相结合的母婴室能由他人自由出入，在一定程度上会打扰母亲哺乳的进行。其次，这类母婴室的门通常不能关闭，门外往来行人能看到室内情况，根本无法很好地保护母亲哺乳时的隐私。

(三) 使用频率不高

尽管舟山市政府已经开始重视哺乳期女性及孕产妇权益的维护，部分医院、商城等公共场所也设置了母婴室，但是使用频率不高仍是母婴室设置面临的问题。母婴室使用频率不高的主要原因有以下几方面。

(1) 市民了解程度不够。由于没有专门的途径获取相关的母婴室设置信息，大多市民并不知道何处设有专门的母婴室。根据笔者对收集的调查问卷统计数据后的分析，

66.59%的调查对象对"舟山何处设有可以使用的母婴室"表示完全不知道；30.02%表示了解一点；了解较多的仅为3.39%。

（2）已设指向标识不完善。一方面，大多数公共场合的指向标识原先就已经存在，而新增母婴室后，指向标识未能及时更新，没有标明母婴室的方向。另一方面，存在将母婴室与洗手间共同设置的情况，而指向标识上只标明洗手间的方位信息，导致适用人群不确定是否设有母婴室。

（3）工作人员一知半解。工作人员同样起到引导哺乳期女性及孕产妇找到母婴室的作用，但在笔者前往设有母婴室的商场时，询问工作人员是否知道商场内部何处设有母婴室，部分工作人员表示不了解。工作人员的一知半解就更无法有效引导有相关需求的顾客了。

(四) 已有母婴室的取消

"二孩政策"的全面实施，确实引起了社会对母婴室建设的重视，但也存在将已经设置好的母婴室取消的情况。以舟山市某工商银行为例，其设置的母婴室本是作为其他支行母婴室建设的标准，但却已经取消，主要原因有以下几方面。

（1）不对外开放，内部实际需求不多。内设的母婴室专门为本单位员工准备，而并不对其他前来银行办理业务且有需要的女性开放。此外，需要哺乳或正值孕产期的女性职工几乎没有，从而导致了对母婴室的需求并不高。

（2）投入较高，占用人力物力资源。在母婴室的日常卫生情况维持方面，需要指定专人定期清洁，这在一定程度上增加了费用上的支出，而母婴室内部设备也需要经常维护，同样是一笔不可忽视的开支。

（3）形同虚设，母婴室不为母婴用。母婴室如果不是为了给哺乳期女性或孕产妇提供休息，那么其设置的意义便不大。而该银行设置的母婴室虽然名为"爱心小屋"，实际上却是员工小屋，是员工工作之余休息的主要场所。种种原因，导致了设置该母婴室的意义不大，最终结果则是被取消或改建。

三、对舟山群岛新区母婴室建设的建议

(一) 政府参与，增设母婴室

政府在公共场所标准化建设中有着举足轻重的作用，为应对母婴室设置数量不足的问题，应寻找出根本的原因，并采取切实有效的措施来增设母婴室。

（1）法律规定，列入城市规划范畴。将母婴室建设列入法律范围内，能有效地促进大型商城、广场等公共场所普及标准化母婴室。据报道，日本将把设立母婴室写

进法律，明确规定超过 5000 平方米的公共场所必须设立母婴室。因此我们可以借鉴日本通过法律手段，将母婴室的建设列入城市规划范畴的经验。

（2）政策落实，各单位要设置母婴室。我国的《女职工劳动保护特别规定》中提到，单位应给予有不满一周岁婴儿的女职工在每班劳动时间内两次哺乳，每次 30 分钟。因此，各单位要出台相关政策，将母婴室建设作为单位内部建设的硬性指标，能很好地维护女性职工的权益。

（3）财政补贴，鼓励景区加强建设。目前，舟山群岛新区各个旅游景点以其独特的魅力吸引着大量的游客，旅游景点设施是否人性化在一定程度上影响着外来游客对舟山的印象。对此，市政府可以采取对景区进行财政补贴的方式，鼓励景区加强母婴室的建设。

（二）确立标准，完善条件设备

在母婴室的建设过程中，应当确立合适的标准，从各个方面完善母婴室设备，而设备的完善，能大大加强适用人群对母婴室的满意程度。具体措施包括以下几项。

（1）实施管理措施，改善卫生条件。保证卫生条件的良好是母婴室投入使用的前提。母婴室所在公共场所的经营人员需指定专职人员负责管理母婴室的卫生情况，在卫生管理措施方面，要根据项目的具体情况，参照有关卫生标准，制定各项卫生管理制度，并负责检查落实。

（2）规范设备标准。目前新区母婴室设备水平参差不齐，标准化建设就显得格外重要。其中，舒适的沙发桌椅、婴儿护理台、洗手台等是必不可少的。同时环境布置的温馨也能很好地防止婴儿哭闹，安抚宝宝的情绪，以便哺乳的进行。

（3）倡导独立设置，加强哺乳私密性。以母婴室与茶水间相结合为例，这样的设置确实能在一定程度上提高空间的利用率，但其他人员的随意走动也会给正在进行哺乳的女性造成困扰；对比之下，母婴室的独立设置就能有效地避免因他人无意闯入而形成的不必要尴尬。

（三）加强引导，提高使用效率

母婴室使用效率的不高，很大程度上是因为对适用人群的引导工作做得不足，对此，可以采用编制指南手册、完善指向标识、工作人员定期培训等方式，来加强对适用人群的引导，以达到提高使用效率的目的。具体措施有以下几项。

（1）编制指导手册，提供母婴室的位置信息。对此，可以编制舟山群岛新区母婴室指导手册，在手册中列出母婴室清单，并提供相对应的详细位置信息，通过互联网等方便市民获取的方式，将指导手册进行共享。市民也可以通过互联网，对母婴室清单进行补充。

(2)完善指向标识,方便适用人群的寻找。通过更新原有标识或设立新的指向标识,来达到方便哺乳期女性及孕产妇寻找的目的。有学者认为,公共场所指示标识系统通过美观清晰的标识为初来乍到的人们指示方向,既为参观者提供了便利,又美化了园区环境。

(3)组织定期培训,增加服务引导的人性化。以定期培训的方式,强化工作人员引导需求者的能力,加强其对母婴室功能的了解,方便有需求者能第一时间找到母婴室,并能正确有效地使用母婴室中的设备,从而体现服务的人性化。

(四)规范使用,避免母婴室减少

将已设置好的母婴室取消或者改建的问题同样需要加以重视,此时应当规范母婴室的使用,避免因需求不高、耗费资源、形同虚设等原因而造成取消母婴室的情况。

(1)对外开放,解除使用限制。以上述银行为例,可以尝试将母婴室设置于银行内较为方便寻找的位置,并对前来办理业务时有所需求的女性开放,而不是仅仅局限于内部的工作人员使用。通过解除母婴室使用的限制,来提高对该类母婴室的需求。

(2)财政补贴,设立专项资金。针对母婴室日常维护需要不少开支的问题,可采取补贴资助的形式,缓解资金方面的压力,在我国部分地区,妇委会、总工会等国家机构会以资金、设备等不同的形式,对设有母婴室的学校、企事业单位进行补助。单位内也可以设置专项资金,以便于母婴室的日常维护。

(3)建章立制,规范使用人群。规章制度作为一种硬性规定,不容易被忽视,借此,可以明确母婴室使用人群的范围,规范对母婴室的使用。同时,以温馨的表达方式,将何人能使用母婴室列入规章制度,并注意加强相关制度的宣传教育,以便更好地防止其他人随意占用母婴室资源。

参考文献

[1] 王新媛.谭晶化身"新生母亲"代言人[N].山西青年报,2016-03-07(02).
[2] 孔凡玲,李莉,隋少峰.公共场所建设项目卫生学评价工作探讨[J].中国卫生工程学,2008,7(1):55-57.
[3] 付琳,李峻峰.办公园区景观标识设计[J].工程与建设,2010,24(3):319-320.

(本文发表于《管理与观察》2016年第30期第121-123页)

第四部分
生态文明建设

关于浙江省乐清市石帆街道环境治理的调研报告

陈晓颖* 指导教师：刘 煜

摘 要：随着经济的发展，农村综合开发规模和乡镇工业对资源的利用强度日益扩大，农村的生态环境日益变差。本文通过实地调查，分析当前社区环境存在的主要问题，针对这些问题，提出解决这些环境问题的建议，为农村生态环境治理提供一些参考。

关键词：环境；治理；建议

随着经济的发展，农村综合开发规模和乡镇工业对资源的利用强度日益扩大，农村的生态环境日益变差，环境的治理既需要政府的治理，也需要百姓的共同维护。环境的改善除了卫生方面还需关注环境文明的治理，这样才能促进农村环境的全面改善。对于新农村环境建设方面的问题，我们以浙江省温州市乐清石帆街道朴湖社区为调研对象，开展了一系列的实地调查，借此机会了解家乡的环境状况，分析家乡环境存在的问题，并提出有关建议，供相关职能部门参考。在调研中，我们深入了解朴湖社区的环境卫生状况，注意采用实地考察、访谈法以及问卷调查等方式进行调查。以下是我们本次在实践中了解到的朴湖的环境现状、存在的问题以及解决这些环境问题的措施。

一、社区环境的现状

调研中，我们发现朴湖社区一些生活垃圾随意乱扔，化肥滥用，未经处理的粪便以及残留农药废弃物随意堆放、下水道污水胡乱排放的现象随处可见。由于人口居住不是很密集，没有专门的垃圾收集处理系统，居民就将垃圾随意填埋，加之人们的环境意识淡薄，随意乱丢乱扔垃圾，不管在哪里，都可以见到随意丢弃的垃圾，这已严重影响了环境的卫生状况。

由于我国工农业生产的迅速发展和村镇住宅建设的激增，城市与农村的生态环境日趋恶化。加上经济能力和技术力量的薄弱，乡镇企业无力处理"三废"问题，使污染问题日趋严重，例如，当地水体污染现象较为严重，已经影响了居民的正常生活。朴

---

* 作者简介：陈晓颖，女，浙江海洋大学东海科学技术学院2013级行政管理专业学生。

湖大部分的小河都存在污染，河水的颜色呈深绿色；水面有生活垃圾、金属油污，并带有枯叶；河床淤垫的情况严重。据调查，有企业向河流倾倒工业废水和随意乱扔生活垃圾的现象；沿河有多个排污口，河岸附近田菜地带有农药化肥的污水流入小河等。结果，导致朴湖环境的整体状况不容乐观。

朴湖的集贸市场也存在环境问题。鸡鸭屠宰点和烧肉摊点污染严重；道路中的花盆和盆景中烟头、纸屑较多；环卫设施的数量不够，尤其是垃圾池、垃圾桶、果皮箱、垃圾清运车、路灯、人行道板等环卫设施不配套，且数量不足，破损严重。即使街道两旁设立了分类垃圾桶，但仍出现垃圾乱扔的现象，而且分类垃圾桶没有起到应有的作用，可循环与不可循环垃圾并没有分开。集贸市场附近小巷内的卫生被忽略，缺少清洁工，造成垃圾无人清理。同时，垃圾中的细粒、粉末随风扬散，污染空气，严重危害人们的身体健康。

二、社区环境存在的问题

(一) 民众环保意识不强

随着朴湖经济的发展、城镇化进程的加快和招商引资力度的加大，越着越多的企业在农村地区兴起，废水、废气、废渣的大量排放对农村河流的污染十分严重。居民环保意识普遍较低，有些人往往为了图省事，把一次性饭盒、塑料杯、塑料袋往路边随手一扔就一走了之。当大风刮起，塑料制品四处乱飞，有的刮到水里，有的刮到树枝上，日积月累，严重污染了朴湖周围的环境。

(二) 河水污染较严重

在外出调查时，我们采访了个别居民。询问了河水的治理问题，一位老人在接受我们的采访时指出，"以前这条河还是很清澈的，小时候我们都在河里游泳、捉虾，现在没有人敢下河了。现在很多人都往河里乱丢垃圾，生活废水向河里随意排放，所以河流污染较严重。"为什么经济发展后，人们对自己所生活的环境却更加忽视了呢？这是值得我们反思的。在社会实践调研过程中，我们发现并不是所有的河流都受到污染，个别河流在村民的保护下还是较清澈的。这说明自然原因并不是导致河流污染的重要原因，人为因素才是河流污染的根本原因。

(三) 社区街道环境卫生较差

社区内街道环境卫生存在较多的问题，其原因是多方面的。有些社区环境整治不彻底，存在重城镇轻农村、重干道公路沿线轻边远村社的现象。有些社区的基础设施不够完善，例如，有的修(洗、停)车场、水果市场、禽畜交易市场的布局不合理，造成市场交易秩序混乱，影响市容市貌。有的社区垃圾池配置、垃圾桶摆放位置不合理，造成新的环境污染。另外，我们调研发现，社区生活废物的收集与处理不合规范，大部分地方既没有垃圾存放点，也没有垃圾处理场所，生活废弃物随意排放，社区环境"脏、乱、差"现象较为突出。

(四)环境保护法的执行力度不够

2015年1月1日，我国颁布并实施《中华人民共和国环境保护法》(以下简称《环境保护法》)。但长期以来，基层社区有关《环境保护法》的宣传教育力度不大，社区居民没有形成正确的环境意识，社区在环境保护方面并没有很好地执行《环境保护法》的相关规定。据调查，社区中有关《环境保护法》的宣传窗口形如虚设，而本应为居民提供法律法规知识的电子屏幕也没有发挥作用。可以说，社区大多数居民都不具备有关环境保护方面的法律知识。某些行为违反了《环境保护法》的相关规定，但也没有受到法律的制裁。由此，社区环境违法现象时有发生。

三、社区环境治理的建议

(一)加大宣传教育力度，提高居民的环保意识

要想河流污染的问题得到改善，首要的任务是加大环保宣传教育力度，提高居民的环保意识。当地政府要加强居民的思想教育，广泛宣传保护水资源的重要性，开展有关水资源的宣传教育，严禁往河水里倾倒垃圾，增强全镇居民水资源节约和保护意识。同时，要充分利用广播、电视、标语、环保知识宣传册、宣传栏等载体，开展多层次、多种形式的生态环境保护的科普宣传，特别是要强化对农村、农民的生态环境教育。积极组织广大群众参与农村环境保护，深入开展农村爱国卫生工作，引导农民群众形成良好的环境卫生习惯和符合环境保护要求的生活、生产、消费方式，弘扬生态文明的理念，发展生态文化。另外，我们要意识到环境的污染和破坏不是某个人造成的，保护环境应该是全社会的行为，要求每个人都要承担保护环境的义务和责任。

(二)加大河水污染综合治理力度，提升农村生态环境的质量

朴湖河水污染治理工作是一项系统工程，必须坚持统筹规划、突出重点，因地制宜、分类指导，搞好示范、稳步推进。要逐一摸清朴湖河流污染、禽畜养殖污染、生活垃圾污染、面源污染、工业污染等方面的基本情况。加强企业污染物排放监测，严格查处违法排污企业。对于朴湖生活垃圾的处理，要通过完善配套设施，实现定点存放、统一收集、定时清理、集中处置。对于朴湖农村生活污水处理，要结合农村沼气建设与改水、改厕、改厨、改圈等项目的实施，采取分散或相对集中等方式，逐步提高生活污水处理的效率。通过对河水污染进行综合治理，农村生态环境质量明显提升。

（三）加大社区街道环境卫生整治力度，提升街道环境整体形象

要改善社区街道的环境卫生，首先要加快社区街道环保机构建设，建立专门的环保工作机构，配备专职环保工作人员，使社区环保工作有人抓、有人管、有人干；其次，环保执法部门要进一步加强队伍建设，不断提高环保执法队伍的素质，做到有法必依、执法必严、违法必究；再次，要加大对环境保护建设的投入，重点做好环境监测、监察标准化建设以及应急处理能力建设的工作，逐步使环境监测、监察机构的仪器和装备达到国家标准化建设要求，不断提高执法质量和水平；最后，政府有关部门应进一步加大环境管理和监督力度，严格控制工业污染源，工业废水的排放。污染物必须经过处理，达到国家规定的排放标准。

（四）加大《环境保护法》的执行力度，促进社区环境的根本改善

针对《环境保护法》执行力度不够的问题，笔者提出以下几点解决建议。

（1）要制定具体的有关社区环境保护的规章。社区管理者应该根据《环境保护法》制定社区环保新规章，规范居民的行为方式。要通过各种渠道让居民学习环保法律方面的知识，注意利用电子宣传屏、宣传窗口等形式，宣传有关环保方面的法律法规，鼓励居民在生活和工作中养成保护环境的习惯。同时，也可以选择一些特殊时间举办环保法律方面的宣传活动，寓教于乐，通过活动加强居民的环保意识。

（2）要加强居民的法律素质教育。当地政府要使大家深刻认识到环境保护的重要性，引导居民树立正确的环保观、生态观与法律观，自觉做到不随便丢垃圾，注意垃圾的收集与分类，在全社区形成一种"保护环境，人人有责"的良好氛围。

（3）加大环保检查和处罚的力度。社区要建立严格的奖罚制度，对少数不严格要求自己，违反《环境保护法》的居民，要采取批评教育、组织告诫等措施予以惩罚，对模范遵守《环境保护法》的人给予奖励。社区上下要齐心协力，营造一种良好的环保氛围，创造美好的居住环境，实现社区人与自然的和谐发展。

参考文献

[1] 田千山. 几种生态环境治理模式的比较分析[J]. 陕西行政学院学报, 2012, 26(4): 52-57.

[2] 任丙强. 生态文明建设视角下的环境治理：问题、挑战与对策[J]. 政治学研究, 2013(5): 64-70.

对浙江省千岛湖水质污染治理状况的调查分析

方淑婷　方喆*　指导教师：梁新巍

摘　要：环境污染治理工作是一项非常重要的工作。良好的生态环境是抓出来的，因此，必须研究现状，找到根源，然后对症下药，增强责任感和紧迫感，建立健全长效机制。本文通过对浙江省千岛湖水质污染治理状况的调查，分析了千岛湖水质污染治理中出现的一些问题，在此基础上提出对千岛湖水质污染治理的一些可行性建议，以促进千岛湖水质污染治理的改善。

关键词：千岛湖；污染治理；建议

千岛湖经过十几年的快速发展，给大家呈上了满意的答卷。它是淳安县的宝库，作为支撑镇上乃至整个淳安县的经济支柱，毫无疑问这也是我们淳安人的骄傲。然而随着旅游业的发展，千岛湖的污染问题引起了社会的关注。本报告围绕着千岛湖的快速发展所导致的环境污染问题展开调研，本次调研采用自编问卷和访谈的形式，调查千岛湖的污染情况，分析有关原因，在此基础上提出改善千岛湖环境状况的建议。

一、千岛湖水质污染的现状分析

千岛湖总在云消雾散之后，湖水奇妙的颜色便渐渐显露。不是绿，不是蓝，又似绿似蓝。恰似白居易《江南好》中"春来江水绿如蓝"。千岛湖湖面开阔，一碧万顷，岛屿棋布；大岛如山，小岛如船，个个青翠欲滴，像一块块半浸在湖中的碧玉。因为水中浮游生物少，湖水才清澈如镜，由于水深，所以看上去就像翡翠般似绿如蓝了。笔者最近回到千岛湖，仿佛回到了小时候，但是水却不是当年那样的水了。诚然，在湖的中心或许还是那样的碧绿，但是在靠岸的那一片湖域，杂七杂八的漂浮物却满目都是。坐着游船到了岛上，那满眼的人群，再也找不回了当年的感觉，这一切的一切让笔者对故乡产生了陌生感。

通过调研，我们了解到不仅千岛湖周边地区是污染的源头，而且上游安徽黄山、歙县带来的垃圾也大量涌入。据新闻报道，千岛湖上游垃圾很多，垃圾最多处轮船都

---

* 作者简介：方淑婷，女，浙江海洋大学东海科学技术学院2013级土木工程专业学生；方喆，男，浙江海洋大学东海科学技术学院2013级土木工程专业学生。

开不进来，湖面上漂浮着大量的树干树枝树叶、塑料袋、生活垃圾等，在水波的推动下聚集在一起。远远看过去，水面就像被垃圾切割分成了多条河道——光滑的部分像是河流，而高低不平的部分像是陆地。这样的景象一直向上游延伸，越往上游走，垃圾就越多。到了安徽境内街口镇附近的水域，垃圾数量之多已经到了让人惊讶的地步，约100米宽的河面几乎完全被垃圾覆盖，水流缓慢，水面上臭气弥漫。

二、千岛湖污染治理存在的问题

(一) 千岛湖流域民众环保意识不强

环境保护是指人类为解决现实的或潜在的环境问题，协调人类与环境的关系，保障经济社会的持续发展而采取的各种行动的总称。俗话说：保护环境，人人有责。这是一种责任，我们必须承担。保护环境，也是保护自己。只有让我们的环境更加清新、自然，才能让我们的生活更加美好。现在人们已经意识到自然环境的破坏带给人类的灾难，环保问题已经刻不容缓。对于千岛湖的环境状况，最有发言权的还是民众。据访谈发现，当前千岛湖周边大多数民众还没有完全意识到他们对千岛湖环境保护所承担的社会责任，对民众参与千岛湖环保的认识不够、意愿不强、环保意识淡漠、观念模糊甚至无环保意识。具体表现在民众的环保知识贫乏、有限，这已经成为制约千岛湖环境状况改善的瓶颈，民众的环保意识亟待提升。

(二) 千岛湖污染状况较为严重

目前，千岛湖的污染状况较为严重。据调查，民众在回答"您认为千岛湖在这几年中受到污染的程度大吗？"这一问题时，认为水质严重污染则占6%，一般性污染的占57%，轻度污染占22%，无污染占17%（图1）。这反映出千岛湖的环境状况不容乐观。

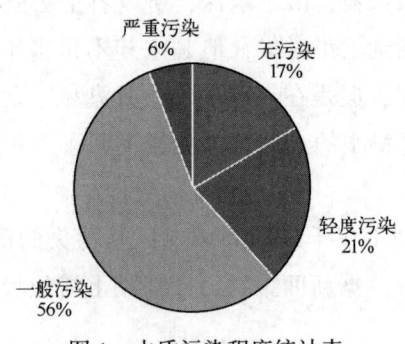

图1 水质污染程度统计表

千岛湖受到污染的原因是多方面的，但人为因素是主要的。例如，在农业生产活动中，正是化肥、农药、畜禽粪便以及其他有机或无机污染物质，通过农田的地表径流和农田渗漏，引起对千岛湖生态系统的污染。

(三) 旅游业管理不规范

旅游业的发展给千岛湖人民的生活带来了翻天覆地的变化，但同时也对千岛湖的环境带来了较大压力。据调查，在回答"若您觉得千岛湖有被污染，那么您认为污染主要来自哪里？"这一问题时，民众认为污染主要因素来源于生活垃圾的比例占了46%，旅游业垃圾占25%，农业垃圾占14%，其他则占15%（图2）。从以上数据可知，在旅游业快速发展过程中，由于游船管理不规范，船上餐饮盛行，餐饮垃圾倒入湖中，使千岛湖受到污染。

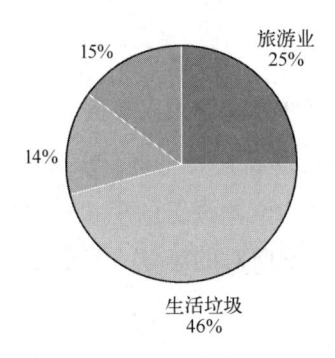

图2　水质污染主要因素统计表

(四) 环境管理有待完善

千岛湖的环境保护工作，不仅要靠民众的自觉，还需要政府相关部门的严格管理。总体来讲，我国环境管理体制发展迟缓，观念陈旧，经验不足。对于一些中小城市来说，它与国际接轨程度不高，不易接触到国外优秀的管理经验；同时，在新形势下缺乏敢于创新的勇气和与时俱进的精神，在执政理念上还深受唯GDP（即"国内生产总值"）政绩观的影响。据调查，在回答"您对政府的环境保护力度满意吗？"这一问题时，民众对政府采取的环保措施较满意的占35%，一般的占55%，不满意的占10%（图3）。这反映出，地方政府在千岛湖管理问题上还存在一些有待完善的地方。

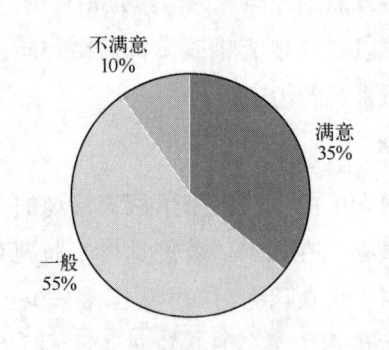

图3　对政府采取的环保措施的满意程度

三、对千岛湖水质污染治理的建议

(一)提高民众环保意识,保护水资源人人有责

提高全民节水意识,保护水资源人人有责。水资源是一种珍贵的不可再生资源,可是现在水污染的现象持续加剧,资源匮乏的现状日益恶化。国家不断出台新的政策治理污水。水污染已经成为不得不面对的难题,我们必须行动起来,保护水资源,节约用水。具体措施主要如下。

(1)强化保护水资源的意识。地方政府要做好保护水资源的宣传和教育工作,使人们树立起保护水资源的意识,自觉地珍惜水资源,改变人们对水资源取之不尽用之不竭的观念。"人心齐、泰山移",相信通过大家的共同努力,一定会改变水资源污染严重的现状。

(2)减少清洁剂的使用。大多数洗涤剂都是化学产品,如果排放到江河里,会导致水质的恶化,如果处理不及时,饮用含有洗涤剂的水,会损害人的中枢系统,降低人的思维能力和分析能力。另外,如果使用含洗涤剂浓度较高的水,可能使其中的致癌物流入口中,严重损害人的健康。所以减少清洁剂的使用,也是保护千岛湖的措施之一。

(二)抓好综合治理,有效缓解千岛湖的污染

千岛湖生态环境需要综合整治,具体建议如下。

(1)成立千岛湖水资源综合治理的专门机构。为加强千岛湖水资源和生态环境的保护工作,当地地政府要成立水资源综合治理的专门机构,统筹协调千岛湖水资源和生态环境的保护工作,加快形成千岛湖水资源保护的良好机制。

(2)转变发展的观念。要以科学发展为主题,转型发展为主线,再也不能唯GDP

论英雄，重蹈"先污染后治理"的老路。

（3）依法进行环境治理。要加大《环境保护法》执行的力度，将依法保护区域生态环境作为各级政府责无旁贷的法律责任和法律义务，消除破坏千岛湖生态环境的违法行为。

（4）建立合理的污水处理系统。将污水进行合理处理，不但提高了水资源的利用率，而且保证了生活用水的质量。合理的污水处理系统可以使水质污染得到有效控制，使得水资源循环利用程度大幅度提高。

（三）加强旅游管理，促进千岛湖生态环境的根本好转

如何解决旅游业快速发展过程中，由于游船管理不规范而造成的千岛湖污染问题，我们认为主要措施可以有以下几个方面。

（1）发展旅游不能急功近利。千岛湖的旅游开发应将公共利益优先于商业利益，将长远利益放在首位，而旅游管理的重要价值在于，将旅游发展的最终目标始终定位于社会福祉的增加。因而在旅游发展过程中要循序渐进，多从生态保护、文化发展等方面下工夫。

（2）坚持环境效益优先的原则。在旅游发展过程中，要"先保护、后开发"，坚持公共利益优先、环境效益优先。企业利益必须首先满足并服从于社会公共利益和生态环境效益。尤其是湖泊型旅游度假区的开发，要按照公共利益、环境效益要求，超前规划、建设先行、分步实施，重视基础设施建设和完善，尤其是排污和垃圾排放等要按照低碳经济、循环利用的要求，做到集中处理、再生循环、可回收利用。

（3）引导游客低碳出行。通过对旅游大数据的科学分析，及时获取客流信息，为景区引流、交通疏导、市政配套设施建设等方面提供决策支持，这样，可有效缓解旅游旺季景区承载和交通拥堵压力，引导游客低碳出行。这不仅能够提升旅游的舒适度，更对生态环境的良性循环、有限资源的可持续利用具有积极意义。

（四）政府严格监管，努力建设美丽千岛湖

我们有理由相信，只要各级政府重视，千岛湖水质的防污就会得到有效控制。同时我们也呼吁千岛湖水质的保护主要要靠大家的自觉行动，只要我们为自己的行为负责，千岛湖的未来就在我们手中。例如，淳安县政府为提高乡镇、乡村的生活环境，在建立垃圾收集设施的同时，从2014年开始在农村、乡镇实施了的生活污水改造工程，对生活污水通过的污水管道、污水处理池等设备进行消毒和净化，目的也是从源头上控制千岛湖水体的污染。另外，为控制垃圾的漂移，且便于集中打捞，从2014年开始，县环保局在新安江航道上设立了三道垃圾拉网，用于阻挡垃圾从上游往下游漂移。同时成立了湖面垃圾打捞队，建造了垃圾打捞船，提高了垃圾处理效率。总之，建设美

丽千岛湖是生态致富、惠民富民的现实途径。我们要以优良的生态环境为引领、全力推动美丽千岛湖建设，激励全县上下凝心聚力，共建美好环境，共享幸福生活。

参考文献

[1] 刘亭. 从千岛湖水环境的挑战和应对说起[J]. 观察与思考, 2010(12): 48.
[2] 江明霞, 徐枫琳莉, 徐高福. 千岛湖水环境保护与资源开发若干问题的思考[J]. 中国林业经济, 2013(4): 44-47.

浙江西塘环境治理状况的调研

葛怡帆*　指导教师：方志华

摘　要：随着现代化的快速发展，环境的不断恶化应该引起我们深刻的反思。面对日益恶化的地球环境，人类应该对自己的行为进行重新思考，重新建立一个人类与自然和谐的发展关系。本文分析了浙江西塘环境治理的状况以及存在的问题，在此基础上，提出解决这些问题的建议，为浙江西塘的环境治理提供参考。

关键词：环境污染；治理；建议

西塘历史悠久，人文资源丰富，自然风景优美，是古代吴越文化的发祥地之一。它是国家5A级旅游景区，最具水乡魅力影视基地。2003年，西塘列入首批中国历史文化名镇；2011年，西塘被联合国教科文组织列入世界文化遗产预备清单，并被联合国授予"历史文化保护杰出成就奖"。西塘以"桥多、弄多、廊棚多"的三大特色而赢得了广大游人们的青睐，鸟瞰全镇，薄雾似纱，两岸粉墙高耸，瓦屋倒影。傍晚，夕阳斜照，渔舟唱晚，灯火闪耀，酒香飘溢，整座水乡古镇似诗如画，人处其间，恍然桃源琼瑶，不知是人在画中游，还是画在心中移。凭借着这些优势，西塘旅游公司开发了11处景点，而最出名的有6处，想必很多人也是耳熟能详：倪宅、西园、廊棚、石皮弄、种福堂和环秀桥。然而，随着旅游业的不断发展，西塘也开始面临越来越多的挑战与难题。特别值得注意的是，西塘的环境污染日益严峻，例如，河道污染较严重，固体垃圾随意排放，游客及当地居民环保意识较为薄弱等，这些问题急需解决。

一、西塘的现状分析

古镇西塘，占地面积1平方千米，古镇区9条河道纵横交织，将古镇分为8个区块，在其中有27座古桥将市镇连通。古镇在春夏秋冬、晴阴雨雪的长久年代里，始终呈现着一幅"人家在水中，水上架小桥，桥上行人走，小舟行桥下，桥头立商铺，水中有倒影"的不断变幻的水乡风情画。西塘在唐、宋时期就已形成村镇，到了元、明朝时，西塘凭借鱼米之乡，丝绸之府的经济基础和水道之便，发展成一座繁华、富庶的

---

*　作者简介：葛怡帆，女，浙江海洋大学东海科学技术学院2013级英语专业学生。

大集镇，窑业、米市、食品、制陶业等行业日益兴旺。

纵横交错的几条小河从古镇穿过，白墙灰瓦的古老民居错落有致，沿着小河两岸延伸。早春细雨中，西塘会更加平静，绿色的河水轻轻泛起涟漪，几只小船停靠在岸边……这就是"生活着的千年古镇"，抛开了尘世的喧嚣，宁静的古镇时光特别宜人。在经济、交通运输迅猛发展的当今时代，世界逐渐发展成为一个地球村，人们走南闯北，可以体验不同的人文以及风俗。而西塘作为千年古镇，其发展速度也令人咋舌。西塘地势平坦，河流纵横，自然环境十分幽静，处处绿波荡漾，家家临水映人。小镇上保存着完好的明清建筑群落，廊棚和古弄堪称"双绝"。西塘凭借着自己的特色让旅游业发展速度昂扬着蓬勃的势头。2014年，这座千年古镇以高分通过了国家5A级旅游区资源景观质量评审，同时，入选百度沸点2014搜索风云榜"十大移动热搜景点"，还获得了"2014最佳古镇旅游度假目的地"等荣誉。

然而，随着旅游业的不断发展，西塘的环境污染日益严峻。固体垃圾污染较严重。据资料显示，西塘平均每位游客会留下0.7千克的垃圾，而几百万人留下的垃圾可想而知。古镇内当地居民，环境保护意识差，在当地旅游业的带动下，各项相关产业相继发展，产生的大量垃圾并未得到及时处理，日积月累在古镇外的空地上堆积成小山丘，不仅有碍古镇整体景色，夏天更发出恶臭，影响游客心情。另外，景观河道也受到污染。河流景观是江南水乡区别于其他古镇的特色所在，本该清新洁净，但目前西塘古镇水污染现状也较严重。作为西塘古镇灵魂的胥塘河，由于河水两岸的商家未经处理就随意排放污水，破坏了河流自我生态平衡调节系统，河水污浊发黑，水质恶化严重。

二、西塘环境治理中存在问题

(一)环保意识不强

当地居民及游客的环保意识薄弱，是西塘环境污染日益严峻的主要原因之一。据调查显示，在回答"造成环境问题的主要原因是什么？"时，43%的人认为是当地居民及游客的环保意识不足，18%的人认为是资金投入不足，16%的人认为是宣传力度不足，16%的人认为没有及时清理垃圾，7%的人认为是其他原因。可见，当前当地居民及游客的环保意识需要提高。调查也显示，随着旅游业的不断发展，西塘的环境压力明显增大。例如，在旅游过程中，有的游客随手乱扔垃圾，有的餐馆向河流中随意排污等。

(二)基础设施不完善

在进入西塘景区后，一眼望去游客络绎不绝。西塘有众多的弄堂，最窄的小弄只有 80 厘米，有的终年不见阳光，有的仅仅是两户人家的排水沟，更多的就是当年小镇上的交通要道。这些小弄就好像一根根的网绳，将整个小镇连成了一张网，从每一点出发都可以到达任何一个地方。窄窄的小弄有着别样的风情，原汁原味的廊棚有着独特的风味。但随着游客数量急剧上升，古镇旅游设施不完善，如垃圾桶的数量不够、分布不合理，硬件设施的更新不及时，游客随意在墙上廊柱上乱涂乱画等，导致了游客容量与环境承载力之间的失衡，进而引发较严重的环境问题。

（三）西塘污染较严重

垃圾污染是古镇发展中面对的一大问题。西塘古镇也面临着同一问题。经过调查发现，西塘垃圾污染主要来自游客的大量涌入带来的大量垃圾，而古镇内商户、居民对不准乱扔垃圾的规定熟视无睹。当地居民几乎每天起个大清早，蹲在通向河流的石阶上，直接使用河水清洗生活用品，随后将其挂在河岸吊绑的晾衣绳上，大至床单被褥、小至内衣内裤。这种行为既污染了河流，不雅的景象又影响了古镇的形象。此外，在双休日、节假日时，当地居民车辆随意停放以及随地乱吐痰现象也十分严重。

（四）管理机制不健全

政府管理在旅游发展中起着关键作用。西塘古镇的旅游发展与环境保护离不开政府的支持和重视。西塘古镇开发起步慢，在管理方面存在明显不足。目前西塘古镇所有旅游业务都是由旅游区管理处负责，在西塘的环保工作中，有时发生相关部门扯皮及互相推诿的现象，造成管理混乱，影响了环保工作的深入开展。另外，虽然西塘政府虽然制定了一些管理措施，如嘉善县人民政府颁布《西塘古镇保护暂行规定》，但一些居民或企事业单位违反了相关规定，也没有及时作出处罚，这不利于西塘古镇环境保护工作的正常开展。

三、对西塘环境治理的建议

（一）加大环保教育宣传力度，增强国民环保意识

针对造成西塘景区环境问题的根本原因，我们应积极采取以下措施强化公众的环保意识。首先，加强环保宣传。将环保工作的最新动态、活动情况及时以环保动态、环保信息等形式向社会公开发布，并及时向区委、县区政府汇报，为领导决策提供理论依据，推动环保工作全面开展。其次，开设"环保专栏"。在电视台等媒体上开设"环保专栏"，对环保专项行动、执法工作、环保热点进行追踪报道，宣传环境保护给城市和群众带来的新变化、新气象。最后，加大对《环境保护法》的宣传力度。注意加大对

环保先进个人和集体的表彰,让环保英雄成为每个公众仰慕和尊重的对象。注意加大对污染企业和破坏环保的集体或个人的打击力度,强化居民环保行为的养成教育,让每个人都知道自己在环保工作中的权利和义务,从我做起,用法律来规范人们的行为方式。

(二)控制景区的承载力容纳量,促使景区保持良好的生态环境

从西塘景区承载力的管理着手来解决相关环保问题。注意依据景区承载力的特点,确定合理的游客接待量,把握景区承载力容纳量的尺度,强化旅游景区承载力在实践中的应用,注意景区承载力和景区生态环境保护关系的协调。在景区管理规划中,应设立旅游景区管理委员会,管委会负责协调各部门的工作,对旅游景区承载力进行监测和审计,以便及时发现旅游活动中的饱和超载现象。针对整个景区承载力长期连续饱和或超载的,应适当地采取分流性办法加以解决。另外,对短期旅游饱和或超载的景区应充分重视旅游淡季的休养生息和环境补给。由于在旅游旺季,景区环境系统的物质、能量、信息等消耗过量,在旅游淡季时,就不能仅靠环境本身的调节能力休养生息,还需要人工补给大量物质,能量和信息等来促使景区环境尽快恢复保持其容纳能力。轮流开放景区,分区恢复,让受损的旅游环境系统有一个恢复期,以促使景区保持良好的生态环境。

(三)加大西塘环境整治力度,促进西塘生态环境的根本改善

对西塘古镇的行政管理者们来说,必须全方位做好环境整治工作。政府需要制定相关环境保护管理规定,以规范保护区内游客及经营者的行为方式,防止环境污染的发生。经调查,有一半以上的被访者认为制定相关环境保护管理规定很有必要,这说明制定相关环境保护管理规定对环境保护工作十分重要。同时,居民要积极保护好自己的生存环境,积极投入到环保工作当中。例如,居民应配合西塘政府相关部门的环保人员定时回收垃圾,做好垃圾处理工作。古镇商店经营者应遵守相关环境保护管理规定,及时对生产经营过程中产生的废弃物进行适当的处理,不能随意向河中排污。另外,西塘水体的保护与整治已成为迫切的需要。西塘应坚持"保护为主,抢救第一"的方针,加大投入力度,开展改善河水综合整治工作。主要措施如下。

(1)政府可以进行河道清淤和驳岸维修工作。组织人工筑坝拦河,把流经古镇区的河道进行彻底清淤,保证河道畅通和水质的改善。

(2)政府可以宣传相关环保知识,提高居民的环保素质,让每一个人参与到西塘河水的保护工作中去。

(四)健全政府管理机制,为西塘环境的改善提供政策保障

政府应加强管理,为西塘古镇的环境保护工作提供有效的保障。首先建议西塘政

府进一步加强对古镇旅游资源的保护,加大对古镇旅游基础设施的投入,继续优化古镇的整体旅游环境,从宏观上为西塘古镇的环境保护工作提供良好的政策支持。其次,科学有效的规划是古镇环境的有效保护和古镇旅游有序开展的依据。因此,建议由西塘规划局牵头,旅游、文物局等部门参与,组织有关专家编制古镇旅游总体规划,科学指导古镇旅游开发和环境保护工作,确保古镇旅游资源永续利用,古镇的生态环境得到有效的改善。最后,运用法律手段来保护生态环境。政府要制定相关环境保护的法律规定,用法律来规范人们的行为方式,为西塘古镇的环境保护工作提供法律基础。只有将环境保护纳入法治轨道,才能增强环境保护的力度,才能使环境保护落到实处。

参考文献

[1] 杨志军. 环境治理的困局与生态型政府的构建[J]. 大连理工大学学报(社会科学版), 2012, 33(3): 103-107.
[2] 洪大用. 试论改进中国环境治理的新方向[J]. 湖南社会科学, 2008(3): 79-82.

对浙江省上虞滨海新城河流治理状况的调查

顾颖霞*　　指导教师：方志华

摘　要：随着我国工业化进程的不断深入和经济社会发展的加快，河流水污染问题也变得日益严重，直接影响到人们的生存环境，影响到经济、社会、环境的协调发展。本文分析了浙江省上虞市滨海新城河流治理的基本状况以及存在的问题，在此基础上，提出解决这些问题的对策，为河流污染问题的解决提供参考。

关键词：河流污染；治理；建议

上虞地处杭州湾南部，北部拥有45千米海岸线和26.7万亩（1亩=666.67平方米）的海涂，具有十分优越的滨海特色，整个地貌呈"五山一水四分田"的格局，是个典型的江南水乡。作为浙江省绍兴市的东部城市，省级交通枢纽中心，绍兴商贸中心以及浙东新商都，上虞曾荣获"2013福布斯中国最富有县级市"称号、联合国"迪拜国际改善居住环境最佳范例奖"。然而随着经济的迅速发展，上虞的污染情况也不容小觑。本课题组成员利用寒假时间，对上虞滨海新城河流受污染的状况进行了调查。我们采用了问卷调查、实地考察、群众访谈等调研方式，收集了一些相关信息，并对此加以整理分析，从中得出了一些有用的结论，能够为上虞滨海新城河流污染问题的解决提供参考。本课题组总共发放问卷50份，回收问卷50份，回收率100%，被调查人员面向社会的各个阶层，各个社会群体，可信度高。

一、滨海新城河流污染现状

滨海新城往北数千米就是著名的杭州湾经济开发区，这个开发区是浙江省最大的工业园区之一，已经逐步形成了纺织制造、石油化工、聚酯纤维、生物医药、包装材料和农产品深加工的产业集群。而印染产业的蓬勃发展，已经使其成为了全国乃至全球最大的化工基地。而由于盲目追求GDP的增长和经济的发展，使滨海新城居民的生活受到了一定的影响。一个6岁的小姑娘说，"下雨的时候都是下酸雨，我的红雨伞都褪色了。"一位40多岁的女士说道，"雾霾天气也变多了，PM2.5超标严重，出门不带口罩都不行，眼睛有时候也难受得直流眼泪。"一位40多岁的阿姨如是说。"哎哟，有

---

* 作者简介：顾颖霞，女，浙江海洋大学东海科学技术学院2013级机械设计制造及自动化专业学生。

时候这一涨潮啊，浪卷上来的全是翻着白眼的死鱼，吃不得啊吃不得，一看就是被毒死的……""你看看我们门前的这条河，哪里还能淘米洗衣服，不被熏死也算好了，都是这该死的化工厂呀……"。

我们调查了滨海新城内的七六丘中心河、百沥河等几条大的河道，发现政府相关部门已经安排人员对这些河道采取了整治措施，天天都有专员在做清淤、疏浚、清障、换水、保洁、生态护岸等综合治理工作，但是污染问题还是较严重：有几条河流已经成了"黑水河""臭水河"，河里面全是大量腐烂的藻类植物和人们随意丢弃的生活垃圾以及牲畜的粪便，散发着阵阵的恶臭。据村民李师傅讲，早些时候那些化工厂的污水是直接排污的，五颜六色的废水直接排进内河和大海里。居民们本来认为这些工厂离他们有一点距离不会产生什么危害，后来才发现污水已经慢慢渗入地下，污染了每一条河流，以前还能在河埠头淘米洗衣服，现在连洗拖把都嫌脏。"夏天中午的时候河里散发出来的味道还要刺鼻，都熏得我胸闷。"70多岁的老大爷如是说。而从问卷调查的反馈情况来看，居民们都迫切希望政府能重视化工污染这一情况，加强管理，还他们原先清澈的河流，为居民们创造一个美好的生活环境。

我们了解到，滨海新城管委会2012年就已经下达了关于整治滨海新城水环境的工作，特别是针对滨海新城这种重度受污染的区域。整治的目标是按照治旧控新、疏堵结合、监管并举的要求，综合运用经济、法律、科技和必要的行政手段，多层面推进实施清水工程。通过2~3年的综合整治，实现江滨区水环境质量的明显改善，使群众对环境的满意度有较大提高。可为什么滨海新城的河流污染情况还是如此严重呢？我们又展开了一系列的调查，发现滨海新区政府对于"五水共治"多数停留在宣传阶段，村镇市之间缺乏协调性；对于滨海新城的实际河道治污没有长期规划，一阵风般的治理时有发生，没能深刻理解"五水共治"的内在含义，基层政府工作人员对经济增长的观念有待变化；并且对于河道治理没有长效监管机制，对排污企业缺少有力的制约机制。

滨海新城的企业基本是纺织，印染化工等重污染企业，为了经济效益的增长，不少工厂选择在半夜偷偷排放废水废气废渣，导致环境污染与日俱增。居民们曾多次致电某电视台，曝光这种企业偷排废水以节省巨额的污水处理费的行为。而政府也为了地方经济的增长，对污水事件处理的力度也不大。这样到最后只会恶性循环，使得污水治理的工作进行得更加艰难。因此，污水治理也要靠企业严格自律，坚决与只顾黑心赚钱的行为作斗争。

由于滨海新城的经济发展迅速，政府面临的环境污染与经济效益之间的矛盾也更加严峻。政府应该加强统筹规划，建立严格的环保机制，加强对滨海新城污水、废气、废渣的有效治理;同时也要加强生态规划,发展环保经济,为共同创造和谐美好的家园而奋斗。

二、滨海新城河流污染治理存在的问题

(一)村民的环保意识不够强

2013年环境保护部印发的《化学品环境风险防控"十二五"规划》显示,我国化学品污染防治形势十分严峻,多地区均出现"癌症村"这种恐怖的村落。而上虞滨海新城的情况不容小觑。化工区在向世界各地输送物资的同时却把污染留在了本地,把祸患留在了本地;地方官员摘取了GDP的果实,而民众却在为生态危机买单。据问卷调查显示,78%的村民不知道"五水共治"是什么,49%的村民不知道政府对污水治理采取了什么措施。当我们问到为什么河里还有那么多的生活垃圾的时候,许多居民都是一副满不在乎的表情:你扔我也扔,都这么脏了还能干净吗?可见,居民们的环保意识还是十分薄弱,对于河流污染治理的重要性,还是存在一定的认知缺陷。他们普遍认为,只要没有直接伤害到他们的利益,都觉得这是"管闲事"。"多一事不如少一事"是大多数居民的心态。

(二)河流污染仍然较严重

就我们调查到的情况而言,滨海新城村内的河流污染情况较严重,大大小小的河流找不到一条清澈的,甚至是没有垃圾的河流。就拿著名的百沥河来说,它是连接着百官镇和沥海镇的一条重要的交通枢纽河流,现在却已然成为了一条色彩斑斓、漂浮着一堆又一堆垃圾的人造垃圾河。水生植物肆意生长,河边停着的几只水泥船都被缠上了腐烂的水草。天气好的话,远远就能闻到各种腐殖质的味道,直叫人作呕。我们对滨海新城的支流也进行了实地考察,发现每条河流都有生活垃圾存在的现象,而且数量较大。另外,工业废水的随意排放直接导致水体变质,使河底的水生植物泛滥,又因无人打捞,逐渐形成了一条又一条的"死河"。

(三)政府的整治力度有待加强

因为滨海新城周边的企业都是园区的重度污染企业,所以该区域的水污染才会如此严重。另外还有村内本身存在的圈养各类牲畜的小型作坊。这些小型作坊没有规划出禁养区和限养区,进而引发环境问题的风险较大。同时,农村生活污水的排放也没有相关法规、条例来进行约束,也存在随意排污的现象。另外,环保部门只对城市中心区域的污水进行重点监管,而一直忽略郊区污水的专项整治。生产方式落后、产能

过剩的高污染企业如何转型还是一个关键问题。当利益发生冲突时,政府和企业之间应该如何进行沟通,这也是一个急需解决的问题。

(四)政府的管理机制不够完善

纵观滨海新城的河道整治状况,我们不难发现,这些据称已被整治的河道其水质根本没有好转。从本次问卷调查的情况来看,许多居民并不知道政府早已出台了相关管理制度来整治水污染问题。环境保护机制不完善,环境管理体制未完全理顺,环境管理效率有待提高。一些领导干部环境保护意识和公众参与水平有待提高。因此,政府要完善管理机制,避免企业和个人不遵守法律,破坏生态文明。同时,政府本身也应该有所作为,加大生态文明宣传,繁荣生态文化,在全社会树立可持续发展的生态文明观。

三、关于滨海新城河流污染治理的对策

(一)加强环保宣传力度,提升村民的环保意识

通过这次的调查,我们认为,为了能更好地整治滨海新城的河流污染问题,居民的环保意识还是一个关键突破点。只有提高了居民们的个人素质,让他们都意识到"小家大家都是我的家",才能杜绝生活垃圾在河道任意排放的现象。有些居民也是附近的小企业家,他们也会意识到偷偷往河道里排放污水,从而逃避污水处理的行为是不正确的。所以当地政府要加强环保宣传的力度,通过举办宣讲会、读书教育等活动和广播、电视、报刊、网络等渠道,积极普及环保知识,这样更能使居民牢记于心。通过张贴海报,书写板报,分发小册子等方式,让环保理念和生态文化深入每个居民的内心,从而达到增强居民的环保意识。通过举办环保知识竞答,有奖竞赛等竞赛活动,更能吸引更多的居民前来参与,营造浓厚的环保氛围,充分发挥村民的主体作用。通过组织"环境保护"小分队,挨家挨户上门宣传环保知识,与居民们密切接触,倾听他们的心声,随时调整宣传的手段和方式,努力让居民以更能接受的方式去宣传环保,从而达到事半功倍的效果。

(二)加强河道整治的力度,促进河道生态环境的改善

地方政府要加强河道整治的力度,全面推进滨海新城河道截污改造工程,促进河道生态环境的改善。抓紧对周边企业排污的管控,并进行管网系统设计和管理。对居民的生活污水也要进行入网规划,结合新农村改造,积极推广先进实用技术,加大生活污水处理的力度,建设完善农户家庭生活污水收集处理系统。同时,要加快实施江

滨区七六丘中心河、百沥河等河道整治工程，做好清淤、疏浚、清障、换水、保洁、生态护岸等综合治理工作，落实长效管理机制。有序推进农村河道整治，结合新农村建设，落实河道清淤、护岸、保洁等措施。另外，要按照生态环境保护和禽畜养殖业有序协调发展原则，重新划定滨江区内畜禽养殖禁养区和限养区；注意落实分类治理措施，对于划定在禁养区和限养区外的畜禽养殖基地进行关停处理；严格畜禽养殖审批，严格落实排污标准。

（三）政府应出台相关规章制度，严格治理河道污染问题

根据2015年1月1日新修订的《中华人民共和国环境保护法》（以下简称《环境保护法》），上虞区政府可以划定环境保护红线，对于河流污染较严重的区域可以建立生态环境敏感区和脆弱区，实施严格保护。建立环境违法处罚新标准——按日计罚无上限。由于环境违法成本低，对违规企业的经济处罚得不到应有的震慑效果，因而要严格落实《环境保护法》的相关规定，即企业事业单位和其他生产经营者违法排放污染物，收到罚款处罚，被责令改正，拒不改正的，依法作出处罚决定的行政机关可以自责令更改之日的次日起，按照原处罚数额按日连续处罚。地方政府要制定出河道淤泥、工业污泥以及猪粪等畜禽养殖排泄物的处置方案，合理规划污泥填埋场所，规范工业污泥倾倒、填埋工作，建立合理的集中收集、处置和利用机制。妥善解决江滨区畜禽养殖场猪粪及上虞市富强绿色有机肥有限公司剩余猪粪的处置问题，各相关单位还要与环保分局通力合作，共同做好河道淤泥、工业污泥的处置工作。另外，地方政府要加快实施滨海新城各村（镇）环卫配套设施提档工作，建立农村生活垃圾规范化处理机制，提高生活垃圾规范化处置率，引导滨海新城各行政村（镇）将生活垃圾的治理列入《村规民约》。

（四）加强引导，落实河道治理长效管理机制

各级政府要统一思想，提高认识。目前滨海新城水环境现状不容乐观，影响了地方经济社会的发展，群众呼声也较强烈。滨海新城上下必须充分认识水环境整治的重要意义，统一思想，突出重点，全力以赴，狠抓落实，确保河道治理工作取得实效。滨海新城区政府要成立水环境治理工作领导小组，负责牵头协调河道治理工作的开展，并把河道治理工作列入年度工作目标责任制考核的重要内容。各相关单位要严格按照各自职责，细化措施，扎实推进，坚决杜绝推诿扯皮等不负责任现象发生，形成共同参与、齐抓共管的工作格局。同时，各相关部门要完善政策、加强监管。财政局在年度预算中要追加安排必要的水环境治理专项资金，用于现有畜禽养殖场的关停搬迁补偿和污染治理的相关费用。在水环境治理过程中，要注意加强监督检查，适时组织对重点区域、重点场所的联合执法检查，特别是对在禁、限养区内新建与扩建的畜禽养

殖场进行重点检查，一经发现违法违规现象，必须依法处理。另外，地方政府要加强宣传、营造氛围。通过实地走访、举办水污染现状和治理效果图片展、标语横幅等方式，加强对水环境治理工作的宣传，引导基层广大干部群众充分认识水环境治理工作的重要性、紧迫性，理解并支持水环境治理工作，营造有利于治理工作扎实推进的浓厚氛围。

参考文献

[1] 罗军，胡昆. 当前城市河流治理过程中存在的问题及对策[J]. 南方农机，2015(12)：95.
[2] 曹文文. 中小河流治理在水生态环境中起的作用[J]. 吉林农业(下半月)，2013(10)：92.

青山清我目　流水静我耳
——关于浙江省龙游县翠光岩村环境污染状况的调查

祝晓春* 　戴 琛　指导教师：王翠翠

摘　要：近年来农村经济发展迅速，农村的生活水平得到了很大提高，但环境污染问题日益突出，不容忽视，给农业和农村的生活环境带来了不容忽视的负面影响。本次调查以浙江省龙游县翠光岩村为例，深入调查该村环境污染的现状，分析了存在的问题，并提出了有关建议。

关键词：环境；污染；建议

随着农村经济的发展，环境污染问题日趋突出。据笔者的调查，农村环境污染主要表现为畜禽养殖污染，农药、化肥污染和生活污染，其中农业畜禽养殖和生活垃圾是目前造成农村环境日益恶化的最主要原因。由于我国农村污染治理体系没有完全建立，如今的环境污染越来越严重，这给农业和农民带来了显著的负面影响。据不完全统计，中国农村有3.6亿人饮用水卫生标准不合格，其中超60%是由于非自然因素导致的饮用水源水质不达标。在农村，与环境污染密切相关的恶性肿瘤死亡率逐步上升，这对于很多农民的生活来说是一个极大的威胁。所以我们认为，要建设社会主义新农村，必须要解决农村环境污染问题。课题组以浙江省龙游县翠光岩村为例，对其环境污染状况进行调研，分析存在的问题，并提出解决环境污染问题的建议。

一、翠光岩村环境污染现状

（一）畜禽粪便污染呈加剧趋势

在农村，随着我国畜禽养殖业的迅猛发展，庭院畜牧经济和畜牧专业户的出现，形成了畜舍和居民混杂的局面，畜禽粪便常堆置在农户的房前屋后，甚至堆放在河道旁。下雨时，粪便随雨水到处流淌，严重污染环境，粪便不仅没有处理，也没有及时利用，导致大量畜禽粪便资源的浪费。在翠光岩村中大约有44户人家有猪圈，每家每户都养有鸡鸭等家禽，而大约50%的畜禽粪便没有得到及时、正确的处理。在走访调查中，我们发现翠光岩村周边的河道受到污染，例如，翠光岩村村口有一条小

---

* 作者简介：祝晓春，女，浙江海洋大学东海科学技术学院2013级护理学专业学生；戴琛，男，浙江海洋大学东海科学技术学院2013级护理学专业学生。

河,在10年前原本清澈见底,是附近两个村子洗衣洗菜的好去处。然而,现在该河道受到畜禽养殖污染较严重。白天该河道就有很多牛在河中休息,而它们的粪便就随便排放在河中。一天天过去,这条河水从清水摇身变成粪水,水质异常浑浊,鱼虾几乎绝迹,并散发出阵阵臭味,让村民们颇为烦恼。

(二)农药化肥污染较严重

目前我国农业生产中化肥的亩施用量范围已经远远超出世界的平均水平,并且呈现逐年上升的趋势,但是对化肥的利用率却呈现下滑的趋势。通过调查发现,在翠光岩村农民对化肥的选择上,存在轻视有机化肥、农家肥,重视氮磷肥、轻视中微量元素肥等现象,致使土壤污染严重。同时,翠光岩村农民为了能够让水稻快速生长,无病虫的危害,就大量使用农药,造成农药污染十分严重,其危害主要表现为污染水体、破坏土壤结构、降低农产品品质。

(三)生活垃圾的污染

随着现代化的发展,农村生产生活方式发生了较大的改变。翠光岩村农民也一样,生产生活方式与过去有较大的区别。最明显的是一次性用品使用量明显增多,例如,一次性碗筷、一次性塑料袋等,造成生活垃圾污染现象严重。在翠光岩村中尤其是塑料袋在生活垃圾中的比值逐年增大,且生活垃圾做不到及时处理,通常每隔2~3天甚至更长的时间才能处理一次,对周边环境的负面影响较大。另外,清洁人员没有专业的运输工具,只有手推车,密封效果差,在运输过程中垃圾臭气熏天、散落情况严重,造成垃圾的二次污染。尤其在夏季,垃圾产生的阵阵恶臭让村民很烦恼。

(四)随意焚烧垃圾

翠光岩村垃圾焚烧现象也是较严重的。村民为了自己的方便,随地焚烧垃圾,给环境带来了严重污染。在调查中,我们发现农作物秸秆焚烧就是一个较严重的环境问题。在翠光岩村,每年一到农作物收后种前,村民为了图方便,往往就在田里头或者道路旁边随意焚烧秸秆,来处理田间地头的秸秆类垃圾。焚烧秸秆后的烟雾漫天遍野,浮尘滚滚,这样不仅造成了资源的浪费,还造成了严重的空气污染,影响了当地的生态环境。

(五)工业污水的乱排放

随着经济的发展,翠光岩村旁建立了许多工厂,包括浙江亿洋工具制造、龙游县南江造漆厂等。在生产过程中,有的工厂随意向河流排放工业污水,尤其是制漆厂,每天都有大量的废水排出,原本清澈的河水,现在却污浊不堪,垃圾漂浮,散发阵阵恶臭，严重影响了村民生活。

二、环境污染原因分析

(一)村民的环保意识较差

新农村建设极大影响了农民传统的生活方式，农民环境保护意识薄弱和传统陋习的长期存在，严重制约了农村环境治理工作的健康发展。通过几天的走访我们发现，农民的环境意识淡薄是造成环境污染的原因之一。在农村，村民自身不注重环境保护，大多数人在日常生活中并不注意垃圾的处理，道旁和河边堆积垃圾的现象比较严重。由于村民文化水平有限，不懂得科学施肥，对农药和地膜的使用也不合理，使得农业污染较为严重，村民并没有意识到由于无节制使用农药化肥，会造成严重的土地污染，从而引起河流的污染。

(二)农村环境管理不到位

因为城乡分治的二元结构在我国长期实行，这使得环境治理的重心全部偏重于城市，而对农村的环境治理工作偏弱。翠光岩村村民对农村环境污染治理的认识不够、环境管理机构不健全，而且农村环境污染治理范围广，难度也比较大，环境保护所涉及的部门也比较多，常常需要各个部门的密切配合。然而按照现有的监管体系，农村环保人员严重缺失和执法机构又不想承担此项工作，农村环保职能职责就分散在多个部门，而各部门各自为政，缺乏明确的管理职责划分，这就导致农村环境保护工作出现了谁都管但是谁也管不了的现状。

(三)环保法律实施细则不完善

目前我国对于农村环境保护的法律实施细则还不完善，甚至有些法律法规只停留在理论研究上，而缺乏实践性。但农村环境污染现象却较严峻，新旧污染的交织，点污染和面污染的共存，生活污染与工业污染的叠加以及工业又从城市逐渐向农村转移等，都在危害农村环境的安全。但是农村环境保护的政策与法规仍然达不到基本要求，这就严重影响农民的身心健康甚至制约了农村经济社会的可持续发展。除此之外，许多城市环境保护法规条例并不适用农村，而那些适用农村环境保护的法律又不够完整。这些问题的存在影响了农村环境污染治理的效果。

三、建议措施

通过这次调查，我们深刻地认识到农村环境污染问题的严重性，这已成为新农村建设道路上不可忽视的问题。由于农民环境保护的意识薄弱，农村环境缺乏科学的管理和规划，而且农村环境保护法律实施细则的不完善等问题，都会进一步加剧农村环境污染。环境污染关系到农民的身心健康及经济社会的发展，所以我们应该主动对农村环境污染进行治理，加强农村环境保护，维护良好的农村生态环境。

（一）注重宣传环保知识，提高环保意识

对于农村的环境保护，农民是主体，所以要推进农村环境保护工作，首先就要提高农民的环保意识。我们要结合社会主义新农村建设，充分利用广播、电视、网络等媒体以及办板报、发放环保知识手册、开展环境保护知识讲座等形式，大力宣传环境保护的重要意义和农村环境保护的法律法规，来提高农民保护环境的意识，从而调动农民参与环保的积极性，让农民主动去了解有关环保的知识，做到自我约束，养成文明、健康、卫生、环保的好习惯。同时，翠光岩村政府应该大力宣传生态农业，循环农业，积极推广农业上的优质技术，引导农民去发展绿色农业。村干部应该在农村开展多种形式的宣传，提高农民的环保意识，可以制定有关农村环保的乡规民约，正确引导农民做好各项环保工作。另外，翠光岩村政府要承担农村环保的责任，可以将环境保护的绩效指标纳入到领导和干部的考核内容中去，明确每个人的责任，增强每个人的环保意识，对那些成绩优秀的单位和个人给予一定的表彰和奖励，以促进农村环境的根本改善。

（二）加强农村环境综合治理，促进农村生态环境的根本好转

翠光岩村政府应该把农村环境综合治理作为推动农村经济发展首要条件，不断增强环保力量，配备专门环保人员负责开展环保工作。着力严查工农业污染的源头，发展生态农业和绿色农业。全面加强农村生态保护，加快推进村庄绿化、门院绿化、道路绿化、农田防护林建设和林业重点工程建设。同时，政府应该加大对于农村环境保护的投入，促进政府企业和社会共同投入机制的建立，在发展资金或环境资金中划出一定比例的专项资金用于农村环境的治理工作。政府还要广泛开展村庄环境的综合治理，尤其是农村饮用水的保护，比如可以对饮用水源地保护区、垃圾填埋场等进行检查，来有效地防止饮用水事故的发生。要改善农村环境污染，最重要的是政府要加大农村环境保护的资金投入，加强对农村"三废"的督管，比如可以拨一部分资金用于农村排污管道的安装使用等。另外，在农村环境治理上，我们必须坚持农业的可持续发展，发展生态农业，须树立科学发展的生态观。要高度重视农业生态环境建设，并以全面、协调、和谐、可持续的农业生态观为指导，促进农村生态环境的根本好转。

(三)实施乡村清洁工程,建设美丽乡村

乡村清洁工程要求达到清洁环境、美化乡村、培育新风、造福群众等目标,既着力解决当前的突出问题,又着眼未来的长久规划,进一步提升乡村规划建设、生态建设和乡风文明建设水平,努力使乡村环境面貌发生根本性改变。为此,在种植业方面,要合理地施用农家肥料,避免使用化肥,根据村里不同的土地、不同的土地质量,利用一定的技术测出土壤中的矿物质元素,然后根据其缺少的营养素施用合适的肥料,避免对环境造成破坏;还可以利用食物链关系捕捉害虫,禁用杀虫剂,防止生态环境的破坏。另外,在生活垃圾方面,注意将垃圾分类处理,而且在一定的距离范围内设置一定数量的垃圾桶,确定所有的生活区域都有垃圾桶投放点。积极做好绿色环保理念的宣传工作,让每位村民都能加入到乡村清洁工程中来,为美丽乡村建设贡献力量。

(四)完善法律法规,为农村环境的改善提供法律基础

农村环境问题多而且范围广,情况也比较复杂,所以仅靠环保的各项治理行动是解决不了问题的。农业环境保护离不开法律法规的完善。只有加强法治建设,制定相应的法律法规,才能在农村环境保护工作中做到有法可依、有法必依、执法必严、违法必究。当地政府应结合本地实际情况,在农村环境保护法的基础上,制定符合当地实际情况的农村污染防治的细则和办法,使农村环境管理逐渐走向法制化的轨道。同时,作为当地政府要在保证农业可持续发展的基础上,进一步完善有关环保的法律法规实施细则,及时修订已经不合时宜的环境保护方面的法规,将生态文明理念及生态环境保护工作贯彻到底,让农业环境保护方面的法规充分发挥作用。另外,在农村环境保护工作中,政府要做到严格依法办事,确保环境保护方面的各项法律制度得以实施,进一步加强农业生态环境的保护,实现人与自然的和谐发展。

参考文献

[1] 张雅娟,杜文丽. 农村环境污染治理问题及对策[J]. 绿色科技, 2016(14):135-137.
[2] 周伟. 关于农村环境污染的主要原因及防治对策探讨[J]. 环境与可持续发展, 2015(6):88-89.

拿什么来拯救你 我的故乡
——关于宁波市象山县高塘岛渔民环保意识的调查

金 霞* 指导教师：王翠翠

摘 要：渔民是渔业经济的主要工作群体之一，其环保意识对于海洋环境保护具有直接作用。本次调查以浙江省宁波市象山县高塘岛渔民为例，深入调查当前渔民的环保意识，分析其中存在的问题，并且提出了一系列可实施的建议。

关键词：渔民；环保意识；建议

随着现代科技的进步，各个产业都在飞速发展，渔业更是重要的一部分。在享受我们智慧成果的同时，也应该对大自然存有感恩之心，感恩大自然将如此丰富的资源与我们分享，那么保护自然环境就成了我们应该做并且必须做的事情。渔业离不开大自然，离不开大海，渔民更是依赖大海而生存，大海的一切都与渔民息息相关，所以关于渔民环保意识方面的问题，我们应该进行深入研究。因此，我们以宁波市象山县高塘岛乡渔民为例，展开相关调查。在调查过程中我们采取了问卷调查及访谈的方式，总共发放问卷50份，回收问卷50份，回收率100%。本文反映了当前渔民环保意识的基本情况，分析了其中存在的问题，并且提出了一系列可实施的建议。

一、渔民环保意识的现状

高塘岛乡是一个海岛，四周都是大海，有码头的地方必然都停着渔船。三门口大桥的建成使高塘岛乡与外界的交往更加频繁，随之带动了渔业的发展，渔民的船只越建越多，大大小小各有不同，可海洋环境却不尽如人意。

海水退潮后便可在海滩上看到各种各样的垃圾，有的垃圾已经埋在海滩里很深了，只露出小小的一角，有就成堆地在海滩上积攒着。一些生活垃圾可以随时间推移而被分解，但塑料袋、柴油桶等这类白色垃圾却无法被分解。那些从柴油桶里流出来的柴油更是让海洋环境面目全非，更让人无奈的是柴油好像永远都冲刷不完，这种情况在高塘岛乡早已司空见惯。在海面上随时可以看到星星点点的塑料袋或是食物包装袋四

---

* 作者简介：金霞，女，浙江海洋大学东海科学技术学院2013级财务管理专业学生。

处漂浮着，五颜六色，非常显眼。在海滩上，会闻到一股难闻的味道，这不是大海原有的味道，是海水被污染后的味道。同时，海滩上还附着一条条黑色的"印记"，那都是大海被污染后表现出来的"病症"，每一条"印记"都是那么触目惊心。

据调查，当听到要调查海洋环保意识时，大多数渔民的态度不好，拒绝任何形式的调查，只有少数渔民愿意配合、积极参与。可见渔民的环保意识不容乐观，逃避成为他们选择的最佳方式，这是我们担忧的一个问题。通过调查问卷的数据分析，我们发现渔民环保意识普遍较薄弱。渔民在海上工作时对生活垃圾没有一个固定的方式进行处理，对自己的行为没有一个正确的认识，对海洋环境更是没有一个认真对待的态度。对于环保这个词，渔民好像都没听到过，或是只是一个模糊的概念。

二、渔民环保意识存在的问题

(一) 个人认知存在偏差

据调查，26%的渔民觉得目前海洋环境良好，32%的渔民认为海洋环境是恶劣的，42%的渔民觉得一般。可见，渔民对海洋环境的认知存在偏差。有的渔民觉得海洋环境保护很有必要，他们觉得多年前海上工作时的海洋环境和现在比较起来是天壤之别，从事渔业的人越来越多，生产的垃圾也越来越多，且不能科学合理地处理垃圾，造成了海洋环境受到污染，如今的海洋环境十分恶劣。有的渔民认为海洋环境保护不重要，这些渔民经常在外海工作，外海和内海的环境截然不同，外海的水很蓝，清澈得很，看不到任何垃圾，在渔船上往下看便是嬉戏的鱼虾，海洋环境很好。有的渔民觉得海洋环境是否得到保护无所谓，海洋环境的好坏似乎与他们没有关系。渔民对海洋环境的认知不同便会影响他们的行为方式。认为海洋环境好的渔民，有时会无所顾忌地在海上随意乱丢垃圾；而觉得海洋环境恶劣的渔民，有时会提醒自己，不要做出污染海洋环境的行为。

(二) 不良习惯的影响

每艘渔船上的渔民都会有不同的处理垃圾方式，但是大多渔民觉得直接把垃圾扔到海里是最直接、最简单的方式。将海上产生的垃圾带回岸上集中进行处理便是一个好的习惯，纵然这个好习惯有时较麻烦，但是这终归为保护海洋环境献出一份力量。大多数渔民纵使知道海洋环境与自身行为是存在一定的关系，但是部分渔民受不良习惯的影响较深，海洋环境保护意识的薄弱，往往会轻易摧毁心中的道德底线，最后还是选择了用错误方式来处理垃圾。

(三)渔民环保知识较匮乏

在调查过程中,渔民对"海上环保"这个词都不太了解,对垃圾分类也只略知一二,这使得渔民在处理垃圾时更加不知所措,最后就是随意往海里排污。调查显示,对海上环保知识不了解的渔民高达34%,从事渔业工作却不知道如何保护海洋环境;对海上环保知识基本了解的渔民达到66%,但他们所拥有的环保知识却是十分有限;完全了解海上环保知识的渔民竟在调查中没有出现。如此看来,渔民的环保知识较匮乏,是一个必须要正视的事实。大多数渔民表示,他们往往只能通过电视、广播来了解一些海上环保知识。因为文化水平有限,平时看报都存在困难,所以这些渔民没有学习环保知识的主动性和积极性。

(四)地方政府管理不到位

地方政府在环保方面存在管理不到位的现象。有时候政府相关部门只做一些表面上的宣传,宣传效果不容乐观;对渔民的海上环保意识的培养不重视,没有进行及时的教育和培训。这是需要我们反思和改进的地方。面对渔民在海上乱丢垃圾的现象,98%的渔民明确表示政府较少出面进行阻止,这样一来渔民倾向于放纵自己的行为。由于政府忽视渔民的环保教育及环保意识的培养,因而渔民无法认识到自己某些行为对海洋环境造成的威胁,使得渔民在海上随意排污的现象普遍存在。据调查,在回答"政府是否对渔民进行过海上环保教育"的问题时,几乎所有的被访渔民都表示政府没有进行过这样的教育活动。可见,政府对渔民在环保方面的教育和管理不到位甚至缺位的现象较严重。

(五)环保志愿活动难开展

渔民自身的文化程度、文化素质并不高,海洋环境的好坏还没有引起他们的注意,所以他们不愿意花费时间参与到海洋环境保护工作中去。无论渔民心中是否觉得海洋环境与自身的行为有关,渔民在海洋环境保护方面都表现出较大的惰性。不可否认,在高塘岛乡开展海上环保志愿活动非常困难,渔民大多认为靠自身的无私奉献去进行海洋环境保护是没有作用的。纵使参加几次志愿活动,垃圾还是随意丢弃。在海洋环保方面渔民依然我行我素,他们丝毫没有意识到自己的行为给子孙后代带来多大的负面影响。

三、渔民环保意识培养的建议

(一)改善垃圾处理方式

海洋污染严重迫使渔民关注海洋垃圾的处理问题。政府应该积极引导渔民改变垃圾处理方式，出台相关的制度，明确规定哪类垃圾是必须带回岸上处理的。相关制度规定总是可以让渔民对自己进行严格要求。针对海上垃圾的处理，世界各地都提出各自的处理方法，都制定了海上垃圾回收方案。例如，利用洋流消灭垃圾、建立海底养鱼场、水下垃圾填埋场、利用垃圾建造人工岛等。在回收海上垃圾的同时，还应该减少海洋重复污染的行为，因此海上垃圾处理都应严肃对待。目前渔民还没有明确的垃圾处理概念，所以政府的责任就是加强引导，让渔民知道怎样规范自己的行为，改变原先处理垃圾的错误方式，海上环保意识在无形中就会有所提高。

(二)加强海洋环保宣传的力度

政府应该加强海洋环保宣传的力度。虽然做不到面面俱到，但也应该将相关管理人员聚集起来，加强海上环保知识的培训和学习，并要求相关管理人员把海上环保知识的内容传达给每位渔民。政府要通过发放宣传图册、制作宣传栏、举办科技讲座等形式，广泛宣传海洋环保的各项法律法规，使广大渔民认识海洋、了解海洋，提高渔民保护海洋环境的意识。例如，高塘岛乡依山靠水，每一位渔民都是大海哺育长大的，有关海上环保的知识不应该只限于少数人掌握，应该在人口密集的地方都设立一个宣传窗口，方便每一个渔民在闲暇时间都可以去学习和关注环保知识。另外，政府可以对在海洋环保方面作出贡献的渔民进行奖励，这样既表现了政府对海洋环保的重视，又可以激励渔民保护海洋环境的责任心，久而久之海洋环保意识必然会深入人心。

(三)政府加强海洋环境的监督

政府应该加强海洋环境的监督，严厉打击污染海洋环境的行为。海洋环境的监管必须建立多中心协同监管体系，政府、社会组织、新闻媒体和人民群众都是监管的主体，只有他们之间形成相互分工、相互补充的协同关系，才能共同维持海洋环境保护的职能。政府相关部门在每艘渔船上的显著位置张贴处理海洋垃圾的步骤，时刻提醒渔民规范自己的行为，按照规定处理垃圾。渔船返航后，对部分渔船处理垃圾个的过程进行全程监督，提高渔民在海上合理处理垃圾的自觉性。另外，可以向每艘渔船派遣监督管理人员，他们要按时向相关部门反映渔民处理海洋垃圾的基本情况，接收渔民的举报或者咨询，深入到渔民中了解海洋环境保护的情况，这样既能使政府的管理力度增强，管理人员又能够及时地应对渔民所反映的问题，切实做好为渔民服务的工作。

(四)提高渔民海洋环保知识

如何提高渔民海洋环保的知识是值得研究的一个问题。渔民获得海洋环保知识的方式多种多样,不只是通过看电视、听广播等方式获取海洋环保知识,还可以在日常生活中通过渔民之间的相互交流来掌握海洋环保知识。每个渔民所了解的知识层面不同,大家可以充分表达自己的看法,向对方传达自己所了解到的信息。这样不仅丰富了渔民的业余生活,还可以增加每一个渔民的海洋环保知识。同时,要注意通过家庭教育的方式来增加海洋环保知识。如果每个渔民家庭都能意识到掌握海洋环保知识的重要性,那么渔民获得海洋环保知识的途径更加灵活多样。另外,政府也可以开展海洋环保知识专题讲座,积极鼓励渔民参与,用喜闻乐见的方式把海洋环保知识传授给渔民,这样也能够尽快帮助渔民掌握海洋环保知识,增强海洋环保意识,提高渔民的海洋文化素质。

(五)大力开展志愿服务活动

志愿服务是指在不求回报的情况下,为改善社会,促进社会进步而自愿付出个人的时间及精力所做的服务工作。奉献精神是高尚的,是志愿服务精神的精髓。志愿者通过参与志愿服务,提高自身的办事能力,同时也促进了社会的进步。为了更快、更有效地提高渔民的环保意识,可以鼓励渔民积极参加有关海洋环境保护的志愿服务活动。渔民虽然愿意支持政府进行海洋环境保护工作,但是从目前的情况看来,他们个人内心并不乐意为此做出努力或者牺牲自己的利益,更不用说是让他们主动付出。因此,政府要对渔民进行积极的教育和引导,让渔民心甘情愿地积极参加海洋环境保护的志愿服务活动。这个活动开展的初期,渔民的积极性与主动性不会太高,但政府的表率作用及海洋环境的改善必然会让渔民亲身感受到自身利益有了切实的保障。随着渔民海洋环境保护意识的增强,他们会发自内心地渴望良好的海洋环境,进而促使他们强化社会责任意识、规则意识、奉献意识,积极主动地投入到海洋环境保护的志愿活动中去。

参考文献

[1] 张文革. 滨城区渔民技术"充电"成热潮[J]. 渔业致富指南,2011(3):9.
[2] 周培章. 象山渔民的创举——"蓝色保护者"在行动[J]. 瞭望新闻周刊,2003(38):35.

宁波奉化环境治理面临的困境及对策

斯巧倍*　指导教师：黄忠侨　刘　煜

摘　要：随着经济的发展和社会的进步，人与自然环境的矛盾日益凸显，尤其在处理经济发展和环境保护的问题上，如何既追求"金山银山"，又留得住"绿水青山"，这在现代社会是一个热点问题。本文以浙江省奉化区为例，探究其在环境治理过程中存在的问题以及相应的建议措施，以促进环境与经济的协调发展。

关键词：环境污染；困境；建议

奉化地处浙江省东部沿海，宁波市区南面。从地形地势上来看，东北部地势平坦，河网纵横，土地肥沃，是水稻和经济作物重要种植区。气候上属亚热带季风性气候，四季分明，自然灾害以台风、洪涝和寒潮为典型，且危害较为严重。在经济发展中，奉化出现了一系列的环境问题，这些环境问题已经不是单纯的环境污染和生态破坏，而是与经济发展、人们生活息息相关。近年来，环境问题日益严重。对此，本文在分析奉化地区环境问题的基础上，提出了相应的建议，以此来提高环境与经济发展的可协调性，促进地区的可持续发展。

一、环境治理面临的困境

环境问题的分类方法有很多，一般而言，环境问题包括生态环境问题和社会环境问题两大类。生态环境问题始于生态平衡的破坏，而社会环境问题则与社会、文化的失调有着直接的关系。奉化地区环境也存在着这两方面的问题，笔者根据其环境整体和局部的调查分析，发现宁波奉化环境治理面临的主要困境如下。

(一) 居民环保意识薄弱

生活环境是人类赖以生存和发展的基础，与20世纪相比，现在的环境状况已在不同程度上被破坏，环境承载力也大大减弱，而原因之一就是人口增加但环保意识薄弱，也因此使得生活环境的质量日益下降。奉化的人口增长一方面来自于本地区的自然增长率，另一方面来自外来人口的日益增加。计划生育政策的实施使人口自

---

* 作者简介：斯巧倍，女，浙江海洋大学东海科学技术学院2014级环境资源与发展经济学专业学生。黄忠侨，女，浙江海洋大学水产学院助理研究员。

然增长率放缓,但经济发展和改革开放带来了大量的人口流动,中西部地区的劳动力呈现向东部地区迁移的趋势。据调查,10多年前,奉化的环境还是不错的,但随着外来人口的不断增加、本地高学历的知识分子流出,使得经济的发展与人口的素质不相适应。与此同时,人们的消费需求向更高要求发展,使生活垃圾的种类也多元化增加。在政府的宣传下,居民环保意识略有提升但依旧十分薄弱。尤其在农村地区,生活垃圾的回收利用率较低。虽然近几年奉化逐渐有了分类的垃圾桶,但设置的分类点不多,加上居民几乎没有垃圾分类意识,使得这些分类形同虚设。在很多小区和街道,生活垃圾随意丢弃、生活污水乱排放的现象比较严重。比如很多时候居民距离垃圾桶还有段距离,但为了图方便,就将垃圾直接抛过去,这一行为的结果就是垃圾"躺"在垃圾桶外面,不仅破坏了环境的美观,也加重了环卫工人的负担。这一现象城区较多且城区的治理力度并不十分明显,即使早前就有专门的垃圾回收人员和定点投放垃圾箱,但是因为人们生活垃圾繁多和环保意识不强,使得环境质量逐年下降。

(二)部分地区水质污染严重

奉化地区河网纵横,奉化江环绕着市区,是一道亮丽的风景线。但随着经济不断发展,地区水质污染状况日益严重,河面常常漂浮着各色垃圾。在政府对县江的综合治理下,水质的总体情况比前两年有所好转,但部分地区水质污染状况依旧不容乐观。在县江流经的市区地带,两岸商业街的扩建、居民区的拆迁以及学校的建设,都对江水造成了不同程度的污染。在调查过程中,笔者发现,在2010年,奉化剡溪由于重工业造成水污染,直接威胁到沿岸群众的生产生活,该事件当时还上了中央电视台的《焦点访谈》。为深入分析,笔者通过走访村民、实地察看等方式调查了奉化一处村庄的水质状况,根据相关村民的反映结果来看,在十几年前,村子里的河水几乎没有污染,河水清澈见底。但之后随着人口增多尤其是外来人口的大量涌入,河水出现了不同程度的污染——富营养化、漂浮物增多。最典型的是流经该村小学校门前的河段,其水质状况最为恶劣,据校园里的小学生反映,不论哪个季节,该河段的河水都明显发黑且时常散发着刺鼻的恶臭,对人体健康造成影响。同时,农村地区很多下水道处于露天设置,虽然近几年有所改善,但依旧没有完全封闭,不仅水质污染严重,也对空气造成了一定的污染。

(三)农村土壤污染较普遍

奉化地区农田较多,土壤较为肥沃,但近年来受到了不同程度的污染。在农业生产上,市面上农药种类不断增多,但是使用效率不高且毒性强。农民为追求产量较多地使用农药和化肥,使得化学物质大量残留在土壤中,造成了土壤污染。而政府对环境的干预有时会有未曾预料的副作用，奉化是有名的"水蜜桃之乡"和"草莓之乡"，政府对水蜜桃大户和草莓大户有相应的补贴，但有时候这种补贴政策刺激了人们对环境的过度开发利用，使得有些地区化肥农药过度使用导致土壤板结，结果反而增加了社会成本。随着工业发展，郊区兴建了一些工厂，以服装业、电器零件制造业居多，高新技术产业较少，也不乏一些污染较重的工厂，而这些工厂大多在一些村庄附近。它们所排放的废水、废渣进入土壤后使土壤碱化；另外，工业废气通过干湿沉降进入土壤后，使土壤酸化。因此，土壤遭受着酸和碱的污染，其结构也悄然发生着变化。虽然"限塑令"前几年就已经出台，但在农田周边依旧常常看见以塑料袋为主的各色污染物，尤其是在一些半废弃的农田里。这些塑料袋耐腐蚀、抗细菌、不易降解，在占用大量土地的同时破坏了土壤的生态系统，而且被占用的土地长期得不到恢复，影响着土地的可持续利用。在露天的农田里，随着雨水的长期冲刷，塑料垃圾会将大量有害物质带入人类的生活环境，且贻害无穷。在农业生产过程中，塑料薄膜也是一大污染物，在其老化后，会破碎遗留在田间，阻碍植物吸收水分及根系生长，影响农作物收成。此外，农村地区环境保护力度小，垃圾回收设备不全，生活垃圾也极易在土壤表面堆积，包括电子垃圾，其所含的重金属等有害物质也对土壤造成了污染。

（四）森林覆盖率减少

奉化自然资源丰富，以丘陵和小面积的平原为主，农田面积较大，在经济发展较缓慢的前些年，森林的覆盖率较高，虽有少量的砍伐树木现象，但对环境没有造成重大的影响。众所周知的是，森林是动态生物群落，它对维系整个地球的生态平衡起着至关重要的作用，是人类赖以生存和发展的资源和环境，同时有着药用价值、商用价值等多方面的价值，也正是这些价值的存在，就成为了发展经济的"原料"之一，即大量消耗森林资源，来促进经济发展。为了城市化发展，随着有些村庄被拆迁，这些村子周围的农田也被工厂、公路所包围，邻村的居民不论白天还是晚上都能听到远处传来的汽车鸣笛声。随着森林破坏的加剧，奉化的气候也在逐渐发生变化。每当夏秋季节的台风来临时，就极易发生洪涝灾害，加上市区的排涝系统不够完善，几乎只要有台风袭击，就会产生城市内涝。对于农村而言，由于有些地方地势低洼，一旦遇到台风天，村民就会面临道路不通、家中进水的困扰。交通的便利是一个城市经济发展的标志之一，由于奉化丘陵较多，为了修建公路常常需要开凿隧道，但这些施工场地的选址并不合理，施工过程所造成的山体破坏影响了周边的自然环境。

二、治理奉化环境问题的对策

(一)加强宣传教育培训,提高居民的环保意识

进入21世纪,信息技术高速发展,工业化与城市化是当代必然的发展趋势。城市化的进程伴随着人口的增长,但居民的环保意识并没有增强,一定程度上造成了环境破坏。对此,笔者提出以下建议。

(1)加强宣传教育。由于居民环保意识不强,所以仅仅对垃圾进行分类是远远不够的,对居民进行环保知识宣传是必不可少的。可以在奉化的社区和街道张贴环保知识海报,对居民们进行知识的普及,并且定期组织社区居民开展环保方面的活动。同时,将环保宣传刊登在主要新闻媒体的版面,并且经常性播出公益性广告,在企事业单位、学校、社区等广泛开展环保宣传。

(2)开展环保培训。对居民进行培训的形式可以有多种,以居委会和村委会为引导,邀请绿色志愿者定期开设环保培训课,也可以以"世界环境日""世界水日""世界气象日"等环保节日为依托,开展专门的环保知识讲座。通过培训,让环保走进每个人的生活,在逐步提高居民环保意识的同时,推动居民积极参与环保行动。

(3)加大处罚力度。不管在奉化的城区还是农村,宣传教育并不能从根源上解决城市的环境问题。有时候居民明知道自己的行为不对,但依然有着投机取巧的心理,这时就需要强制性的手段来弥补宣传教育的不足。对随意倾倒垃圾、破坏环境的居民可以进行处罚,这种处罚可以是直接罚款,也可以是清扫社区垃圾。同时可以实行"举报者有奖"的制度,加强居民之间的相互监督。

(二)健全法律法规,促使水污染问题的根本解决

现阶段奉化地区的水质污染问题日益严重,充分说明了现有的规章制度和政策办法无法鼓励政府去有效地承担保护水质责任,同时水资源作为一种公共物品,具有非排他性和非竞争性,并且容易因私人行为产生负外部性。对此,笔者有以下建议。

(1)认真执行法律法规。有人认为,我国当前涉及水污染的法律主要有《环境保护法》《水法》《水污染防治法》等,虽然这些法律在一定程度上弥补了我国在水污染防治方面的空白和不足,但是依旧存在缺陷。虽然我国已经出台了水污染治理的多部法律,但很多地方并没有贯彻实施。只要认真执行现有的法律法规,相信奉化的水污染状况会有大幅度改善。

(2)明确水污染管理职责。在治理水污染的管理方面,存在着水利部门、环保部门、交通部门等多头共管水污染治理的现状,使得水污染的管理不明晰、权责不明确。

而水污染的治理被各个部门碎片化，导致每个部门能够作为的地方少之又少，一旦出现问题就容易产生各部门相互推诿的状况。因此明确水污染管理职责是治理奉化水污染的重中之重。

(3)发挥社会环保组织的作用。据调查，奉化地区的一些环保人士经常在街道清理市民丢下的垃圾，也会时常打捞河面上漂浮的垃圾。有资料显示，社会组织的参与活动在弥补"市场缺陷"和"政府失灵"、减轻政府负担、提高公共物品的供给效率、支持弱势群体等方面发挥重要作用。社会团体在政府和民众之间起着沟通桥梁作用，激励民众积极关心和参与社会事务，是社会公众利益的代言人。因此，政府应该信任并支持环保组织的建设，并充分发挥环保组织的作用，这样也减轻政府治理水污染的压力。

(三)优化土壤环境管理，促进土壤环境质量的根本改善

工业化发展，居民生活水平的提高使得人们的需求和消费增加，相应的产业生产规模必然扩大。奉化在工业化发展进程中，产业结构不合理，对周边环境尤其是对土壤污染危害较大。对此，笔者提出以下建议。

(1)加强土壤污染的修复治理。对于已经受到污染的土壤，不能放任不管，应加大技术投入，安排专业人员对其进行修复。土壤中的农用固体废弃物居多，各种塑料薄膜长期处于无人监管的状态，因此既要将现有的固体废弃物进行专门的垃圾填埋，也需要政府部门切实加强对农村土壤固体废弃物的管理，将农村固体废弃物纳入重点治理对象，并定期进行巡查监管。

(2)优化土壤环境管理。产业结构的不合理使得土壤环境污染加剧，因此，要加强管理，消除工业化进程中造成的土壤污染。比如落实排污权交易和排污收费制度，这两者都是优化污染治理责任配置的手段。我国的排污收费制度涵盖了多种污染物的各种因子，排污权交易也有利于提高企业投资污染控制设备的积极性。因此，对于奉化高污染企业，应优化环境管理，促使企业重视环保问题。

(3)减少化肥农药的使用。市面上的化肥农药不仅毒性强，对土壤环境的危害极大。因此要着力推广测算配方施肥，因土壤性质而异进行化肥的合理分配，改变传统的高投入、高污染的使用模式。同时将养地和用地结合，增强土壤生物的活力。有关部门应研发推广低毒性、低残留的农药，用有机肥逐步代替化肥，将提高使用效率和遏制使用量相结合，减少化肥农药对土壤环境的伤害。

(四)建立灾害预警防护机制，提高森林植被的覆盖率

环境问题是由多方面的因素造成的，随着国家工业化与城市化的负环境效应的加剧，奉化面临着水土流失、森林覆盖率减少、受自然灾害影响严重的问题。对此，笔者提出以下建议。

（1）科学安排施工场地。随着城市化进程的加快，奉化的交通也在不断地便利，但很多时候这种"便利"是建立在环境的"痛苦"之上。施工场地安排不合理，往往导致对周边植被的破坏，影响该地区的生态环境。因此，要科学安排施工场地，避免因为一个地区的开发影响了周边整个区域的环境，必要时可以尽量缩小施工场地。

（2）建立灾害预警防护机制。奉化在夏秋季节常常受到台风、洪涝灾害的影响，且受灾情况严重。不管在灾前还是灾后，各项防护工作都不是十分完备。对此笔者深有感触，在实地走访的过程中，笔者搜集了一些奉化灾害方面的资料，其中洪涝的危害最为严重，发生也最频繁。因此政府有关部门应根据不同地区的地势植被状况，建立灾害预警防护机制，在灾害来临前做好准备工作，尤其是在植被覆盖率较高的地区，因地制宜地进行抗灾救灾，将洪涝引起的森林植被损失减少到最低。

（3）加强人工林培育。森林是城市化发展的绿色屏障，而义务植树、人工造林则是提高森林植被覆盖率的重要途径。所以既要组织人员进行人工林的培育，又要加强林业管理队伍的建设，防止人工林被违规砍伐。此外，由于单一树种构成的生态系统较脆弱，因此要将人工林建设成多种类、多层次的绿色生态体系，从而发挥森林的综合效益。

参考文献

[1] 孔新德. 环境社会学[M]. 合肥：合肥工业大学出版社，2009.

[2] 万小影. 水污染治理的经济学研究[M]. 北京：经济管理出版社，2016.

[3] 朱狄敏. 公众参与环境保护：实践探索和路径选择[M]. 北京：中国环境科学出版社，2015.

（本文发表于《农村经济与科技》2017年第9期第269-277页）

浙江省上虞市东关街道环境卫生状况调研

秦露萍* 指导教师：张发平

摘 要：街道环境卫生整治活动旨在动员居民自觉行动起来，为自己创造一个良好的生活环境，营造人人参与街道环境整治的良好氛围，使得更多的居民自觉行动，主动抵制不卫生行为，逐渐形成街道环境卫生的根本好转。本文剖析了浙江省上虞市东关街道卫生状况以及存在的问题，在此基础上，提出解决这些问题的建议，为街道环境卫生的根本改善提供一些参考。

关键词：街道；环境卫生；建议

浙江省上虞市东关街道按照全面贯彻落实科学发展观，紧紧围绕"生态文明建设"这一主题，按照政府引导、农民自主、统一安排、有序推进、标本兼治、长效管理的工作要求，以开展美好乡村建设、农村环境连片整治、农村危房改造、村庄整治、清洁工程等活动，把东关街道环境卫生建设工作做好，有效解决当前整个东关街道存在的各类环境卫生问题，着力健全东关街道环境综合整治新机制，打造环境卫生新亮点。本文通过对东关街道卫生状况问卷调查和深入基层进行个人访谈，收集到一些当地民众对于东关街道的卫生情况等方面的信息，通过对信息进行整理和分析，得出一些规律性的结论。我们一共发出100份问卷，收回90份，回收率90%。调研对象主要面向社会各阶层，各社会群体，被调查人员态度认真，可信度高。

一、东关街道环境卫生的现状

东关街道位于杭州湾南岸的中国经济强市——浙江省上虞市城区组块，西邻历史文化古都绍兴。区域面积达31平方千米，人口3.93万，辖19个行政村，3个居委会。近年来，东关街道先后被列为"省教育强镇""省星火示范乡镇""绍兴经济综合实力三十强镇"。东关区域优势得天独厚。东临开放型港口宁波，西濒国际上颇具声望景色秀丽的杭州，被称之为交通要道的杭甬铁路、104国道、萧绍运河三线平行横贯中部，新辟的上三高速公路斜穿过境，具有经济大动脉之称的"杭甬"高速公路在此设有出口，兴建中的杭州湾跨海大桥的引桥从这里启坡。

一直以来，上虞市东关街道普遍存在垃圾随处乱丢的不良现象。由于受传统陋习

---

* 作者简介：秦露萍，女，浙江海洋大学东海科学技术学院2013级物流管理专业学生。

和落后观念的影响,很多当地居民以及外来打工的农民工都存在随地乱丢垃圾的不良习惯。例如,他们或者将垃圾丢在街道路边,或者丢在房前屋后的空地上。甚至原来的篮球场空地,现在居然成为倒垃圾的场所,垃圾堆足有一米多高,日晒雨淋,臭气熏天,民众无不掩鼻而过。

目前不少农村村民新屋建成后,由于缺乏自觉性,缺乏管理和监督,建筑垃圾没有做到及时清理,乱堆乱放,有的一放就是半年、一年,有的甚至是几年。这种现象不仅影响村容村貌又阻碍交通,并逐渐成为难于解决的"垃圾死角"。而且,随着农村生活方式的改变,现代工业产品的不断渗入,农村生活垃圾的处理正日益成为一大难题。正是由于农村生活垃圾的影响,乡镇街道"脏、乱、差"的现象比较普遍,造成村容街道不整洁,还滋生蚊子、苍蝇、蟑螂等害虫,传播疾病,污染环境,严重影响村民的身体健康。这种落后的环境卫生状况必须尽快根除。民间流行的顺口溜夸张又形象地反映了乡村环境污染日趋严重的状况:"六十年代淘米洗菜,七十年代饮水灌溉,八十年代水质变坏,九十年代鱼虾绝代,到了今天,癌症灾害不脱代"。

现在上虞市政府开展了一系列街道环境卫生宣传和治理的措施,但街道环境卫生治理工作大多数停留在宣传阶段,各个市镇街道之间缺乏有效对接,各自为政,缺乏协调性。对于东关街道的环境卫生的治理也没有长期的规划,形式主义严重,治标不治本,没能深刻理解生态文明建设对于民众的重要意义,地方政府对经济增长往往情有独钟,但对环境卫生的治理却并没有建立长效机制。

二、东关街道环境卫生存在的问题

近年来,上虞市政府围绕建设社会主义新农村和创建省级卫生县城等,组织力量集中开展农村环境卫生综合整治,收效明显,大部分村组环境卫生面貌明显改观,但依然存在一些亟待解决的问题。

(一)认识不到位

思想是行动的先驱,而群众则是一切工作的主体,所以东关街道环境卫生整治工作的重点就是要调动广大人民群众的积极性与主动性。虽然村民都期盼有一个良好的生活环境,并积极参与环境卫生整治活动,但是要改变村民长期遗留的卫生陋习,教育引导村民养成健康文明的卫生习惯,还需要长期不懈的努力。提高村民对于生态文明建设方面的认识,并且能够付诸到生活实践中去,这一点是非常重要的。据调查发现,不仅是村民,甚至包括部分村干部的思想认识也还没有真正到位。一些干部认为环境卫生的好坏是上级政府的责任,与己无关。甚至还有人认为搞环境卫生吃力不讨好,只有付出,没有收益。目前,环境卫生综合整治工作存在"上边热、下边凉"的现象。县上的干部高度重视,工作力度大,但有的村组干部持观望态度,搞形式,走过场、缺乏主动性。村民对环境卫生的整治缺乏足够认识,长期形成的不良生产生活习惯难以改变。

(二) 资金比较短缺

地方政府关于环境卫生治理的经费十分紧张,除保工资、保运转之外,很难再拿出一定量资金用于街道环境卫生的治理工作。由于大部分村还没有向村民收取过关于环境卫生治理的经费,因而乡镇与环境卫生方面相关的基础设施建设和队伍建设的资金就显得十分紧张。东关街道人口比较多、面积广、基础设施落后,而且经济薄弱,自身无力承担环境卫生治理的资金投入。环境卫生整治经费得不到解决,使得东关街道环境卫生治理工作无法正常进行,一些街道的环境卫生很容易出现反弹,环境卫生治理成果难以巩固。根据问卷调查显示,政府对环境卫生建设资金支出中保洁队伍建设支出所占的比重是39%,基础设施建设支出所占的比重是36%,相关部门的费用支出所占的比重是25%。可见,环境卫生治理资金短缺是制约东关街道环境卫生治理工作的瓶颈,尽管东关街道不断加大环境卫生治理的资金投入,但还是远远不能满足环境卫生治理的需求。

(三) 管理机制缺失

一个科学合理的管理体制是进行环境管理、有效治理环境卫生的重要保证,但就现实来看,面对愈加突出的环境卫生问题,现行环境管理体制显得力不从心、问题重重。一是管理机构不健全。基层方面没有设立正规的公共卫生管理机构,环境卫生治理工作处于一种长期无人抓、无人管的状态。二是管理队伍不完善。缺少一支行为规范,纪律严明,并且有较高专业技术的环境卫生管理队伍。三是协调机制欠缺。乡镇环境卫生管理较为复杂,环境问题多样,必然要涉及多个部门、多个领域,如若没有有效的协调,环境保护的目标就很难实现。另外,环境卫生设施管理不到位,规章制度不健全,只重视集中治理而忽视了日常的管理工作,易出现反弹现象,这在一定程度上制约了环境卫生事业的发展。

(四) 垃圾处理不规范

据调查发现,东关街道多个垃圾池内都存在焚烧垃圾现象,有的冒出浓浓黑烟。附近居民表示,焚烧垃圾的现象很常见,产生的有毒烟气已经严重影响人们的正常生活,希望地方政府相关职能部门引起重视。另外,垃圾收集点和垃圾处理池的选址也是一个问题,由于部分居民对于街道环境卫生清洁工程还不够了解,认为处理垃圾设施的地点建造在村民住房附近，会影响住房周围的环境，所以对此也产生抵触思想，从而导致处理垃圾的相关设施遭村民破坏的现象时有发生。

三、关于东关街道环境卫生治理的建议

(一) 加强宣传力度，提高民众的思想认识

各村都应该召开村民代表大会，传达部署东关街道环境卫生治理活动的总体要求，深入宣传环境卫生集中治理的意义和目的，宣传环境卫生治理的重要性，争取广大村民的理解和支持，激发村民参与环境卫生治理的热情，形成人人皆知、深入人心的良好局面，使得广大村民充分认识到"整洁家园，人人有责""村庄是我家，卫生靠大家"的意识，一改以往的被动参与转变为自觉参与、主动参与，营造浓烈的环境卫生集中治理的氛围。同时，各村要充分利用悬挂横幅、宣传栏等手段，大力开展讲文明、讲卫生、讲科学、改陋习、树新风的活动，宣传普及卫生科普知识，促进村民健康知识的普及、健康意识的提高和健康行为的形成，养成讲卫生的良好习惯。东关街道要加大环保宣传教育力度，提高环境卫生水平。为此，提出以下几项建议供参考：充分发挥电视、宣传栏等媒体的作用。通过组织参观学习，教育培训及实地训练等方式，使环境卫生知识深入人心、家喻户晓，努力营造全民动手，人人参与环境卫生治理的良好氛围；深入开展"改陋习、树新风"活动。大力倡导健康文明的生活方式，教育村民树立良好的卫生习惯，为农村生活环境卫生治理工作取得实效奠定坚实的群众基础。

(二) 多方筹措资金，加快基础设施建设步伐

东关街道可以设立街道环境卫生治理专项资金。考虑到创建旅游示范镇和省级卫生县城的需要，建议地方政府组织力量对全县农村环卫基础设施的状况进行一次摸底排查，按照卫生镇、村基础设施建设标准统计核算，由县财政根据镇、村财力状况按比例从专项资金中给予补贴，并统一组织实施。同时，全面整合农村各种资源，抓住新农村建设这一机遇，进一步加大项目的申报力度，并积极吸引民间资本，逐步改善农村环境卫生基础设施。另外，地方政府要制定全县农村垃圾处理费征收管理办法，在办法出台前各村可按照本村垃圾清扫、收集、运输等实际开支情况适当征收卫生费，以便落实专门的保洁人员。从长远看，各级政府应该将农村街道环境保护和环境卫生治理项目纳入各级财政预算，逐年提高占地方生产总值的比重，建立农村环境卫生治理的投入保障机制，加大政策扶持力度，积极引导和鼓励社会资金参与农村环境卫生治理工作。

(三)加强政策领导，健全管理机制

净化环境卫生，改善人居环境。这是落实"以人为本"的科学发展观的具体实践，也是个重大的民生问题。抓好乡、村的环境卫生工作事关广大老百姓的切身利益，可以让广大村民共享文明建设成果，提高村民的生活质量。为此，上虞市东关街道要加强对环境卫生治理工作的组织领导。东关街道要成立相关负责人组成的环境治理工作领导小组，下设办公室，具体负责农村环境综合治理的组织、指导、协调、督查和考核等。街道环境治理领导小组将定期对各村环境卫生治理情况进行检查和督办。同时要加大奖惩和考核工作力度，将整治活动的成效作为评优和年终考核的重要内容。对活动开展不力的单位和个人，将进行公开通报，并在年底考核给予扣分。各村也要实行"一把手"负责制，成立相应的领导机构，制定环境卫生治理工作方案，明确责任人，对照工作重点和标准，研究具体地解决措施。各级党政一把手要亲自抓，分管领导要具体抓，一级抓一级，层层抓落实，加大工作力度。同时，政府要树立正确政绩观，进一步建立完善农村环境综合治理考核指标体系，并将其纳入各级领导年终业绩考核。在各级党委和政府的领导下，相关部门要紧密配合，社会力量应广泛参与。另外，县相关部门要制定环境卫生治理的相关政策，使环境卫生建设工作可以有法可依，有章可循，规范行为，从制度上提供法规和政策保障。村级政府也可以结合实际，制定行之有效的村规民约，形成村容治理的长效机制。

(四)分类管理，完善垃圾处理方式

东关街道环境卫生治理的重点就是垃圾的处理，包括生活垃圾和工业垃圾的处理。当前的主要工作就是要改建垃圾处理池，为合理而有效地处理垃圾提供保障。农村垃圾主要包括村民生产生活垃圾、人畜粪便、柴草秸秆、建筑工程垃圾，所含成分复杂，数量巨大。对这些垃圾的处理是农村环境卫生建设的关键环节。东关街道要参照其他地方的经验，建立"保洁、收集、转运、处置"的工作机制，落实单位、部门和村民的工作职责，配足垃圾收集、清运人员，保证生活垃圾日产日清。大力推行生活垃圾袋装化和上门收集等方式，按照可回收利用和不可回收利用两大类，对垃圾进行初步分类，尽可能将农作物废料作为有机肥用于农田土壤改良，其他废弃物集中处理，逐步实现垃圾处理的减量化、资源化。另外，东关街道必须建立一个有效的垃圾处理网络，使垃圾处理工作有序进行，具体的方法和步骤如下。

(1)户聚。各家各户在门前设置简易垃圾桶，将每天的生活垃圾用塑料袋装好放在桶内。

(2)村收。再由村级垃圾收集专业队按规定时间收集，先集中放置于村前垃圾池，然后运送到乡中转站。

(3)乡中转。乡设置垃圾中转站,就地分类后转送到县级垃圾集中处理场。

(4)县处理。各乡送来的垃圾,统一集中在县设置的垃圾场进行科学处理,综合利用。

参考文献

[1] 陈晓艳. 我国村镇环境卫生专业标准体系研究[J]. 环境卫生工程,2015,23(2):6-8.

[2] 赵淼,卢超. 解决环境卫生问题的方法[J]. 科技展望,2014(14):181.

绿色社区 你我共筑
——关于浙江宁海县跃龙街道社区环境卫生状况的调查

储琼琼[*] 指导教师：张发平

摘　要：当前环境卫生问题在全球已引起前所未有的关注，而促进健康又成为环境与发展所关注的核心问题。目前我国的环境卫生发展不平衡，环境卫生的现状不尽如人意，消除环境中的有害因素、创造良好的生存环境，增进健康是环境卫生工作的最终目的。本文剖析了浙江宁海县跃龙街道社区环境卫生状况以及存在的问题，在此基础上，提出解决这些问题的建议措施，为街道社区环境卫生状况的根本改善提供一些参考。

关键词：街道社区；环境卫生；建议

环境卫生对我们有何影响？往大的方面来说，它是一座城市发展水平的重要标志，是城市形象的直观反映，直接影响这座城市经济社会的发展和人民群众的生活质量。从小的方面说，它是我们每天生活中必不可少的组成部分，每时每刻都和我们联系在一起。但目前我国的环境卫生发展不平衡，环境卫生的现状不尽如人意。因此，课题组以浙江宁海县跃龙街道为例，对社区中的环境卫生状况进行一次调查，分析存在的问题，提出解决这些问题的建议，为街道社区环境卫生状况的根本改善提供一些参考。在调查过程中，我们采取了问卷调查及访谈的方法，总共发放问卷30份，回收问卷30份，回收率100%。

一、跃龙街道社区环境卫生存在的问题

(一)居民的满意程度不高

在这次调查过程中，笔者发现各个社区中的环境卫生都多多少少存在着不足。笔者也注意到了街道社区中的确仍存在脏、乱、差等问题。据调查，在回答"关于居民对于社区环境卫生的满意程度"问题时，27%的居民对于环境卫生状况感觉是满意的，53%的居民对于环境卫生状况感觉一般，20%的居民对于环境卫生状况感觉不满意(图1)。可见，跃龙街道社区环境卫生状况还有提升的空间。

---

[*] 作者简介：储琼琼，女，浙江海洋大学东海科学技术学院2013级财务管理专业学生。

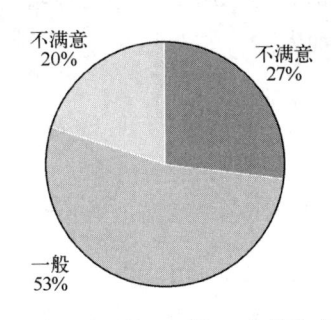

图1 居民对于社区环境卫生的满意程度

(二)环保宣传力度不够

跃龙街道社区环保宣传力度不够。社区做好环境卫生工作,一方面,需要物业和环境卫生工人的共同努力,另一方面,要做好环保的宣传工作,提高居民的环境卫生意识也是同样重要的。在这次问卷调查中,在回答"所在社区是否有环保方面的宣传教育?"的问题时,其中有57%的被访者表示经常有环保宣传教育,27%的被访者表示偶尔有,13%的被访者表示没有,3%的被访者表示听过但不了解(图2)。可见,社区还是开展过环境卫生宣传教育,但宣传教育的效果有待提高。

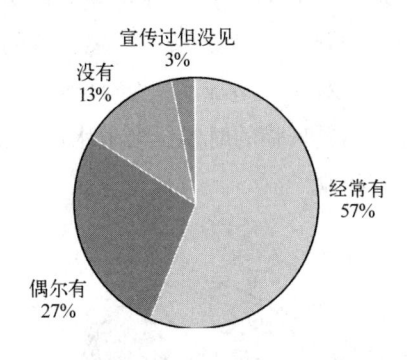

图2 所在社区是否有环保方面的宣传教育

(三)环境卫生意识薄弱

社区居民是街道环境卫生的主要成员,也是街道环境卫生的受益者。增强社区居民的环境卫生意识,对街道社区环境卫生工作有重要作用。据调查,在回答"你对社区环境卫生整治方面的个人态度是什么?"这一问题时,其中有63%的被访者表示对于自己所在小区的环境整治态度是持无所谓的态度,33%的被访者态度一般,4%的被访者态度是积极的(图3)。同时,关于"居民个人平时是否有垃圾分类习惯"的调查结果显示,平时会进行垃圾分类的受访者占50%,不进行垃圾分类的占50%。可见,跃龙街道社区居民环境卫生意识有待加强。

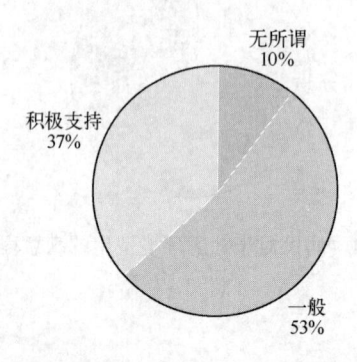

图3 所在小区居民对于环境整治的个人态度

(四)社区环境污染较严重

在经济迅速发展的今天,人们的生活水平不断提高,但是,由于人们没有较强的环境保护意识,环境问题日益突出。为了使我们的生活环境更加美好,为了实现与环境的和谐相处,课题组对跃龙街道的环境问题进行了调查。在回答"当前居住社区中存在的主要环境问题是什么?"这一问题时,其中有67%的被访者认为是周围的固体废弃物造成的环境污染。有20%的被访者认为是噪声污染,有的小区临近商业区范围,平日噪声嘈杂,来往的车辆频繁,对居民造成了一定的噪声污染。有13%的被访者认为是水污染,有居民反映,每当春夏来临的时候,河道水质污染较严重,臭味比较大(图4)。可见,社区生态环境不容乐观。

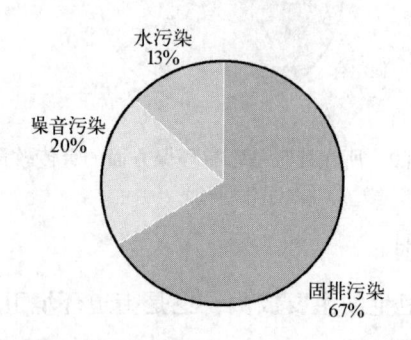

图4 当前居住社区中存在的主要环境问题

二、关于跃龙街道社区环境卫生整治的对策

(一)提高居民对社区环境卫生的满意度

社区环境卫生涉及千家万户的日常生活,仅依靠街道和社区居委会的管理应该是不够的。因此,在社区环境卫生整治工作中,坚持实行综合整治,动员各方面力量共同治理脏乱差。政府应加大投入,建立社区环境卫生整治的资金保障机制,完善环境卫生设施建设,确保每个社区都做好环境卫生整治工作。同时,环境卫生行业作为一项为社会提供服务的公益事业,它不能以营利为目的。在收取的有偿服务费不足以维持正常支出时,建议政府应予以适当补贴。政府财政应随着社区建设加快、规模扩大、任务增加、养护标准提高和管理手段更新而相应适度增加对社区环境卫生工作的投入。由此使社区建设与环境卫生管理相互补充、协调发展。另外,还应加大垃圾清运费和垃圾处理费的征收力度,建议采取与水费或电费类似的按户每月定额征收的制度,由县环境卫生管理部门结合实际测算社区每年应征收的清洁卫生费总额,按一定比例确定社区应收费额度,确保社区环境卫生工作的正常运作,尽可能提高社区居民对环境卫生工作的满意度。

(二)加大社区环保宣传的力度

地方政府应加强社区居民思想道德教育,增强居民平日的环境卫生保护意识,促进居民个人道德养成,提高社区居民整体素质。利用各种宣传工具,在居民中广泛宣传社区环境卫生工作的重要性,积极营造出"环境管理,人人有责""爱护环境光荣,破坏环境可耻"的良好氛围,使居民都能认识到搞好社区环境卫生工作是一件既关乎他人又关乎自己的好事。同时,随着环境卫生宣传工作的一步步开展,我们要进一步加大对社区街道存在的环境卫生问题进行整治的力度,杜绝街道上乱扔果皮纸屑、乱倒垃圾、随地吐痰、随地大小便等情况的发生;禁止一些烟民公共场所吸烟,随意丢弃烟头;消除在广场、车站、商城等公共场所,四处张贴广告的现象。另外,街道社区宣传部门要加强与居民的合作,就如何投放生活垃圾、如何处理装修建筑垃圾、如何保护楼道楼院卫生进行知识普及,启动类似"携手并肩,共创优美环境"之类的环境卫生宣传活动,共同治理社区环境卫生。

(三)提高社区居民的环境卫生意识

要保持街道环境洁净、卫生,仅靠政府有关部门的监管是远远不够的,还要靠居

民的自觉，注重社区居民环境卫生意识的提高。街道社区可以通过大力宣传整治环境卫生工作的目的、意义和要求，提高居民的环境卫生意识，促进环境卫生整治工作顺利开展。同时，为了进一步提高居民的卫生意识，使居民做到家居环境整洁卫生，各社区积极开展创建卫生户活动，明确卫生户的评比标准，对评选出的卫生户给予表扬，借此发挥卫生户的示范带动作用。通过街道社区讲座、知识竞赛等方式向广大居民宣传有关环境保护的法律法规知识，积极倡导绿色消费理念。政府还可以在各社区设立环境卫生咨询台，用于解答居民日常生活中遇到的各种环境卫生问题。同时，也可以在街道上设立环境卫生物资发放点，适时适量地发放环保生活物品，例如环保购物袋等。借此让居民更好地了解注重环境卫生，改善人类环境的重要性。另外，街道还应要求干部职工身体力行，主动作为，带动居民对社区环境进行彻底打扫，美化环境，以此增强居民的环保意识，并鼓励居民以实际行动杜绝一切破坏环境的行为，共同维护绿色的生活环境。

（四）加大环境污染治理力度

跃龙街道要高度重视环保工作，努力推动经济社会与环境协调发展。认真贯彻落实中央、省市区环保工作要求，积极行动，强力打好环境卫生工作整治战役，切实加大城乡环境卫生工作整治力度。

(1)加大对固体污染的治理力度。固体污染主要以社区居民的生活垃圾为主，多数堆积于楼道口或者是楼层底下。目前社区在路边都设置了垃圾桶，但没有进行分类，数量也远远不够。建议街道社区要进行垃圾分类设置，增加垃圾桶的数量，对垃圾及时进行清洁处理，防止固体垃圾堆积现象的出现。

(2)加强对噪声污染的治理。环境噪声污染，主要是指所产生的环境噪声超过国家规定的环境噪声排放标准，并干扰他人正常生活、工作和学习的现象。环境噪声污染是一种能量污染，与其他工业污染一样，是危害人类环境的公害。建议街道社区相关部门注意使噪声源远离需要安静的地方，控制噪声的传播方向，建立隔声屏障，合理规划城市防噪布局，尽可能降低噪声对居民的影响。

(3)加大街道社区污水和工业废水的治理力度。加快街道社区污水处理厂的建设，对于改善街道社区水环境状况有着十分重要的作用。目前随着街道社区人口的增加和居民生活水平的提高，街道社区的废水排放量正在不断地增加，而街道社区污水处理厂却没有相应地增加，这必然会导致水环境质量的下降。因此增设更多的污水处理厂是迫在眉睫的事，以适应街道社区生态环境建设的需要。

参考文献

[1] 董哲. 浅究如何实现城市环境卫生长效管理[J]. 科技与企业, 2014(24): 92.
[2] 韩莉, 马婧一. 国外环境卫生管理发展对我国的借鉴[J]. 环境卫生工程, 2015, 23(24): 78-80.